dtv

Reihe Hanser

Den Nahost-Konflikt kann nur verstehen, wer die Geschichte der Israelis und Palästinenser kennt. Es ist die Geschichte langer und immer neuer erbitterter Kämpfe, die bis heute keinen wirklichen Sieger gesehen haben. In diesem Buch kommen auch diejenigen zu Wort, die all diese Kämpfe erleben und erleiden mussten: die Menschen in Israel und in den Palästinensergebieten selbst. Was sie erzählen, macht überdeutlich, dass es im Verhältnis zwischen den streitenden Parteien nicht die eine gültige Wahrheit gibt – und schon gar nicht ist sie bei einer Seite allein. Einen Weg, gar Königsweg zum Frieden wissen auch die Autoren dieses Buches nicht. Es kommt ihnen darauf an zu zeigen, dass am Beginn des Weges nur die Achtung des jeweils anderen stehen kann und die Einsicht, dass Krieg für beide Seiten keine Lösung ist. In den Worten eines jungen Palästinensers: »Wir kämpfen seit über sechzig Jahren gegeneinander. Nichts wurde erreicht. Beide Seiten haben so viel Zeit verschwendet, um einen eigenen Staat zu haben. Wieso nicht Zeit für Frieden verschwenden?«

Martin Schäuble, geboren 1978 in Deutschland, ist Journalist und lebt in Berlin. Er recherchierte eineinhalb Jahre auf israelischer und palästinensischer Seite. Dabei sprach der studierte Politikwissenschaftler mit Menschen, für die der Konflikt zum Alltag geworden ist. Als Grenzgänger und Beobachter stellte er bald fest, wie wenig Israelis und Palästinenser voneinander wissen. Er schrieb das Buch, nachdem er bei eigenen Forschungen vergeblich nach leicht verständlichen Werken zum Nahost-Konflikt gesucht hatte; er wollte ein Buch machen, das einen Bezug zu den Menschen herstellt, die den Konflikt alltäglich erleben und erleiden. Kontakt zum Autor über: www.martin-schaeuble.net

Noah Flug, geboren 1925 in Polen, überlebte das Konzentrationslager und wanderte 1958 nach Israel aus. Er ist Vorsitzender des Dachverbandes der Organisationen der Holocaust-Überlebenden in Israel und Präsident des Internationalen Auschwitz-Komitees. Noah Flug arbeitete am Konzept des Buches mit und trug mit Kontakten und Ideen zu dessen Entstehung bei.

MARTIN SCHÄUBLE / NOAH FLUG

Die Geschichte der Israelis und Palästinenser

Deutscher Taschenbuch Verlag

Das gesamte lieferbare Programm der *Reihe Hanser*
und viele andere Informationen finden Sie unter
www.reihehanser.de

Überarbeitete und aktualisierte Neuausgabe
In neuer Rechtschreibung
Oktober 2009

Layout: Stefanie Schelleis, München
Umschlagbilder: Corbis/Reuters/Mohammed Salem (oben)
und gettyimages/AFP (unten)
Satz: Greiner & Reichel, Köln
Druck und Bindung: Ebner & Spiegel, Ulm
Gedruckt auf säurefreiem, chlorfrei gebleichtem Papier
Printed in Germany · ISBN 978-3-423-62416-9

Inhalt

Vorwort 7

Einleitung 9

Von uralten Zeiten bis zum Aufstand der Palästinenser 1936 bis 1939 – ein kurzer Überblick 11

Der Holocaust und die Flucht nach Palästina 24

Die Teilung Palästinas, die Staatsgründung Israels und der erste Arabisch-Israelische Krieg 43

Das bis heute ungelöste Problem der palästinensischen Flüchtlinge 59

Die 1950er Jahre und der Suezkrieg 66

Die 1960er Jahre und der Sechs-Tage-Krieg 78

Palästinenser unter israelischer Besatzung und die Entstehung einer eigenen nationalen Bewegung unter Yassir Arafat 90

1973 – Jom-Kippur-Krieg für die einen, Ramadan-Krieg für die anderen 96

Israel unter Menachem Begin: von der israelischen Besiedlung der Palästinensergebiete bis zum ersten Libanonkrieg 1982 106

Die Erste Intifada und das Friedensabkommen von Oslo 114

Die Zweite Intifada und der Bau der Barriere 125

Vom Gazastreifen-Konflikt im Süden zum
zweiten Libanonkrieg 2006 im Norden 142

Israelis und Palästinenser heute 155

»Das ist unser Zuhause« – anstelle eines Nachworts 161

Info-Teil

Zeittafel 167
Karten 175
Medientipps – eine Auswahl 183
Angaben zu den Zeitzeugen 201
Index 205

Bildnachweis 211
Danksagung 213

Die Schreibweise von Namen und Orten ist der Aussprache angepasst.

Vorwort
Von Samira Dschamal

Für mich ist es schwer, neutral zu sein. Ich habe einen Flüchtlingsausweis der Vereinten Nationen, mein Vater ist Palästinenser, mein Ehemann ebenso. Wir leben in Berlin und Ramallah. Ich bin mit der palästinensischen Geschichte sehr vertraut und kenne die Erzählungen über die Flucht 1948 aus Palästina. Ich sehe den heutigen Alltag mit israelischen Kontrollpunkten und Soldaten mit eigenen Augen. Das sind für mich Fakten.

Nur sieht, was ich Fakten nenne, auf der israelischen Seite anders aus. Jeder legt sich Geschichte so aus, wie es ihm beliebt. Und am Ende glauben wir alle, recht zu haben. Ein Beispiel: Am Flughafen in Tel Aviv werde ich gefragt, wieso ich einreise. Das ärgert mich, mein Vater ist in Palästina geboren, von dort geflüchtet und lebt in Deutschland. Zurück will er nicht, auch nicht für einen Besuch. Er befürchtet, sich im eigenen Land fremd zu fühlen. Die demütigenden Kontrollen schrecken ihn ab. Viele Israelis sagen hingegen, wir wollten nicht in Frieden leben, sie wollten aber. Die Palästinenser verübten die Anschläge. Die Kontrollen seien wichtig, damit so was nicht passiert. Ich wiederum nenne sie Schikanen.

Die Eltern meines Mannes wohnen in Jericho. Von Ramallah fahren wir mit dem Auto am Kontrollpunkt vorbei, dort staut sich der Verkehr. Später kommt ein weiterer Checkpoint, dort zeigen wir unsere Ausweise, und das Auto wird durchsucht. Weitere Kontrollen folgen und israelische Siedlungen, die immer größer werden, liegen am Wegesrand. Alles innerhalb von 45 Kilometern und in einem Gebiet, das laut Vereinten Nationen den Palästinensern gehört.

Wir können davon nichts mehr hören. Es findet auch wenig Austausch statt. Viele wollen nichts miteinander zu tun haben – sie sind Feinde. Ein guter Freund von meinem Mann und mir ist Israeli. Wir reden oft über den Konflikt, über die Probleme. Er reist heimlich ein, um uns zu besuchen. Ein israelisches Gesetz verbietet ihm den Besuch palästinensischer Städte wie Ramallah, und viele Palästinenser dürfen nicht nach Israel. So kann sich keiner ein echtes Bild von den *Feinden* machen. Es ist schwierig, alte Freundschaften zu erhalten oder neue zu schließen. Es ist kaum möglich, zusammenzuarbeiten. Diese Trennung schürt Vorurteile, zeigt immer nur die Unterschiede und nie die Gemeinsamkeiten der Menschen auf beiden Seiten.

Radikale auf beiden Seiten machen den Konflikt noch auswegloser. Viele Palästinenser akzeptieren den Staat Israel nicht und viele Israelis kein palästinensisches Land als Nachbarn. Da bekomme ich Magenschmerzen. Es muss eine gerechte Lösung geben, mit gerechten Grenzen und dem Gefühl, anerkannt zu werden, einen eigenen Staat zu haben. Dann würden sich einige Wogen glätten.

Wir müssen miteinander leben. Dazu gibt es keine Alternative. Hinter dem Konflikt stehen keine Zahlen und Fakten, sondern Menschen. Das wird oft vergessen. Wer dieses Buch liest, der hat die Möglichkeit, ihnen zuzuhören. Es sind Menschen aus dem alltäglichen Leben. So wie ich.

Samira Dschamals Geschichte ist nachzulesen im Kapitel »Das bis heute ungelöste Problem der palästinensischen Flüchtlinge«. Zum damaligen Zeitpunkt hieß sie Samira Iraqi.

Einleitung

Wer den Konflikt zwischen Israelis und Palästinensern verstehen will, der muss sich mit ihrer Geschichte auseinandersetzen. Eine ganze Bibliothek könnte man mit Büchern füllen, die genau das tun. Wozu braucht es da noch ein weiteres? Zwei gute Gründe sprechen dafür: Zum einen fehlt es an einem leicht verständlichen Buch, das kein Hintergrundwissen voraussetzt; genau das aber brauchen junge Leser (und wohl auch nicht wenige ältere). Zum anderen kommen viel zu selten diejenigen zu Wort, die den Nahost-Konflikt erleben und erleiden.

Die Geschichte der Israelis und Palästinenser wird hier aus Sicht der Menschen erzählt, die sie erlebt haben. Zeitzeugen in Dschenin oder Tel Aviv, in Jerusalem oder Gaza-Stadt berichten über den Alltag in einer Region, wo kein Tag wie der andere ist. Leute wie der israelische Kriegsveteran **Abraham Bar-Am** erzählen von ihren Erlebnissen. Bei einem Treffen in Tel Aviv erklärt er: »Von klein auf sah ich Kriege. Ich selbst kämpfte im Unabhängigkeitskrieg, im Suezkrieg, im Sechs-Tage-Krieg, im Jom-Kippur-Krieg und in vielen weiteren Einsätzen. Mein Sohn kämpfte. Mein Enkel kämpfte. Er liegt verwundet im Krankenhaus. Und ich glaube, der Enkel meines Enkels wird auch kämpfen.«

Die Palästinenserin **Amelie Dschaqaman** sieht den Konflikt von der anderen Seite. Ihre Kindheit verbrachte sie in Bethlehem, heute wohnt sie in Ramallah. »Meine Mutter kam während der osmanischen Besatzung auf die Welt. Ich wurde während der englischen Besatzung geboren, meine Kinder während der jordanischen, deren Kinder während der israelischen. Es gibt immer jemanden, der dieses Land will, aber nie jemanden, der *uns* will. Ist das keine Tragödie?«

Die oft verzweifelten Aussagen der für dieses Buch befragten Israelis und Palästinenser machen deutlich: Im Nahost-Konflikt gibt es nicht die einzig wahre Wahrheit. Oft ist es unmöglich, zwischen Recht und Unrecht zu unterscheiden. Daher werden stets beide Seiten befragt. Das Buch berichtet von den wichtigsten politischen Geschehnissen im Nahen Osten – hautnah und aus erster Hand.

Dabei richtet sich das Buch an Schüler und Studenten ebenso wie an all jene ganz normalen Zeitungsleser und Fernsehzuschauer, die sich fragen: Wieso kommt es zu keinem dauerhaften Frieden? Warum kämpfen Israelis und Palästinenser Jahr um Jahr und Tag für Tag? In diesem Zusammenhang werden die in den Medien immer wieder auftauchenden – aber selten erläuterten – Begriffe erklärt.

Eine Zeittafel fasst die Ereignisse im Info-Teil des Buches zusammen. Dort werden auch andere Werke, Internetseiten und Filme empfohlen. Die Medienliste ist nach den Kapiteln des Buches geordnet. Wer mehr über die befragten Zeitzeugen erfahren will, der wird im Info-Teil ebenso fündig. Zum Quereinstieg eignet sich der Index ganz am Ende – er reicht von »Mahmud Abbas« bis »Zion«.

Tabulos und ehrlich, das soll dieses Buch sein. Darin waren sich die Herausgeber einig. Der Holocaust-Überlebende Noah Flug wanderte 1958 nach Israel aus. Er ist heute Vorsitzender des Dachverbandes der Organisationen der Holocaust-Überlebenden in Israel und Präsident des Internationalen Auschwitz-Komitees. Er arbeitete am Konzept des Buches mit und trug mit seinen Kontakten und vielen Ideen zu dessen Entstehung bei.

Martin Schäuble besuchte während der eineinhalbjährigen Recherche die Menschen auf beiden Seiten des Nahost-Konflikts. Der Journalist schrieb das Buch in dem Bewusstsein, dass dieser Konflikt, jedenfalls kurzfristig, kaum lösbar erscheint – dass man ihn aber immerhin erklären kann. Das Buch kann als Einführungs- und Nachschlagewerk verstanden werden und reiht sich so gerne in die zahlreichen Bücher der großen Nahost-Bibliothek ein.

Von uralten Zeiten bis zum Aufstand der Palästinenser 1936 bis 1939 – ein kurzer Überblick

Wer lebte zuerst im Heiligen Land, Israelis oder Palästinenser? Diese Frage wird oft gestellt, sie ist aber kaum schlüssig zu beantworten. Und: Sie ist auch falsch gestellt. Denn bevor beide Begriffe in irgendeiner Schrift auftauchten, lebten bereits Menschen hier. Die Spuren der Urahnen beider Völker sind heute nicht einfach zu finden, und vieles ist auch noch ungewiss. Sicher ist aber, dass die Sprachen der Israelis (Hebräisch) und Palästinenser (Arabisch) die gleiche Herkunft haben.

Entscheidend für den heutigen Konflikt zwischen Israelis und Palästinensern waren die Ereignisse am Anfang des 20. Jahrhunderts. Weit über 60 Millionen Soldaten aus den verschiedensten Staaten standen sich im Ersten Weltkrieg gegenüber. Palästina war zu diesem Zeitpunkt eine Provinz des Türkischen Reiches, das man nach seinem Begründer Fürst Osman auch Osmanisches Reich nannte. Die türkische Armee kämpfte an der Seite Deutschlands und Österreich-Ungarns. Dabei hatten die türkischen Machthaber schon genug Probleme im eigenen Land. Lokale Herrscher richteten sich immer weniger nach den Vorgaben der Regierung; sie verfolgten eigene Interessen.

Die Briten hatten von den Streitereien im Osmanischen Reich lange gewusst. In geheimen Gesprächen verhandelten sie mit Hussein ibn Ali. Der einflussreiche Mann herrschte über Mekka, die heiligste Stätte der Muslime. Der Ort liegt im heutigen Saudi-Arabien – hier kam ihr Prophet Mohammed um 570 nach Christus zur Welt. Und hier steht die Kaaba (arabisch für Würfel); das schwarze Gebäude ist nach dem Glauben der Muslime einst von Abraham und seinem Sohn Ismael errichtet worden. Muslime aus aller Welt wenden sich beim Gebet der Himmelsrichtung zu, in der Mekka liegt.

Das Angebot der Briten an den Herrscher über diesen Ort klang verlockend: Sie versprachen Hussein nichts weniger, als ihm beim Aufbau eines eigenen arabischen Reiches behilflich zu sein. Im Gegenzug müsse er allerdings eine Revolte gegen die osmanische Regierung anführen. Der britische Diplomat Sir Henry McMahon wechselte mit Hussein ibn Ali Briefe, in denen davon die Rede ist.

Hussein nahm das Angebot an und leitete den Aufstand gegen die Osmanen 1916. Dabei half ihm der britische Agent Thomas Edward Lawrence – besser bekannt als Lawrence von Arabien. Der Brite hatte bereits als Archäologe in Syrien gearbeitet. Lawrence beherrschte die arabische Sprache und gewann so schnell das Vertrauen der Einheimischen. Hussein ibn Ali sollte aber enttäuscht werden. Er erhielt nicht das von den Briten zugesagte große Königreich. Zwar erklärte er sich selbst zum »König von Arabien«, doch die westlichen Staaten sprachen ihm nur Hedschas, ein Gebiet im heutigen Saudi-Arabien, zu.

Was der Anführer der Revolte nicht wissen konnte: Die Briten hatten bereits heimlich mit den Franzosen verhandelt. Beide Staaten hatten das Osmanische Reich für die Zeit nach dem Ersten Weltkrieg untereinander aufgeteilt – ohne die Menschen zu fragen, die dort lebten. Die geheime Absprache über die zukünftige Gebietsaufteilung zwischen Briten und Franzosen hieß Sykes-Picot-Abkommen. Charles Georges Picot war französischer Generalkonsul in Beirut, Sir Marc Sykes Nahostexperte in der britischen Regierung.

Von all den Verträgen und Verhandlungen wussten die meisten Palästinenser nichts. **Sahar Samha** kam 1917 in einem kleinen Dorf bei Ramallah auf die Welt. Die Palästinenserin erinnert sich noch an die 1920er und 1930er Jahre. »Wir arbeiteten als Bauern. Das Leben war unkompliziert – wir säten und wir ernteten. Ich arbeitete jeden Tag auf dem Land. Ich begann mit der Arbeit zwischen vier und fünf Uhr in der Frühe. Und ich kam gegen 16 Uhr nach Hause. Wir ernteten Tomaten, Gurken und Feigen, die wir trockneten. Wir pflückten Oliven und stellten Olivenöl her. Unsere Erzeugnisse wurden in das ganze Land verkauft. An Ramadan war es schlimm, wir ernteten den ganzen Tag das Obst und Gemüse und durften erst spät abends essen.«

Ramadan ist der jährliche Fastenmonat. Für hart arbeitende Bäuerinnen wie Sahar Samha waren diese Tage ohne Essen und Trinken besonders anstrengend. Von Sonnenaufgang bis Sonnenuntergang nehmen gläubige Muslime für dreißig Tage keine Nahrung und keine Getränke zu sich. Erst beim Einbruch der Dunkelheit wird gemeinsam mit der Familie täglich das Fasten beendet.

Die britische Regierung hatte neben dem arabischen Revolutionär Hussein und den Franzosen einen weiteren Verhandlungspartner: Viele jüdische Einwanderer suchten damals ihr Glück in Eretz Israel, hebräisch für »das Land Israel«. Hinter dieser Bezeichnung stand das damalige Palästina. Im November 1917 veröffentlichte die britische Regierung die Balfour-Erklärung, benannt nach dem britischen Außenminister Arthur James Balfour, der das Schreiben verfasste: »Die Regierung Seiner Majestät betrachtet die Errichtung einer nationalen Heimstätte für das jüdische Volk in Palästina mit Wohlwollen und wird keine Mühe scheuen, um die Erreichung dieses Zieles zu erleichtern, wobei allerdings von der Voraussetzung ausgegangen wird, dass dabei nichts geschieht, was die bürgerlichen und religiösen Rechte der in Palästina bestehenden nicht-jüdischen Gemeinden oder die Rechte und die politische Stellung der Juden in irgendeinem anderen Lande beeinträchtigen könnte.«

Juden wie der Einwanderer **Mischelem Schächter** kamen weniger aus politischen als vielmehr aus religiösen Gründen. »Ich besuchte eine jüdische Religionsschule in Polen. Dort lernte ich, dass jeder Jude nur ein Land hat, und dort soll er leben: Eretz Israel. Ich habe diese Idee akzeptiert. Als Kind hatte ich von einem Cousin meines Vaters gehört, der dorthin reiste. Ich sagte mir später, wenn er dort hingegangen ist und dort blieb, dann heißt das, man kann dort Arbeit finden und leben. Ich kam aber nicht, um Geld zu machen, davon war ich weit entfernt. Ich wollte Israel aufbauen. Es ist mein Land.«

Ein Satz, den man bis heute sowohl von Israelis als auch von Palästinensern hören kann. Beide verbindet mit dem seit 3000 Jahren umkämpften Gebiet nichts weniger als die Geschichte ihres Volkes. Die Region erlebte kaum ein friedliches Jahrhundert. Das Zepter der Macht wechselte ständig den Besitzer. Die Assyrer fielen ein, die Babylonier, die Perser, dann Alexander der Große, die Ptolemäer, die Seleukiden und schließlich die Römer. Um 600 nach Christus eroberten muslimische Araber das Gebiet. 400 Jahre später durchzogen Christen mit ihren blutigen Kreuzzügen das Land. Amos Elon verdeutlichte die ständig aufflammenden Konflikte am Beispiel der Stadt Jerusalem. Der israelische Schriftsteller zählte 50 große »Belagerungen, Plünderungen, Eroberungen und Zerstörungen« in den vergangenen 3000 Jahren.

Etwa 1000 vor Christus beherrschten israelitische Stämme erst unter König Saul, später unter David und Salomo das Gebiet. Ein ständiger Feind der Juden waren die Philister; von dem Namen des Seefahrervolkes leitet sich das Wort Palästina ab. Die Römer benannten ihre Provinz Judäa in Palästina um. Die Osmanen, die das Gebiet ab 1516 beherrschten, nannten ihren neuen Verwaltungsbezirk ebenso. Einen eigenständigen Staat Palästina gab es zwar nie, dafür aber kulturelle und soziale Eigenheiten, die die dort lebenden Menschen von anderen Bewohnern des Nahen Ostens unterschieden.

Juden wie der in Polen geborene Mischelem Schächter kamen aus religiöser Überzeugung ins Land. Zahlreiche jüdische Neuankömmlinge aber wanderten auch aus politischen Gründen ein. So waren viele russische Juden ab 1880 nach Palästina geflüchtet. In Russland war es zu brutalen Ausschreitungen gegen die jüdischen Einwohner gekommen. Die Gesetze machten aus den dort lebenden Juden Menschen zweiter Klasse. Bis zum Ausbruch des Ersten Weltkrieges 1914 hatten über 2,5 Millionen Juden ihre russische Heimat verlassen. Von 100 Flüchtlingen versuchten 97 in Amerika ihr Glück, drei in Palästina.

Das hatte verschiedene Gründe: Die schlechten beruflichen Aussichten, die unsichere politische Lage, kaum ausgebaute Verkehrswege und zu wenig Wohnraum sprachen gegen Palästina. Auch bei später eingewanderten Juden wie **Mischelem Schächter** sollten die Umstände nicht viel einladender sein: » »Ich reiste von Istanbul nach Haifa, vielleicht waren wir tausend Passagiere an Bord, alles junge Leute. In den ersten Tagen wurden wir in einem Camp untergebracht. Dann hieß es: ›Geht raus und sucht Arbeit!‹ Aber ich konnte zunächst keine finden, es gab so viele Leute. Am Anfang half ich beim Straßenbau, das war eine harte Arbeit. Aber ich hatte keine Illusionen. In Haifa lebte ich mit zehn Leuten in einer Wohnung, bis ich einen guten Job als Verkäufer fand. Dann konnte ich mir eine eigene Wohnung leisten.«

Nicht nur die schlechte wirtschaftliche, sondern auch die politische Situation bereitete den Einwanderern Sorgen. Viele hofften auf einen eigenen jüdischen Staat, wie ihn Theodor Herzl einst gefordert hatte. Der 1860 in Budapest geborene Jude schrieb als Journalist für eine Wiener Zeitung. Als Korrespondent beobachtete er im Jahr 1894 einen Prozess in Paris, der sein Leben verändern sollte. Der französische Hauptmann Alfred Dreyfus war angeklagt worden, für Deutschland spioniert zu haben. Doch nicht seine angebliche Tat stand im Vordergrund des öffentlichen Interesses, sondern seine Religionszugehörigkeit. Dreyfus war Jude, und das reichte vielen Franzosen aus, ihn für schuldig zu erklären. Zu unrecht, wie sich Jahre später herausstellen sollte.

Theodor Herzl war entsetzt über das judenfeindliche Verhalten. 1896, zwei Jahre nach dem Prozess, veröffentlichte Herzl sein Werk »Der Judenstaat«. Darin erklärt er, warum, wie und wo Juden einen eigenen Staat gründen sollten: »Palästina ist unsere unvergessliche historische Heimat. Dieser Name allein wäre ein gewaltig ergreifender Sammelruf für unser Volk. Wenn seine Majestät der Sultan uns Palästina gäbe, könnten wir uns dafür anheischig machen [uns dazu verpflichten], die Finanzen der Türkei gänzlich zu regeln. Für Europa würden wir dort ein Stück des Walles gegen Asien bilden, wir würden den Vorpostendienst der Kultur gegen die Barbarei besorgen. Wir würden als neutraler Staat im Zusammenhange bleiben mit ganz Europa, das unsere Existenz garantieren müsste.«

Theodor Herzl (1860–1904) wollte einen »Judenstaat«. Im gleichnamigen Werk erklärte er 1896, wie das aussehen könnte.

Der theoretischen Abhandlung folgte bald die Praxis. Theodor Herzl lud 1897 zum 1. Zionistischen Weltkongress ins schweizerische Basel ein. Zionisten nannten sich Juden, die in Palästina einen eigenen Staat gründen wollten. Der Ort

Zion bezog sich auf einen gleichnamigen befestigten Hügel in Jerusalem, auf dem einst die jüdischen Tempel errichtet wurden. Ein symbolischer Name, denn die Zionisten wollten nicht nur Zion, sondern das gesamte biblische Israel bevölkern. Die Teilnehmer des Kongresses in Basel gründeten die Zionistische Weltorganisation und wählten Herzl zum Präsidenten.

Im sogenannten »Baseler Programm« formulierten sie ihr Ziel. Das war die »Schaffung einer öffentlich-rechtlich gesicherten Heimstätte für das jüdische Volk in Palästina«. Ein paar Tage nach dem Kongress schrieb Herzl in sein Tagebuch: »Fasse ich den Basler Kongress in ein Wort zusammen – das ich mich hüten werde, öffentlich auszusprechen –, so ist es dieses: In Basel habe ich den Judenstaat gegründet. (...) Wenn ich das heute laut sagte, würde mir ein universelles Gelächter antworten. Vielleicht in fünf Jahren, jedenfalls in fünfzig wird es jeder einsehen.«

Manche arabischen Großgrundbesitzer machten mit der jüdischen Einwanderung das Geschäft ihres Lebens. Sie verkauften ihre Ländereien zu stattlichen Preisen. Ohne Baron Lionel Walter Rothschild wäre das kaum möglich gewesen. Der wohlhabende Brite kaufte Land und investierte in jüdische Farmen in Palästina. Bis zum Beginn der 1930er Jahre wechselten etwa sechs Prozent der gesamten Fläche Palästinas den Eigentümer.

Kein Mitspracherecht hatten die palästinensischen Bauern, die das Land der Großgrundbesitzer bis dahin bearbeiteten. Zunächst fanden viele bei jüdischen Unternehmen und landwirtschaftlichen Betrieben Arbeit. Das Leben verlief für Juden, Christen und Muslime weitestgehend friedlich in Palästina. Anfang der 20er Jahre kam es zu ersten größeren Auseinandersetzungen. Die muslimischen und christlichen Palästinenser standen den jüdischen Einwanderern immer kritischer gegenüber. 1929 verschärfte sich die Lage ein weiteres Mal. In Hebron griffen Muslime ihre jüdischen Nachbarn an, mit denen sie zuvor über Jahrzehnte friedlich Seite an Seite gelebt hatten. Soldaten der britischen Mandatsverwaltung mussten eingreifen.

Vier Jahre nach den Unruhen von 1929 stand die größte Einwanderungswelle bevor. Von Anfang 1933 bis Ende 1935 reisten 130 000

Juden nach Palästina ein. Für viele ging es um Leben oder Tod – die Nationalsozialisten hatten in Deutschland die Macht ergriffen. Zwei Gründe machten Palästina bei den jüdischen Flüchtlingen zu einem beliebten Ziel: Zum einen sollte ein eigener Staat entstehen, womit judenfeindliche Übergriffe der Vergangenheit angehören würden. Andererseits hatten viele Länder ihre Gesetze verschärft und erschwerten damit die Einwanderung für Flüchtlinge.

Der Jude **Josef Arnan** floh mit seinen Eltern 1933 von Düsseldorf nach Palästina. »Ich bin mit neun Jahren hierhergekommen. In Deutschland wohnte ich in einem Haus mit drei Stockwerken und einem Weinkeller. Hier lebte ich mit meiner Familie zusammen in einem Zimmer. Vor allem für meine Eltern war das sehr schwer. Haupttransportmittel war das Kamel, Lastkraftwagen gab es kaum. Das exakte, pünktliche Leben gehörte zur Vergangenheit, wir lebten nun im Orient. Aber wir waren mit den anderen Einwanderern zusammen eine große Familie.«

Der Unmut bei den Palästinensern über die 1933 einsetzende Masseneinwanderung wuchs. In den Dörfern und Städten bildeten sich politische Gruppen. Aus ihnen entstand 1936 das »Hohe Arabische Komitee«. Die Mitglieder forderten ein Ende der Einwanderung und des Landverkaufs an Juden. Sie riefen zu einem Generalstreik der Palästinenser auf. Der Arabische Aufstand begann.

Die Palästinenserin **Amelie Dschaqaman** erlebte die Revolte in Bethlehem. »Die Menschen streikten sechs Monate lang. Die Busse fuhren nicht mehr nach Jerusalem. Alle Ladenbesitzer, selbst die Markthändler, schlossen sich dem Streik an. Aber wir mussten ja von etwas leben, wir waren fünf Kinder in der Familie, und mein Vater starb früh. Manche Händler verkauften dennoch Dinge wie Reis, Mehl oder Olivenöl. Meine Mutter schickte mich manchmal zum Einkaufen, und sie sagte immer nur: ›Warte nicht lange, renne!‹«

Auch Handwerker erschienen nicht mehr an ihrem Arbeitsplatz, Angestellte nicht mehr im Büro, Arbeiter blieben zu Hause. Nicht jeder schloss sich freiwillig dem Streik an – auch nicht in Bethlehem. Amelie Dschaqaman: »Auf den Straßen wurde geschossen. Die arabischen Revolutionäre bekämpften nicht nur die Briten, sondern auch Streikbrecher. So kam es auf dem Marktplatz oft zu Anschlägen, weil manche Händler den Streik beenden wollten.«

Ziel der Revolutionäre war es, die britische Mandatsmacht zu einem Umdenken zu bewegen. Nur die Briten hatten aus Sicht der Palästinenser die Macht, die Lage zu verändern. Auf der Konferenz von San Remo hatten die Siegermächte des Ersten Weltkrieges 1920 über die Aufteilung des Osmanischen Reiches gesprochen. Frankreich und Großbritannien setzten ihre bereits während des Krieges gemachten Vereinbarungen durch. Die französische Regierung erhielt ein Mandat für Syrien und den Libanon. Die Briten verwalteten von nun an Palästina und Mesopotamien – das später Irak heißen sollte.

Verursachte der Arabische Aufstand in Palästina in den ersten Tagen erheblichen wirtschaftlichen Schaden, so gewannen die Briten bereits nach einigen Wochen die Oberhand zurück. Sie lösten das Problem auf provokante Art: Statt der streikenden palästinensischen Arbeiter und Angestellten stellte die britische Verwaltung verstärkt jüdische Bewohner Palästinas ein. Die Aufständischen waren gegenüber dem riesigen britischen Verwaltungsapparat machtlos. Viele der Streikenden standen vor dem wirtschaftlichen Ruin.

Im Oktober 1936 ging der Streik zu Ende. Wenn auch ohne konkrete Ergebnisse, so regte die erste Phase des Arabischen Aufstandes die Briten wenigstens zum Nachdenken an. Die britische Regierung wollte den Ursachen der Revolte auf den Grund gehen. Sie sandte eine Kommission unter der Leitung von Lord Robert Peel nach Palästina. Dessen 1937 veröffentlichter Bericht schlug eine Teilung des Mandatsgebietes vor: »In den engen Grenzen eines kleinen Landes ist zwischen zwei nationalen Gemeinschaften ein Konflikt entstanden, der nicht unterdrückt werden kann. Etwa eine Million Araber leben offen oder latent [verborgen] mit etwa 400 000 Juden im Streit. Zwischen ihnen gibt es keine gemeinsame Grundlage. Nationale Assimilierung [Angleichung] zwischen Arabern und Juden ist ausgeschlossen. (…) Die internationale Anerkennung des Rechts der Juden, in ihre alte Heimat zurückzukehren, beinhaltet nicht die Anerkennung eines jüdischen Anrechts, Araber gegen deren Willen zu beherrschen.«

Die Peel-Kommission empfahl eine Teilung mit folgenden Grenzen: ein jüdischer Staat im Norden und weiten Teilen der Mittelmeerküste, ein arabischer Staat auf dem restlichen Gebiet. Die heiligen Stätten sollten im Zuständigkeitsbereich der britischen Mandatsmacht bleiben. Weder Juden noch Palästinenser waren begeistert von diesem Vorschlag. Vor allem der beiderseitige Anspruch auf die Altstadt Jerusalems sollte in den kommenden Jahrzehnten immer wieder zum Problem werden.

Wieso ist diese Stadt Juden, Christen und Muslimen so wichtig? Die Antwort darauf ist in den heiligen Schriften der drei monotheistischen Weltreligionen (aus dem Griechischen *monos* für einzig und *theos* für Gott) zu finden. Alle drei Religionen haben nicht nur den Glauben an einen einzigen Gott gemeinsam; sie besitzen auch einen gemeinsamen Ursprung im Glauben der Juden. Der Name Abrahams findet sich sowohl in der Tora der Juden als auch im Alten Testament der Christen (das die Schriften der Tora enthält) und im Koran der Muslime.

Die Anhänger aller drei Religionen glauben daran, dass Gott Abraham aufforderte, einen seiner zwei Söhne auf einem Berg zu opfern. Nach jüdischem und christlichem Glauben handelte es sich um den Sohn Isaak, laut dem Koran um Ismael. Die Juden errichteten an dieser Stelle später zwei Tempel, daher ist heute vom Tempelberg die Rede. Den ersten Tempel zerstörten die Babylonier um 600 vor Christus. Heute beten Juden am Tempelberg vor der Klagemauer. Dabei handelt es sich um Reste ihres zweiten Tempels, den die Römer 70 nach Christus vernichteten. Die Klagemauer war früher die Stützmauer der Tempelplattform.

Muslime beten auf einem höher gelegenen Platz hinter der Klagemauer. Dort ist nach muslimischen Glauben ihr Prophet Mohammed in den Himmel aufgestiegen. Auf dem al-Haram asch-Scharif (arabisch für ehrwürdiges Heiligtum) stehen der Felsendom mit seiner goldenen Kuppel und die al-Aqsa-Moschee (arabisch für die ferne Moschee). Für Christen ist Jerusalem vor allem der Ort der Kreuzigung und Auferstehung Jesu.

Außer Jerusalem sollten nach dem Peel-Vorschlag von 1937 die zwei christlichen Pilgerziele Bethlehem und Nazareth in britischer

Hand bleiben. Nach christlicher Überlieferung kam Jesus in Bethlehem auf die Welt und wuchs in Nazareth auf. In den beiden Orten wohnten Mitte der 1930er Jahre vor allem christliche Palästinenser. Etwa 80 Prozent Palästinas wären nach der Peel-Kommission für einen arabischen Staat bestimmt gewesen. Allerdings gehörte zu diesem Gebiet die Negev-Wüste im Süden, während der jüdische Staat den fruchtbareren Norden erhalten sollte. Das größte Problem: Auf dem Gebiet des zukünftigen jüdischen Staates lebten 250 000 Palästinenser.

Auf jüdischer Seite war die Enttäuschung über das kleine Staatsgebiet groß. Dennoch stimmten die Mitglieder des 20. Zionistenkongresses in Zürich 1937 für den Peel-Plan. Die Antwort der Palästinenser auf den Peel-Bericht ließ nicht lange auf sich warten: Im September 1937 erschossen Aufständische einen hohen britischen Beamten in Nazareth. Es war der blutige Auftakt zur zweiten Phase des Arabischen Aufstandes. In den folgenden Monaten griffen Rebellen jüdische Siedlungen an, zerstörten die Schienen wichtiger Eisenbahnverbindungen, sprengten Brücken und überfielen britische und jüdische Konvois.

Die Briten reagierten mit aller Härte. Soldaten bestraften die Palästinenser oft kollektiv für die Taten der Aufständischen. Die Bäuerin **Sahar Samha** erinnert sich: »Eines Tages kamen Hunderte britische Soldaten und marschierten in unser Dorf ein. Ich sah die Panzer und Soldaten von dem Berg gegenüber, wo ich das Land bearbeitete. Die Briten trieben alle Dorfbewohner zusammen. Dann durchsuchten sie die Häuser.«

»Die britischen Soldaten suchten nach Revolutionären«, so der Dorfbewohner **Scharif Hamida**. »Dabei behandelten sie uns sehr schlecht. Bereits am ersten Tag töteten sie sechs Menschen aus dem Dorf, es gab mehrere Verletzte. Aber dafür gab es keinen Grund. Die Revolutionäre waren zuvor gegangen. Sie ließen uns alleine zurück.«

In einem Nachbarort durchsuchten die Soldaten das Haus der Familie von **Georgette Saadeh**. »Wir waren Tag und Nacht besorgt. Irgendwann nach Mitternacht sahen die britischen Soldaten unser Wohnzimmerlicht von der Straße aus. Sie klopften und durchsuchten unser Haus. Aber die Briten fanden nur meine Mutter, meine schlafenden Geschwister und mich. Mein Vater übernachtete in Haifa, wo wir ein Haus gemietet hatten und er als Rechtsanwalt arbeitete. Die Briten dachten, wir würden arabische Revolutionäre verstecken.«

Die umstrittenen Einsätze der britischen Soldaten waren das eine, das harte Vorgehen der Aufständischen gegen die eigene Bevölkerung das andere. **Amelie Dschaqaman** aus Bethlehem: »Ich hatte ständig Angst vor den Briten *und* vor den Revolutionären. Die Aufständischen waren komplett vermummt. Die Briten gingen brutal gegen sie vor und machten kaum Gefangene, sie töteten ihre Gegner. Britische Patrouillen-Fahrzeuge fuhren die Straßen auf und ab. Arabische Kämpfer gingen von Tür zu Tür und forderten Geld für den Kampf gegen die britischen Besatzer. Sie nahmen manchmal Geiseln, bis die Familie Geld bezahlte.«

Ein Teil der Bevölkerung stand den gewalttätigen Revolutionären kritisch gegenüber. Und bald zeigten sich weitere Probleme, die den Aufständischen Sorgen bereiteten. Sie kämpften nicht geschlossen gegen die britische Mandatsmacht. So gab es unter den einzelnen Gruppen oft keine Absprachen. Vielmehr kam es zu Rivalitäten untereinander. Die verschiedenen Clans trugen eigene Konflikte aus. Die Kluft zwischen Landarbeitern und Stadtbewohnern sowie die unterschiedliche Religionszugehörigkeit waren weitere Probleme. Damals war jeder zehnte Palästinenser Christ, 90 Prozent waren Muslime. Zudem gab es noch die Palästinenser, die mit den Briten gemeinsame Sache machten und für deren Armee arbeiteten.

Die britischen Truppen waren den Aufständischen an erfahrenem Personal und modernen Waffen weit überlegen. Tag und Nacht durchstreiften britische Soldaten die Dörfer und Städte, verhafteten Aufständische und richteten sie öffentlich hin. Der Prediger Izz ad-Din al-Qassam gründete 1930 eine islamische Untergrundbewegung, fünf Jahre später töteten ihn die Briten. Al-Qassam hatte zum Heiligen Krieg gegen Juden und die britische Mandatsmacht aufgerufen. Nach ihm benannte eine radikale Palästinensergruppe ein Dreivierteljahrhundert später die Kämpfertruppe Qassam-Brigaden und die Qassam-Rakete.

Trotz aller Streitigkeiten zwischen den Clans und Banden hatte der Arabische Aufstand einen Anführer: Mohammed Amin al-Husseini stand an der Spitze der Revolte. Die Briten kannten ihn nur zu gut; sie waren es, die ihn 1921 zum Mufti von Jerusalem ernannt hatten. Als oberster islamischer Rechtsgelehrter im Mandatsgebiet war sein Einfluss auf die Bevölkerung enorm. 1936 ernannten ihn die Mitglieder des Hohen Arabischen Komitees zu ihrem Präsidenten.

Nach dem Ausbruch der zweiten Phase des Arabischen Aufstandes im September 1937 standen alle Komiteemitglieder samt ihrem Vorsitzenden auf der britischen Fahndungsliste. Al-Husseini ergriff die Flucht und gab vom Ausland aus Anweisungen. Nach anfänglichen Erfolgen der Aufständischen stockte die britische Mandatsmacht die Anzahl ihrer Soldaten weiter auf. Und die Briten standen in ihrem Kampf gegen die Palästinenser nicht allein: Sie gestatteten der jüdischen Organisation Haganah (hebräisch für Ver-

Der Arabische Aufstand von 1936 bis 1939 versetzte das britische Militär in den Alarmzustand. Nicht nur, wie hier, in Jerusalem durchsuchten die Soldaten Palästinenser nach Waffen.

teidigung), sich mit Waffen auszurüsten. Bis dahin hatten Mitglieder der militärischen Gruppe jüdische Siedlungen bewacht, die arabischen Angriffen ausgesetzt waren; Waffen hatten heimlich beschafft werden müssen. Aus der nun offiziell anerkannten Haganah sollte später die Armee des Staates Israels hervorgehen.

Eine Schlüsselrolle beim gemeinsamen Kampf gegen den Aufstand spielte der britische Offizier Orde Charles Wingate. Er führte britisch-jüdische Spezialeinheiten an, die nachts palästinensische Aufständische aufspürten und bekämpften. Aus britischer Sicht war die Zusammenarbeit mit jüdischen Kämpfern von praktischem Nutzen. Beliebtes Anschlagsziel der Palästinenser stellte die britische Erdölleitung vom irakischen Mosul zur Raffinerie ins palästinensische Haifa dar. Offizier Wingates offizieller Auftrag lautete, die Pipeline der britischen »Irak Erdölgesellschaft« vor weiteren Zerstörungen zu bewahren.

Die jüdischen Kämpfer hatten ein anderes Ziel vor Augen – einen eigenen Staat, oder wie es die Briten in der Balfour-Deklaration genannt hatten: eine »jüdische Heimstätte«. Für die aufständischen Palästinenser war es in den 1930er Jahren noch nicht der Kampf *für* einen eigenen, sondern *gegen* den geplanten jüdischen Staat. Der palästinensische Nationalismus, also das Streben nach einem unabhängigen Palästinenserstaat, gewann erst Jahrzehnte später an Bedeutung. Bis dahin hofften viele palästinensische Politiker noch auf ein arabisches Großreich, das weit über die Grenzen Palästinas bis nach Syrien im Norden und Ägypten im Süden hinausreichen sollte.

Der Holocaust und die Flucht nach Palästina

»Meine Mutter reiste nach Palästina, denn sie wollte sehen, ob unsere Familie dort leben könnte. Sie kam zurück und sagte nur: ›Das ist nichts für uns.‹ Auch mein Vater wollte in Deutschland bleiben. Er hatte keine Angst vor den Nazis. Mein Vater und mein Großvater waren Soldaten im Ersten Weltkrieg gewesen – *deutsche* Soldaten. Ich habe sogar ein Foto von meinem Großvater, wie er das Eiserne Kreuz trägt. Beide haben sich als Deutsche mit jüdischem Glauben verstanden. Mein Vater sagte immer: ›Uns wird nichts passieren.‹ Viele Juden dachten das.«

Karla Pilpel lebte mit ihren Eltern und Geschwistern in Berlin. Bei der Machtergreifung Adolf Hitlers war sie zwei Jahre alt, bei der Verabschiedung der judenfeindlichen Nürnberger Gesetze vier. Für die kommenden Ereignisse war sie alt genug, um sie bis heute nicht mehr vergessen zu können. Jahre später sollte es für Karla Pilpel nur noch ein Ziel geben: die Auswanderung nach Palästina.

Die brutalen Übergriffe auf Juden in Deutschland nahmen zu. Von Anfang der 1930er Jahre bis Ende 1937 verließen weit über 100 000 der 500 000 dort lebenden Juden das Land. Doch die Mehrheit von ihnen suchte nicht in Palästina Zuflucht – beliebtestes Ziel waren die Vereinigten Staaten. Die größte Gruppe der jüdischen Einwanderer in Palästina kam aus Polen. Die Zahl der jüdischen Bevölkerung Palästinas stieg von Anfang der 1930er Jahre bis Ende 1939 stark an. 1940 lebten auf dem Gebiet rund 450 000 Juden und etwa eine Million muslimische und christliche Palästinenser. Zwanzig Jahre zuvor waren es 60 000 Juden und über 500 000 Muslime und Christen gewesen.

Karla Pilpel hat ein Album gefüllt mit Dokumenten aus dieser Zeit: ein Kinderausweis mit einem roten »J« für Jude, Briefe und Schwarz-Weiß-Bilder. Auf einem Foto sitzt sie als kleines Mädchen auf einer Bank im Berliner Zoo. Die Benutzung der meisten Bänke

Obwohl Juden im nationalsozialistischen Deutschland um ihr Leben fürchten mussten, konnten sich die Delegierten auf der Flüchtlingskonferenz im französischen Evian 1938 nicht einigen.

war laut Hinweisschilder »für Hunde und Juden verboten«. Es ist eines der letzten Bilder, das sie aus ihrem Leben in Deutschland besitzt.

Der Antisemitismus nahm immer gefährlichere Ausmaße an – die Flüchtlingszahlen stiegen weiter. US-Präsident Franklin D. Roosevelt berief eine internationale Konferenz ein. Im Juli 1938 debattierten die Vertreter von 32 Ländern im französischen Evian über die Möglichkeiten einer Aufnahme weiterer Flüchtlinge. Die aus zwei Seiten bestehende Resolution der Evian-Konferenz sprach für sich. Es gab keinerlei Zusagen. Für hilfesuchende Juden war das ein herber Rückschlag.

Ein halbes Jahr später war die Situation für Juden in Deutschland lebensbedrohlich geworden. In einer einzigen Novembernacht 1938 verwüsteten die Nationalsozialisten etwa 7500 jüdische Geschäfte und Wohnungen, schändeten 1400 Synagogen und zahlreiche Friedhöfe. »Nach der Reichskristallnacht in Deutschland wusste ich Bescheid«, erinnert sich **Wolf Factor**. Er lebte damals im polnischen Lodz. Auch in Polen standen antijüdische Ausschreitungen auf der Tagesordnung. »Mein Vater fing an, mich zur Schule zu begleiten. Bald stand auf den Schaufenstern der Geschäfte in polnischer Sprache: ›Kaufe nicht bei Juden‹, ›Juden unerwünscht‹ oder ›Die Juden nach Palästina‹.« Die Hetze richtete sich gegen 3,3 Millionen Polen, die jüdischen Glaubens waren.

Karla Pilpel sah als jüdisches Kind die Aufmärsche der Nationalsozialisten in Berlin. »Einmal in einer Freistunde bin ich mit einem Freund zum Kurfürstendamm gelaufen. Da gab es eine große Parade. Ich sah Adolf Hitler, Waffen, Militärfahrzeuge. Die Leute riefen ›Sieg Heil‹. Ich sagte meinem Freund, er solle auch den Hitlergruß zeigen. Es war gefährlich, das nicht zu tun. Aber ich habe nie zu Hause erzählt, wo ich in dieser Freistunde war.«

Die Flucht nach Palästina war inzwischen fast unmöglich geworden. Die britische Mandatsregierung verhinderte die Einreise, die aus Sicht der Briten und der arabischen Nachbarstaaten illegal war. Um den Streit zwischen Juden und Arabern zu schlichten, berief die Mandatsregierung im Februar und März 1939 die Saint-James-Konferenz ein. Das Treffen im gleichnamigen Palast des britischen Königshauses blieb ohne Ergebnis.

Im Mai 1939 veröffentlichten die Briten daraufhin ein Weißbuch, eine Art Regierungserklärung zur Außenpolitik: »Das Ziel der Regierung seiner Majestät ist die Errichtung eines unabhängigen Staates Palästina innerhalb von zehn Jahren mit derartigen vertraglichen Beziehungen zum Vereinigten Königreich, welche die wirtschaftlichen und strategischen Verhältnisse beider Staaten in der Zukunft befriedigend berücksichtigen.« Dieser Staat sollte laut diesem Dokument beide in Palästina lebenden Bevölkerungsgruppen berücksichtigen: »Der unabhängige Staat sollte einer sein, in dem Araber und Juden die Regierung derart teilen, dass die wesentlichen Interessen jeder Gemeinschaft sichergestellt sind.«

Aus der Sicht Zuflucht suchender Juden war das Weißbuch eine Enttäuschung. »In etwa« 75 000 Juden sollten innerhalb der kommenden fünf Jahre einwandern dürfen. Doch Hunderttausende waren auf der Flucht vor den Nationalsozialisten. Für die arabischen Regierungen war das britische Dokument ebenso unakzeptabel. Die arabischen Staaten verurteilten eine jüdische Immigration. Das Weißbuch regelte die Einwanderung zwar streng, stimmte ihr aber offiziell in einem gewissen Umfang zu.

An Flucht war für viele Juden bald kaum noch zu denken. Der Zweite Weltkrieg stand bevor, und viele Länder schlossen endgültig ihre Grenzen. In Berlin fanden die Eltern von **Karla Pilpel** eine rettende Lösung für ihre Tochter. »Als ich sieben Jahre alt war, sagten mir meine Eltern, dass ich mit meinen Geschwistern Ferien in England machen werde. Ich war überrascht und habe mich darauf gefreut. An einem Maimorgen fuhren wir zum Bahnhof. Dort hat jeder geweint, und ich konnte das nicht verstehen. Wieso sind alle so traurig? Wir gehen doch in die Ferien.«

Der sogenannte Kindertransport rettete 10 000 Menschen das Leben. In Großbritannien warteten Pflegeeltern auf die jüdischen Kinder, denen selten jemand sagte, dass es sich nicht um einen Urlaub handelte. »Wir wurden in England alle voneinander getrennt, aber ich blieb mit meiner Schwester und meinem Bruder in Kontakt. Ich wechselte mit meinen Eltern Briefe. Irgendwann bekam ich keine mehr.«

Im September 1939 marschierten deutsche Truppen in Polen ein. Für die Familie von **Wolf Factor** im polnischen Lodz war es der Beginn einer Katastrophe. »Mit dem deutschen Militär kam ein ganzer Apparat, der dafür bestimmt war, sich mit jüdischen Angelegenheiten zu beschäftigen. Schon am zweiten Tag der Besatzung waren bereits ganz präzise Bekanntmachungen an den Wänden, wie sich ein Jude zu benehmen habe. Es hat mit einer Reihe von Schikanen angefangen, die unglaublich waren. Nach fünf Uhr abends zum Beispiel durfte sich kein Jude mehr auf der Straße aufhalten.«

Mit Beginn des Zweiten Weltkrieges veränderte sich auch in Palästina die Lage. Die Briten übten sich im Spagat: Die Gunst der Araber war wichtig, weil ein Aufstand wie 1936 zum Chaos führen würde. Das jüdische Wohlwollen war ebenso vonnöten, weil Juden als Freiwillige in der britischen Armee dienten. Die Briten brauchten jeden Soldaten – das Deutsche Afrikakorps sollte sich schon bald Ägypten nähern, dem südlichen Nachbarland Palästinas.

Die britische Mandatsmacht weitete ihre Truppenstärke in Palästina massiv aus. Das enorme Aufgebot von Soldaten und Waffen war für die Briten ein teures Unterfangen. Die Einwohner Palästinas profitierten davon, denn die britischen Soldaten konsumierten und brachten Devisen in Umlauf. Die Region stand dank der Militärpräsenz vor einem wirtschaftlichen Aufschwung.

Die Palästinenserin **Amelie Dschaqaman** erlebte in Bethlehem, wie sich die Lage ihrer Familie verbesserte. »Die Briten hatten nun einen neuen Feind: Hitler. Palästina entwickelte sich zum Militärlager. Das war gut für die einheimischen Händler, die Soldaten kauften bei ihnen ein. Auch die wirtschaftliche Situation meiner Familie verbesserte sich. In Jerusalem arbeiteten viele Palästinenser für die britische Militärverwaltung. Keiner sprach mehr wie damals beim Arabischen Aufstand davon, dass sich Frauen verhüllen müssen. Es ging nur noch um Geld.«

Der Kriegsausbruch zwang die jüdische Bevölkerung in Palästina zu Kompromissen. Die Briten stellten sich zwar mit dem Weißbuch gegen eine freie jüdische Einwanderung, kämpften aber zugleich gegen das judenfeindliche Deutschland. David Ben Gurion leitete die Zionistische Weltorganisation und deren Vertretung in Palästina, die Jewish Agency. Der Politiker gab folgende Parole aus: »Wir müssen den Briten in ihrem Krieg helfen, als ob es kein Weißbuch gäbe, und wir müssen uns gegen das Weißbuch zur Wehr setzen, als ob es keinen Krieg gäbe.«

Propaganda über den angeblichen Verlauf des Zweiten Weltkrieges erhielten Palästinenser aus erster Hand. Mohammed Amin al-Husseini, der Anführer des Arabischen Aufstandes von 1936 bis 1939, war auf der Flucht vor den Briten. Der Palästinenser lebte in Deutschland im Exil und traf sich im November 1941 mit Adolf Hitler. In einem Protokoll ist ausführlich von dem Treffen zu lesen. Al-Husseini bedankte sich bei Hitler für die »Sympathie, die er [Hitler] immer für die arabische und ganz besonders für die paläs-

Der Großmufti von Jerusalem, Mohammed Amin al-Husseini, bei einem Treffen mit Adolf Hitler 1941. Der Palästinenser stand auf der Fahndungsliste der britischen Behörde und lebte in Berlin im Exil.

tinensische Sache gezeigt hat (…)«. Die Araber seien Deutschlands »natürliche Freunde«, weil sie die gleichen Feinde hätten, nämlich »die Engländer, die Juden und die Kommunisten«.

Die Palästinenser nannten Amin al-Husseini oft nur Hadsch Amin. Hadsch ist ein Ehrentitel für Muslime, die zum Geburtsort ihres Propheten Mohammed nach Mekka gepilgert sind. »Hadsch Amin war unheimlich populär«, erinnert sich **Amelie Dschaqaman** aus Bethlehem. »Gegenüber unserem Haus verkaufte ein Händler Elektrogeräte. An der Ladentür war ein Radio befestigt, und immer, wenn Hadsch Amin sprach, versammelte sich eine riesengroße Menschenmasse vor diesem Geschäft. Man sagte dann: ›Der Elektrohändler hat das Radio draußen, lasst uns hingehen.‹ Amin hetzte gegen die britischen Besatzer und behauptete, Hitlers Soldaten kämen zu unserer Befreiung nach Palästina. Ich hatte aber Angst vor den Deutschen. Es hieß, dass Hitler Juden einsammeln und ermorden lässt. Die Leute in Bethlehem sagten: ›Wir stehen auch auf der Liste. Nach den Juden wird Hitler uns Araber umbringen.‹«

Der Massenmord an den Juden Europas stand unmittelbar bevor. Die Nationalsozialisten sprachen auf der Wannseekonferenz im Januar 1942 in Berlin über das geplante Verbrechen. Im Mai trafen sich im New Yorker Biltmore-Hotel Mitglieder der Zionistischen Weltorganisation. Sie forderten eine sofortige Erleichterung der Einreise für Juden nach Palästina. Im sogenannten Biltmore-Programm heißt es: »Die Konferenz verlangt, dass die Tore Palästinas geöffnet werden (…).« Palästina solle zu einem »jüdischen Staatswesen« werden. An die Juden in den »Ghettos und Konzentrationslagern des von Hitler beherrschten Europa« wolle man eine Nachricht »der Hoffnung und Ermutigung« senden.

Wolf Factor aus dem polnischen Lodz erreichte diese Nachricht nicht. Er lebte mit seiner Familie bereits seit 1940 in einem von der Außenwelt hermetisch abgeriegelten Ghetto. Im August 1944 musste er das Ghetto verlassen – sein Vater war zuvor aufgrund fehlender Medikamente an einer Lungenentzündung gestorben. Die Nationalsozialisten verschleppten **Wolf Factor** und seine Familie in ein Konzentrationslager.

»Ich kam zusammen mit meiner Mutter und meiner kleinen Schwester in Auschwitz an. SS-Leute trennten uns voneinander. Ich sah aus der Ferne, wohin sie meine Mutter und meine Schwester schickten. Am nächsten Tag sollte ich erfahren, dass all diese Leute eine halbe Stunde später in der Gaskammer getötet und noch am gleichen Tag verbrannt wurden. Ich wurde für die Arbeit für gut befunden. Ich musste mich ausziehen und wurde rasiert, alles Persönliche wurde mir abgenommen. Wir wurden innerhalb von einigen Stunden von Menschen in Vieh verwandelt, namenlos, ohne jede Spur von Persönlichkeit.«

Wolf Factor musste in ein Arbeitslager und sich dort um die Tierpflege kümmern. »Die Pferde haben Namen gehabt. Das eine Pferd hieß Edelweiß und das andere Heckenrose. Schöne Namen. Ein Arbeitstag dauerte von vier Uhr morgens bis zehn Uhr nachts. Ich war bis zum 19. Januar 1945 in diesem Lager. Dann hieß es, die Russen hatten die Front durchbrochen und wir müssten ›gerettet‹ werden.«

Was in der Sprache der Nationalsozialisten »Rettung« hieß, war nichts anderes als der Todesmarsch. Diesen musste Wolf Factor im Januar 1945 von Auschwitz nach Buchenwald antreten. »Wir stellten uns alle am Haupttor auf. Jeder von uns erhielt ein Brot. Die Temperatur war zwölf Grad unter Null, und wir trugen nur Häftlingspyjamas und Holzschuhe. Als wir Auschwitz verließen, da waren wir 5000 Menschen. In Buchenwald kamen nur 600 Überlebende an. Alle anderen sind auf dem Weg entweder erschossen worden oder entkräftet zusammengebrochen. Die, die nicht mehr weiterkonnten, haben einen Schuss ins Genick bekommen.« Wolf Factor war bis zu seiner Befreiung im April 1945 im Konzentrationslager Buchenwald inhaftiert. »Die Lebensmittelversorgung bestand in Buchenwald aus 150 Gramm Brot pro Tag und irgendeinem Getränk, das Kaffee hieß. Die Leute sind massenhaft gestorben.«

Nach dem Holocaust stand Wolf Factor vor dem Nichts. »Meine Familie hat aus 123 Menschen bestanden. Nur zwei haben den Holocaust überlebt. Einer davon bin ich.« Insgesamt fielen sechs Millionen Juden dem nationalsozialistischen Massenmord zum Opfer – darunter auch die Eltern von **Karla Pilpel**, die 1939 mit dem Kindertransport von Berlin nach England kam.

»Meine Eltern waren sehr tapfer. Was müssen sie gedacht haben, als sie am Bahnhof standen? Ich habe mich von ihnen nie verabschiedet. Das verzeihe ich mir bis heute nicht. Aber ich wusste nicht, dass ich sie nie wiedersehen werde. Meine Mutter sagte mir am Bahnhof etwas, das mich sehr beschäftigte. Ich war erst sieben Jahre alt, und sie erklärte mir: ›Ich will, dass du etwas weißt. Babys werden nicht vom Storch gebracht. Sie kommen aus dem Bauch ihrer Mütter.‹ Meine Mutter musste gewusst haben, dass sie mich nie wiedersehen wird.«

Der Zweite Weltkrieg war zu Ende, Überlebende, Hinterbliebene, Verwundete, Täter und Opfer waren auf der Flucht. Aber wohin? Für viele Juden gab es nur noch ein Ziel: die illegale Einwanderung nach Palästina. Die Einwanderung hieß »Alija«, das ist Hebräisch und bedeutet Aufstieg. Damit war bis zu dessen Zerstörung der Besuch des Tempels im hochgelegenen Jerusalem gemeint. Bereits die ersten großen jüdischen Einwanderungswellen nach Palästina ab 1880 wurden als Alija bezeichnet.

Noch immer stellte sich die britische Mandatsmacht gegen eine Immigration. Nicht nur Überlebende des Holocausts wollten einwandern. Zionistische Jugendorganisationen warben für Palästina und für ein Leben im Kibbuz. In diesen ländlichen Siedlungen sollte jeder unter gleichen Bedingungen leben und arbeiten. Ein gemeinsamer Speisesaal ersetzte die eigene Küche, Feste feierten die Kibbuz-Bewohner gemeinsam. Das sehr idealistische Projekt sah vor, dass materielle Dinge keine Rolle spielen sollten. Keiner sollte besser gestellt sein als der andere.

Pauline Livschitz überzeugte das Konzept. Sie wuchs im schottischen Glasgow auf, auch dort habe es einen »enormen Antisemitismus« gegeben. »Meine Mutter starb sehr früh, und mein Bruder und ich hatten uns entschieden, nicht in Großbritannien zu bleiben. Wir traten einer zionistischen Bewegung bei. Die Gruppenleiter erzählten uns von Palästina und lehrten uns Hebräisch. Wir lebten später mit einer Gruppe von rund vierzig jungen Leuten auf einer Farm im Süden Englands. Der Krieg begann, und mein Bruder ging zur britischen Armee. Nach dem Krieg fragten sie uns, ob wir bereit sind, nach Palästina zu gehen.«

Pauline Livschitzs Reiseroute war die klassische zur damaligen Zeit. Von Frankreich aus ging es mit dem Schiff über das Mittelmeer nach Palästina. »Wir reisten mit einem Fischerboot, der *Yagur*. 800 Leute waren auf engstem Raum untergebracht, darunter viele Schwangere, Alte und Kinder. Ich weiß nicht, wie dieses Boot nach Palästina kam. Die See war stürmisch, alle waren seekrank, es stank. Ich sagte von Anfang an: ›Unter Deck halte ich es nicht aus.‹ Ich fand Arbeit in der Küche. Wir machten Suppe und kochten Kartoffeln. Dann fing uns ein britisches Kriegsschiff ab. Am Hafen von Haifa mussten wir unser Boot verlassen. In Zelten sprühten sie uns mit Desinfektionsmittel ein. Überall standen bewaffnete britische Soldaten. Sie brachten uns auf ein anderes Schiff, die *Empire*.«

Die britische Flotte kannte die Fluchtrouten und stoppte viele Juden auf dem Weg nach Palästina. Ab August 1946 errichteten die britischen Behörden mehrere Internierungslager auf Zypern. Dort sollten die jüdischen Einwanderer in Gewahrsam genommen werden. Pauline Livschitz gehörte zu den ersten Flüchtlingen, die dort leben mussten. »Ich hatte keine Ahnung, wie es weitergeht. Ich war einfach nur schockiert. Es kamen immer mehr Boote und Flüchtlinge an.«

Britische Soldaten bewachten die Lager, die mit einem Stacheldrahtzaun gesichert waren. Die Flüchtlinge schliefen in Zelten oder Baracken. »Ich sprach im Lager kein Englisch«, erinnert sich Pauline Livschitz. »Ich hatte Angst, dass sie mich sonst nach England zurückbringen.« Täglich kamen auf Zypern weitere Flüchtlinge an, bis zum Jahresende 1946 sollten es 25 000 werden, und die Situation verschlechterte sich täglich. »Das Essen war furchtbar. Viele Menschen im Lager waren krank. Aber im Camp arbeiteten Einheimische aus Zypern. Sie versteckten Obst in ihren weiten Hosen und brachten es für uns ins Lager.«

Neuigkeiten vom palästinensischen Festland erreichten die Camps auf Zypern umgehend. Eingeschleuste Haganah-Soldaten versorgten die Bewohner mit Nachrichten. Im Laufe der Zeit entwickelte sich ein reges Gemeindeleben in den Lagern. 800 Hochzeiten feierten die Flüchtlinge im ersten Jahr. »Ich war überrascht. In Zelten und Baracken gab es Schulen, eine Synagoge und ein Theater«, erinnert sich **Yochanan Ron**. Er flüchtete nach dem Krieg mit seinen Eltern von Rumänien nach Bulgarien. Von dort reisten sie mit dem Schiff *Paniok* Richtung Palästina – bis britische Kampfschiffe die Flüchtlinge aufhielten. »Die Engländer konnte man ertragen. Die Soldaten gaben uns Kindern im Lager am Zaun Süßigkeiten und waren nett, aber es war dennoch ein Lager.«

Die britischen Behörden stellten Einwanderungszertifikate nach der Weißbuch-Quote von 1939 aus. 1500 Juden konnten monatlich legal nach Palästina einwandern, die Hälfte davon durfte auf Drängen der Jewish Agency aus den Internierungslagern Zyperns kommen.

Pauline Livschitz erhielt nach sechs Monaten ein Einwanderungszertifikat. »Zunächst lebten wir für ein bis zwei Tage in Atlit. Dann wurden wir abgeholt und zu einem Kibbuz gebracht.« Atlit, von Wachtürmen und drei Stacheldrahtzäunen umgeben, diente der britischen Mandatsmacht als Flüchtlingslager in Palästina. In der Nähe von Haifa, direkt am Mittelmeerstrand gelegen, war es schon bald hoffnungslos überfüllt.

Die Zustände in den Lagern auf Zypern und in Atlit schreckten jüdische Immigranten nicht vor einem Einreiseversuch ab. Die Flüchtlingsströme nach Palästina nahmen täglich zu. Zugleich verübten jüdische Untergrundorganisationen Anschläge gegen Briten und Palästinenser. Die Irgun Zwai Leumi (hebräisch für Nationale Militärorganisation), kurz Irgun oder Ezel genannt, war die aktivste Gruppe. Das Symbol der Bewegung zeigte deutlich, um welches Gebiet gekämpft wurde. Eine Karte des damaligen Palästinas und Transjordaniens war im Hintergrund zu sehen, im Vordergrund eine ausgestreckte Hand mit Gewehr. Menachem Begin leitete die Irgun von 1943 bis 1948, er sollte drei Jahrzehnte später Ministerpräsident Israels werden.

Abraham Bar-Am gehörte zu den jüngsten der aus britischer Sicht illegalen Organisation. Die Irgun war auf die Hilfe von Kindern und Jugendlichen angewiesen. Je jünger, desto weniger Verdacht schöpften die britischen Behörden. Abraham Bar-Am trat der Irgun mit zwölf Jahren bei. »Ich plakatierte Wände, transportierte Waffen von Platz zu Platz. Wir Kinder machten auch Botendienste, überbrachten zum Beispiel Befehle.«

Im Juli 1946 sprengten Irgun-Mitglieder das Hauptquartier der Briten im Südflügel des Jerusalemer King-David-Hotels – über 90 Menschen starben bei dem Anschlag, die meisten von ihnen Zivilisten. Im Oktober 1946 verübte die Irgun auf die gleiche Weise einen Anschlag auf die britische Botschaft in Rom. Die britische Polizei fahndete in Palästina nach Irgun-Mitgliedern und setzte ein Kopfgeld aus. Auf einem Plakat vom Juli 1947 ist **Joseph Nachmias** abgebildet: »Unveränderliche Kennzeichen: Narbe auf dem rechten Unterarm und unter dem rechten Ohr.«

Wieso suchten ihn die britischen Behörden? »Es war für uns Irgun-Kämpfer nicht leicht, an Waffen zu kommen. Ich diente zugleich in der britischen Armee und konnte dabei helfen. Das war lebensgefährlich, mir drohte der Tod durch den Strick. Ich fand heraus, wo die Briten in den Militärcamps ihre Waffenvorräte lagerten: Maschinenpistolen, Maschinengewehre, Handgranaten oder Munition, die wir dringend benötigten. Ich brachte anderen Irgun-Kämpfern bei, wie sie sich als britische Soldaten verhalten müssen. Dann betraten wir mit britischen Uniformen die Camps, vor allem zur Mittagszeit, da waren alle Soldaten im Speisesaal. Fragte man uns dennoch etwas, dann sagten wir, dass wir den Befehl hätten, die Waffen abzuholen. Wenn wir aufflogen, dann kämpften wir uns einen Weg aus dem Lager, oft mussten wir dafür mit Blut bezahlen.«

Die streng geheimen Operationen der Irgun kosteten zahlreichen Zivilisten das Leben – vor allem während des Kampfes gegen palästinensische Aufständische 1936 bis 1939. Die Bomben der Irgun explodierten damals auf den arabischen Märkten in Jerusalem, Jaffa und Haifa, in Zügen, Bussen und Kaffeehäusern. Abraham Stern gingen die Taten der Irgun nicht weit genug. Er gründete bereits 1940 Lechi (Lochamei Cherut Israel, hebräisch für Israels Freiheitskämpfer). Briten und Palästinenser nannten seine Gruppe die Stern-Bande.

Die Briten verloren zunehmend die Kontrolle über ihr Mandatsgebiet. Der militärische Apparat verschlang Geld, das die Regierung dringend im Nachkriegs-Großbritannien brauchte. Im Februar 1947 kapitulierte die britische Regierung und übergab die Palästina-Frage an die Vereinten Nationen (auch UN für das englische United Nations). Die Vollversammlung der UN setzte eine Untersuchungskommission ein, die einen Vorschlag über die Zukunft Palästinas erarbeiten sollte: UNSCOP, das »UN-Special Committee on Palestine«.

Während sich die UN-Sonderkommission in Palästina ein Bild der Lage machte, hatten die Internierungslager auf Zypern ihre maximale Aufnahmekapazität erreicht. Im Sommer 1947 stiegen in einem französischen Hafen 4500 Juden in ein ausgedientes amerikanisches Ausflugsschiff. Die Haganah hatte es gekauft, über den Atlantik verschifft und für ihre Zwecke umgebaut. Wohl keiner der Flüchtlinge in Frankreich ahnte, dass ihre Reise zur Legende werden sollte. Die *Exodus* stach am 10. Juli 1947 in See.

»Wir schliefen auf schmalen Brettern, Kopf an Kopf. Die Briten folgten uns mit ihren Schiffen von Anfang an. Wir wussten, dass es schwierig wird. Die Idee der Haganah war es, die britische Blockade zu brechen. Denn sie wusste, dass es keinen Platz mehr auf Zypern gab, und bisher brachten die Briten die Flüchtlinge dorthin.« **Schila Ben Jehuda**, die hier berichtet, war zuvor von ihrer Heimatstadt London nach Frankreich gereist. Ihren Eltern erzählte sie von einer Arbeitsstelle bei einer amerikanischen Organisation in Paris. Sie wollte mit ihren Palästina-Plänen in der Familie nicht für Unruhe sorgen.

Alex Orli, geboren in Polen, erinnert sich an die Situation an Bord: »Die *Exodus* war überfüllt, die Unterbringung nicht sehr gut. Aber die Menschen an Bord waren glücklich, denn wir reisten nach Palästina. Viele kamen direkt aus den Konzentrationslagern, Ghettos und Flüchtlingscamps.« Alex Orli reiste ohne Eltern. Seine Mutter wurde im Holocaust ermordet, sein Vater fiel im Zweiten Weltkrieg als polnischer Soldat. Mit seiner Schwester überlebte der gebürtige Pole in einem Versteck.

Vor der Ankunft in Palästina näherte sich britisches Militär der *Exodus*. Alex Orli: »Als die Briten das Schiff kapern wollten, versuchten wir uns zu wehren. Wir hatten keine Waffen, also bewarfen wir sie mit den Lebensmittelkonserven, die wir an Bord gelagert hatten. Zwei Schiffe kesselten uns ein. Unser Schiff war aus Holz und somit nicht sehr stabil, daher mussten wir aufgeben. Mehrere Kriegsschiffe eskortierten uns nach Haifa. Die Stimmung war furchtbar, im letzten Augenblick, kurz vor dem Ziel, war all unsere Hoffnung zerstört.«

Die Ankunft der *Exodus* hatte sich in der Küstenstadt schnell herumgesprochen. Wenige Meter vom Schiff entfernt beobachteten zwei Herren im Anzug das Geschehen: Emil Sandstroem aus

Schweden und Vladimir Simitch aus Jugoslawien, beides UNSCOP-Mitglieder. Über die Vorschläge der Sonderkommission hatte die UN-Vollversammlung im November zu entscheiden. Doch solange konnten die britischen Soldaten nicht warten – die *Exodus*-Passagiere forderten die sofortige Einreise.

Der Palästinenser **Maurice Tabarani** aus Haifa hörte von dem Flüchtlingsschiff und wollte die Ereignisse mit eigenen Augen verfolgen. »Ich sah die *Exodus* am Hafen. Sonst sah ich kaum jüdische Einwanderer. Sie kamen nachts an und reisten sofort weiter. Eine jüdische Familie aus Deutschland bezog ein Appartement in demselben Haus, in dem ich mit meiner Familie wohnte. Wir schlossen Freundschaft. Ich dachte zu dieser Zeit weder an eine Teilung des Landes noch an Krieg.«

Auch *Exodus*-Passagier **Alex Orli** hatte andere Sorgen. »Im Hafen von Haifa sollten wir auf britische Transportschiffe umsteigen, aber viele weigerten sich, und die britischen Soldaten mussten uns tragen. Dann brachten die Briten uns zurück nach Frankreich, dort sagten unsere Anführer, dass keiner das Transportschiff verlassen darf. Aber wir brauchten dazu keinen Befehl. Die Menschen waren sich einig, nicht den Briten zu gehorchen. Wir wollten ihnen zeigen, dass keiner von uns aufgibt. Die Briten drohten, uns nach Deutschland zurückzubringen. Aber wir blieben an Bord.«

Das Schicksal der *Exodus*-Flüchtlinge sorgte weltweit für Aufsehen. Die »New York Times« berichtete über die Ankunft des Schiffes auf der Titelseite. Am 22. Juli 1947 zeigte die Zeitung ein Bild mit den zwei UN-Kommissionsmitgliedern am Hafen von Haifa. Die Jewish Agency für Palästina wird in einem Artikel mit den Worten zitiert: »Die Bemühungen von Juden, Palästina zu erreichen, werden fortbestehen.«

Die Briten machten indes mit ihrer Drohung ernst. Die Transportschiffe mit den *Exodus*-Passagieren verließen den französischen Hafen und erreichten am 8. September 1947 Hamburg. Die jüdischen Flüchtlinge wurden zunächst in den Lagern Am Stau und Pöppendorf einquartiert – beide Orte lagen in der britischen Zone im Nachkriegsdeutschland. Doch viele der *Exodus*-Passagiere traten schon bald den zweiten Fluchtversuch nach Palästina an.

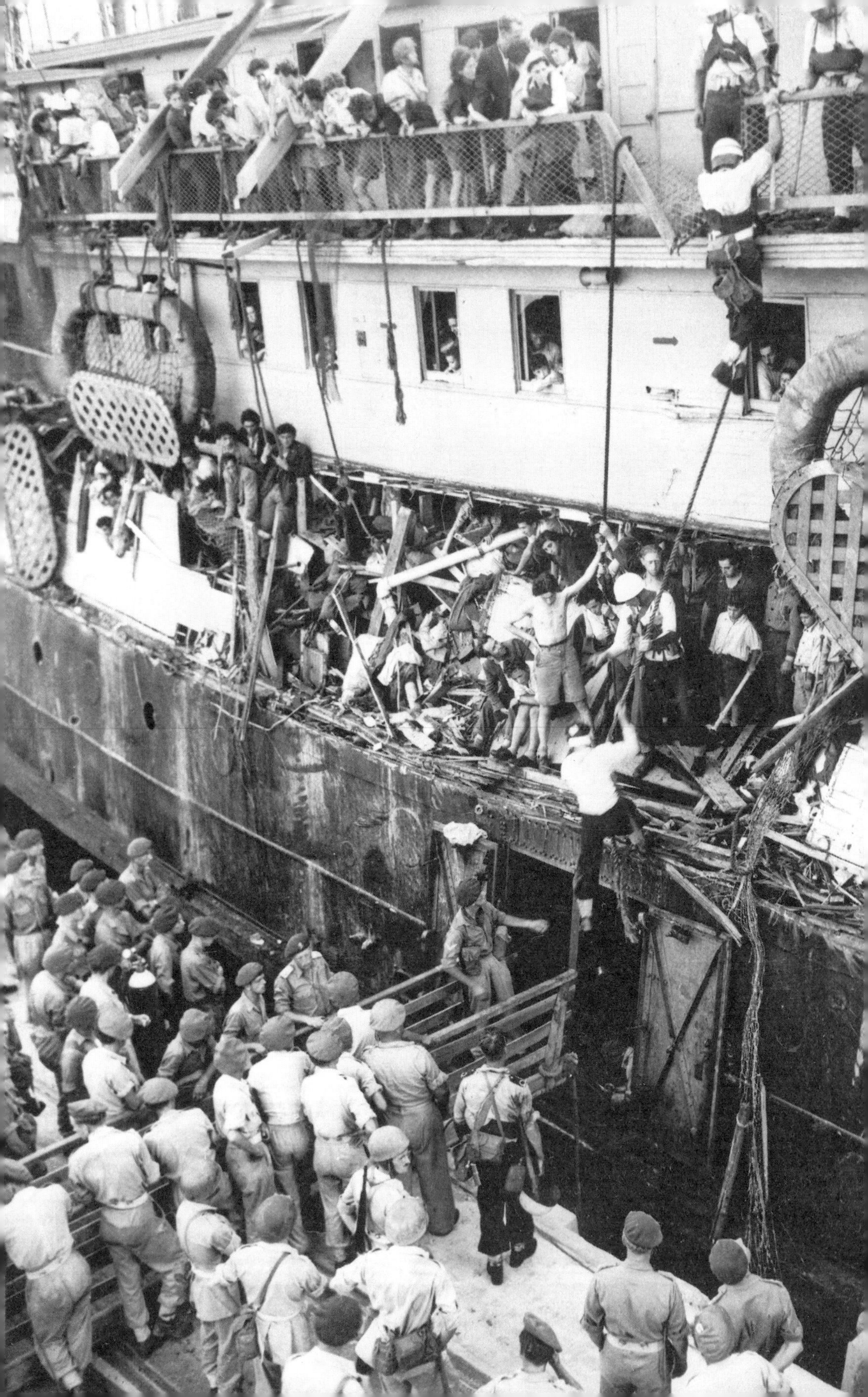

Leon Uris verarbeitete die Geschichte des Flüchtlingsschiffes zu einem Roman. Das Buch des US-amerikanischen Schriftstellers wurde zum Bestseller und in dreißig Sprachen übersetzt. Der *Exodus*-Kinostreifen ließ nicht lange auf sich warten, und schon bald war der Filmstar Paul Newman als jüdischer Flüchtling auf der Leinwand zu sehen.

Exodus-Passagierin **Schila Ben Jehuda** kennt sowohl den Roman als auch den Kinofilm. »Ein reizender Film und ein wunderschönes Buch – in beiden steckt viel Wahres, aber auch viel Erfundenes. Einige Szenen sind sehr realistisch, aber das meiste sieht sehr nach Hollywood aus. Ich wäre gerne mit Paul Newman auf der Film-*Exodus* gewesen, wer nicht? Aber die Realität war nicht romantisch, nicht heldenhaft. Es war pure Verzweiflung.«

Der Ankauf der Schiffe war das eine, der Aufbau eines sicheren Fluchtweges zu den Anlegestellen das andere. Die Bricha (hebräisch für Flucht) kümmerte sich um Letzteres. Die Organisation half nach dem Zweiten Weltkrieg rund 200 000 Juden, aus Osteuropa zu flüchten, nicht nur nach Palästina. Ein Netzwerk von Kontaktpersonen und Helfern erstreckte sich über halb Europa, die Mitarbeiter fälschten Pässe, gaben den Flüchtlingen Nahrung und Kleidung.

Baruch Schub flüchtete mit Hilfe der Bricha. Er hatte im polnischen Untergrund gegen die Nationalsozialisten gekämpft. »Wir waren keine Armee und konnten es mit den Nazis nicht in einem Gefecht aufnehmen. Aber wir zerstörten nachts Telegrafenmasten, Brücken und Eisenbahnverbindungen.« Nach dem Krieg wollte er nach Palästina auswandern. »Die Nazis hatten rund dreißig Verwandte von mir ermordet. Was sollte ich jetzt aus meinem Leben machen? Das war ein wirkliches Problem. Ich hatte zwei Möglichkeiten: einen Neubeginn unter dem kommunistischen Sowjet-Regime in Osteuropa oder die Flucht. Aber wohin? Ich schloss mich der Bricha an. Mit gefälschten Dokumenten schlugen wir uns bis Rumänien durch.

↙ Für weltweites Aufsehen sorgte das Flüchtlingsschiff *Exodus* im Jahr 1947. Die Briten verwalteten Palästina und verweigerten den jüdischen Einwanderern die Einreise. Die Passagiere mussten, am Hafen von Haifa angekommen, auf britischen Schiffen die Rückreise antreten.

Wir gaben uns als griechische Juden aus, die auf dem Weg vom Konzentrationslager in die Heimat waren. Wir konnten allerdings kein Wort Griechisch. Unterwegs trafen wir auf echte Griechen, und wir mussten aufpassen, dass unsere Tarnung nicht aufflog.«

Baruch Schubs Reise ging über Rumänien nach Ungarn und Österreich, von dort zu Fuß über die Alpen nach Italien und mit dem Schiff *Petra II* nach Palästina. »Nach sieben Tagen erreichten wir gegen ein oder zwei Uhr nachts die Bucht. Dort warteten jüdische Soldaten der Haganah auf uns. Aber wir mussten weiter, am nächsten Morgen würden die Briten die Küste nach illegal Eingereisten absuchen. Am nächsten Tag wurde ich in einem Kibbuz bei Tiberias untergebracht. Die Flucht dauerte fünf Monate.«

Wolf Factor entschied sich nach seinen Erlebnissen im Ghetto von Lodz und im Konzentrationslager Auschwitz ebenso für Palästina. Mit gefälschten Papieren reiste er zusammen mit einer Frau per Flugzeug aus Genf ein. Sie spielte die Mutter, er den Sohn. Die Dokumente hielten den Kontrollen am Flughafen in Palästina stand. »Wir setzten uns in ein Taxi und fuhren Richtung Tel Aviv. Im Auto saßen noch zwei amerikanische Touristen, auch Juden. Meine Mitreisende hat ganz wunderbar mitgemacht. Doch als wir außer Sichtweite des Flughafens waren, fing sie im Taxi an zu weinen. Die Touristin begann auch zu weinen. Sie hat es begriffen, ihr Mann nicht. Er sah seine Frau verwundert an, und sie sagte zu ihm: ›Verstehst du nicht, die kamen gerade an, es sind Holocaust-Überlebende.‹«

Für viele in Palästina lebende Juden waren die Nachrichten und Erzählungen der Immigranten ein Schock. »Man hat in den Zeitungen davon geschrieben, aber kein Mensch hat es geglaubt. Jeder hatte Familienmitglieder in Deutschland oder Polen. Die haben erst, als sie uns gesehen hatten und anfassen konnten, begriffen, was sich zugetragen hatte. Wir waren die lebenden Zeugen.« Für Wolf Factor führten die Erlebnisse und Erinnerungen des Holocausts zu mehr Distanz zwischen alten und neuen Immigranten. »Es bildete sich eine Kluft zwischen den Neuangekommenen und denen, die einige Jahre früher ankamen, den Alteingesessenen.«

Noch größer sollten die Unterschiede zu den Juden werden, die nach der Staatsgründung 1948 in Israel auf die Welt kamen. Sie waren weder aus einem anderen Staat vertrieben worden, noch reisten sie aus idealistischen Gründen ein. Sie kannten nur Israel, und das war ihre Heimat. Sie heißen Sabre, das ist hebräisch und bedeutet Feigenkaktus – eine Kakteenart, die in Israel wächst. Die Frucht der Pflanze ist essbar, sie ist innen süß, aber außen stachelig.

Karla Pilpel war keine Sabre, sondern eine sogenannte Jecke, eine deutsche Jüdin. Sie sollte bald zu den Neuangekommenen gehören. Noch wohnte sie in Großbritannien. Nach der Trennung von ihren Eltern und dem Kindertransport lebte sie sich dort nur schwer ein. »Einige fragten mich, ob ich in der Schule eine zionistische Jugendgruppe gründen möchte. Somit war ich auf einmal eine Zionistin. Wir zelteten und hatten Vortragsabende. In der zionistischen Bewegung bereitete ich mich auf das Leben als Farmer in einem Kibbuz vor.«

Viele Holocaust-Überlebende sahen in Palästina die einzige Alternative. **Uri Chanoch** überlebte das Konzentrationslager Dachau, Häftlingsnummer 85 133. »Ich war tief verletzt. Ich hatte keine Kindheit. Ich konnte nicht mehr lachen, nicht mehr weinen. Alles in mir war ruiniert. Ich war sehr misstrauisch nach dem, was mir angetan wurde. Das Gefühl, ein eigenes Land zu haben, war für mich sehr wichtig. Und ich hatte das Gefühl, hierher zu gehören. Ich liebe dieses Land, und es gibt mir Sicherheit, das hatten Juden seit 2000 Jahren nicht mehr.«

»Wenn ich von hier lebend herauskomme, fahre ich nur in ein jüdisches Land«, stand für **Wolf Factor** damals fest. Er wog bei der Befreiung im Konzentrationslager Buchenwald 32 Kilo. Ärzte diagnostizierten den Beginn einer Tuberkulose und behandelten ihn in einer Schweizer Klinik. In Basel studierte er später an der Technischen Hochschule. Antisemitismus war auch hier kein Fremdwort: »Damals hat mich alles, wirklich alles, die dümmste Bemerkung zu meinem Jüdischsein, aus der Fassung gebracht. Ich habe mir gesagt: ›Das nimmst du nicht mehr an nach dem, was du erlebt hast.‹ Ich wusste nicht recht, was in Palästina geschieht und was einen Flüchtling nach den deutschen Vernichtungslagern dort erwartete. Aber ich brauchte nicht viele Argumente.«

Karla Pilpel sieht das ähnlich: »In Deutschland war ich eine ›verfluchte Jüdin‹, in England war ich ein ›bloody Jew‹ [englisch für verdammter Jude], in der Schule sagte man mir nach, ich hätte Jesus gekreuzigt. Ich wollte irgendwo leben, wo ich mich nicht dafür schämen musste, eine Jüdin zu sein.«

Mischelem Schächter, der aus religiösen Gründen in den 1930er Jahren einwanderte, hatte immer wieder seine Familie in Polen gebeten, ihm zu folgen. »Ich war der Einzige aus meiner Familie in Israel. Ich wollte, dass sie nachkommt. Doch mein Vater war 49 Jahre alt, als er starb, und meine Mutter 47. Alle sieben Geschwister starben. Meine ganze Familie wurde in den Konzentrationslagern getötet. Ich bin der einzige Überlebende.«

Die Teilung Palästinas, die Staatsgründung Israels und der erste Arabisch-Israelische Krieg

1947, die letzten Tage im November. Alex Orli lebte in einem Flüchtlingslager im besiegten Deutschland. Dem polnischen Juden misslang wenige Monate zuvor ein Einreiseversuch nach Palästina. Im britischen Mandatsgebiet, rund 3000 Kilometer vom Flüchtlingslager entfernt, hatten Holocaust und Zweiter Weltkrieg die Situation verändert. 650 000 Juden und 1,2 Millionen Palästinenser lebten nun in Palästina. Eine Sonderkommission der Vereinten Nationen hatte sich ein Bild von der Lage gemacht. Sie hatte bereits im August 1947 zwei Vorschläge vorgelegt: Einige Kommissionsmitglieder hatten einen föderalen Staat Palästina empfohlen, mit einem arabischen und einem jüdischen Landesteil. Jerusalem sollte die gemeinsame Hauptstadt werden.

Die Mehrheit der UN-Kommission aber hatte etwas grundlegend anderes vorgeschlagen, um den Palästina-Konflikt zu lösen. Sie warb für die Teilung des britischen Mandatsgebietes in einen jüdischen und einen arabischen Staat. Da sowohl Juden, Christen als auch Muslime nach Jerusalem pilgern, sollte die Stadt unter internationaler Kontrolle stehen. Die UN-Mitglieder sahen ihre Empfehlung als gerechte Lösung für Palästinenser *und* Juden: »Es ist eine Tatsache, dass beide Völker ihre historischen Wurzeln in Palästina haben und dass beide eine lebenswichtige Bereicherung für das ökonomische und kulturelle Leben dieses Landes darstellen. Die Teilungslösung berücksichtigt diese Überlegung voll und ganz.«

Die arabischen Regierungen hatten sich gegen den Teilungsplan gestellt. Die jüdische Vertretung in Palästina, die Jewish Agency, hatte ihn offiziell akzeptiert. Doch die endgültige Entscheidung traf weder die jüdische noch die muslimische oder christliche Bevölkerung in Palästina. Die Vollversammlung der Vereinten Nationen stimmte über den Teilungsbeschluss ab.

Alex Orli wartete am 29. November 1947 im Nachkriegsdeutschland gespannt auf Nachrichten – an diesem Tag führte die UN die Abstimmung durch. Britische Soldaten hatten Alex Orli und die rund 4500 weiteren Passagiere des Flüchtlingsschiffes *Exodus* im Sommer 1947 gestoppt. Die Einwanderung nach Palästina war aus britischer Sicht illegal. Die Vereinten Nationen könnten das mit ihrer Entscheidung nun ändern.

Es dauerte nicht lange, da erreichte das Ergebnis der Abstimmung Alex Orli: 33 Mitgliedsländer stimmten für eine Teilung, unter ihnen Frankreich, die Sowjetunion und die USA. 13 Staaten waren dagegen, darunter die arabischen Nachbarländer Palästinas: Ägypten, Libanon, Syrien. Der einstige Herrscher über das Gebiet, Großbritannien, enthielt sich. Doch die nötige Zweidrittelmehrheit kam zustande.

Für *Exodus*-Passagier **Alex Orli** ging ein Traum in Erfüllung. »Im Radio hörten wir von der UN-Entscheidung. Im Flüchtlingscamp gab es eine riesige Feier. Die Nachrichten waren unglaublich. Wir wussten, wir werden unseren eigenen Staat haben, und die Briten können uns nicht mehr aufhalten.«

Wieso stimmten die meisten UN-Mitglieder für eine Teilung? Dafür gab es verschiedene Gründe: Für katholische Länder wie Frankreich, Polen oder Brasilien war ein international verwaltetes Jerusalem sehr wichtig. Der Zugang zur Grabeskirche Jesu in der Altstadt, zum Ölberg und weiteren Pilgerstätten wäre für Christen langfristig gesichert. Es gäbe keine Abhängigkeit vom Wohlwollen eines jüdischen oder muslimischen Staates.

Für die USA war die Entscheidung alles andere als leicht. Auf dem Spiel standen die Beziehungen zu den arabischen Ländern, die alle gegen eine Teilung waren. Die US-Regierung war aber als Öl-Abnehmer auf ein gutes Verhältnis mit den arabischen Staatsführern angewiesen. Auch militärisch sprach wenig für eine Teilung. Das US-Militär rechnete aus, wie viele Soldaten notwendig wären, damit Palästina nach einer Teilung nicht im Chaos versinkt: Etwa 100 000 US-Soldaten, so hieß es, müssten in der Region stationiert werden.

US-Präsident Harry S. Truman stellte sich dennoch hinter die Teilungsidee. Dafür sprachen ein innen- und ein außenpolitischer

Grund. In den USA standen die Präsidentschaftswahlen an, und Truman war auf Stimmensuche. In Illinois und New York hoffte er auf Mehrheiten, dort lebten viele amerikanische Juden. Und außenpolitisch gesehen: Es war die Anfangsphase des Kalten Krieges, der Konflikt mit der Sowjetunion unter Josef Stalin gewann von Tag zu Tag an Schärfe. Ein jüdischer Staat konnte da ein wichtiger Partner im Nahen Osten werden – militärisch und wirtschaftlich.

Die Sowjetunion hoffte ebenso auf einen neuen Verbündeten. Ein neuer kommunistischer, jüdischer Staat, so dachte man, könne die Pläne der USA für die Region bremsen.

Den größten Einfluss auf die Entscheidung der Vereinten Nationen aber hatte der Holocaust. Von den weltweit 17 Millionen Juden waren sechs Millionen ermordet worden. Viele UN-Mitglieder wollten den Ruf nach einem unabhängigen jüdischen Staat auch deshalb nicht ignorieren.

Josef Arnan hörte in Palästina von der UN-Entscheidung. Er hatte als Kind mit seiner Familie Deutschland bereits 1933 hinter sich gelassen. Doch die Feier nach dem UN-Beschluss dauerte nicht lange. »Ich war zu der Zeit Student in Haifa. Dort gab es ein kolossales Fest. Wir haben alle auf der Straße gefeiert und getanzt. Ich hatte am nächsten Tag Diplomprüfung in organischer Chemie. Während der Klausur hörte ich bereits die Schüsse von draußen. Denn in Haifa war schon Krieg. Mein Diplom ist noch unterschrieben von der Jewish Agency, von der Britischen Administration und der Universität. Mit dem Diplom ging es direkt zum Militär. Nach dem UN-Beschluss hat für mich der Krieg bereits angefangen.«

Manche nennen es einen Bürgerkrieg, andere einen Guerillakampf, in dem sich bewaffnete jüdische und palästinensische Gruppen gegenseitig bekämpften. Vom Tag der UN-Entscheidung Ende November 1947 bis Mitte Mai 1948 starben auf palästinensischer und jüdischer Seite Hunderte Zivilisten, Soldaten und Freischärler. Bombenattentate, Überfälle auf Busse und Angriffe auf jüdische Siedlungen und palästinensische Dörfer erschütterten die Region. Der alltägliche Terror machte das Leben in Palästina nach dem Teilungsbeschluss für beide Seiten noch gefährlicher.

Bis April 1948, in der ersten Phase nach der UN-Entscheidung, griffen vor allem Palästinenser zur Waffe. Sie lehnten eine Teilung ab und fanden in ihrem Kampf bald Unterstützung von den arabischen Nachbarländern. Die Arabische Liga, ein im März 1945 gegründetes Bündnis verschiedener Nahost-Staaten, sandte eine Freiwilligentruppe nach Palästina. Fawzi al-Qawuqdschi führte die Arabische Befreiungsarmee mit rund 6000 Kämpfern an.

Von April bis Mitte Mai 1948 schlugen die Haganah und die jüdischen Untergrundbewegungen zurück. Auf der Liste standen gegnerische Dörfer, die an der wichtigen Verbindungsstraße von Tel Aviv nach Jerusalem lagen. Zugleich nahmen jüdische Kämpfer Städte ein, die laut UN-Beschluss zum zukünftigen jüdischen Staat gehören sollten. Palästinenser ergriffen die Flucht oder wurden vertrieben.

Obwohl viele Länder den Waffenhandel offiziell unterbanden, erreichten immer neue Rüstungsgüter den Nahen Osten. Europa glich nach dem Zweiten Weltkrieg einem Lager von ausgedienten Waffen. Und die Nachfrage auf jüdischer und arabischer Seite war groß. Eine weitere Verschärfung des Konflikts war abzusehen. Denn Großbritannien bereitete den Abzug seines Militärs aus Palästina vor. Das Kabinett in London hatte einen kompletten Rückzug aus dem Gebiet beschlossen. Bis Mitte Mai 1948 sollten alle britischen Soldaten und Beamten das Land verlassen haben.

David Ben Gurion rechnete Anfang April mit dem Schlimmsten. Der Vorsitzende der jüdischen Selbstverwaltung stellte fest: »Am 15. Mai, wenn das Mandatsregime offiziell endet, wird das Land in vollem Umfang einem Angriff der arabischen Streitkräfte ausgeliefert sein. (…) Die arabischen Staaten haben mehr oder weniger gut ausgebildete Armeen. Manche haben Luftstreitkräfte. Ägypten hat auch eine Marine. Das ist, kurz gesagt, die Lage – eine, die uns mit einem schicksalhafteren Problem konfrontiert als alle Probleme, denen wir in über 1800 Jahren gegenüberstanden.«

Die jüdische Gemeinde bereitete sich auf den Krieg vor. **Schila Ben Jehuda** hatte einen gescheiterten Einreiseversuch nach Palästina hinter sich. Die geborene Britin versuchte es ein zweites Mal. Dieses Mal hatte sie Erfolg, lebte bald in einem Kibbuz und fand Arbeit, was damals nicht leicht war. »Wir mussten die Farmer überreden, damit wir für sie arbeiten durften. Die meisten hatten arabische Arbeiter angestellt. Die waren billiger und viel schneller. Wir hatten keine Chance, mit ihnen zu konkurrieren. Wir mussten wirklich um Arbeit kämpfen. Ich arbeitete mit einer Freundin in der Gemüseernte. Das Unkraut wuchs schneller, als wir es entfernen konnten. Eines Tages sagte der Farmer zu uns: ›Es tut mir leid. Ihr seid reizende Mädchen, aber ich verliere Geld. Good bye!‹«

Anfang 1948 erhielt Schila Ben Jehuda ein neues Arbeitsangebot. »Aber niemand sagte mir, was ich zu machen hätte. Erst als ich im neuen Kibbuz ankam, erfuhr ich es. Ich sollte in einer unterirdischen Munitionsfabrik arbeiten. Kurz darauf stand ich in der Wäscherei vor einer riesigen Waschmaschine. Das komplette Gerät wurde auf die Seite geschoben, und ich entdeckte ein Loch mit einer Leiter. Arbeiter kletterten raus, und es sah aus, als würden sie aus der Hölle kommen. Schmutzig, Ringe unter den Augen – es war die Nachtschicht. Ich kletterte runter und sah die Fabrik, die Tische, die alten Maschinen.«

Am 15. Mai 1948 endete das britische Mandat. Doch das war ein Samstag, der siebte Tag der jüdischen Woche und somit ein Problem für Ben Gurion. Ein jüdischer Staat konnte nicht am Schabbat ausgerufen werden – der wöchentliche Feiertag dauert vom Sonnenuntergang am Freitag bis zum Sonnenuntergang am Samstag. Streng religiöse Juden fahren an diesem arbeitsfreien Tag kein Auto, sie telefonieren nicht, schalten das Licht weder ein noch aus und besuchen die Synagoge. Die meisten Israelis aber gestalten den freien Tag so wie viele Christen ihren Sonntag und Muslime ihren Freitag. Sie treffen Freunde, unternehmen etwas mit der Familie oder gehen ihren Hobbys nach.

Ben Gurion nahm auf den jüdischen Feiertag Rücksicht und rief daher am Freitag, 14. Mai, vor Beginn des Schabbats, aber auch vor dem Ende der Mandatszeit, den Staat Israel aus. Bis zu diesem historischen Augenblick hatte Ben Gurion einen langen Weg zurückgelegt. 1886 in der Nähe von Warschau geboren, wanderte er 1906 nach Palästina aus. Dort engagierte er sich politisch und erregte den Unmut der osmanischen Behörden. Er musste das Land verlassen und lebte fortan in den USA. Nach dem Zusammenbruch des Os-

David Ben Gurion rief am 14. Mai 1948 in Tel Aviv den Staat Israel aus. Über dem gebürtigen Polen und ersten Ministerpräsidenten Israels hängt ein Bild von Theodor Herzl.

manischen Reiches reiste Ben Gurion 1918 erneut ein. Er gründete 1930 Mapai, die Arbeiterpartei, und bekleidete wichtige Ämter in der Jewish Agency und der Zionistischen Weltorganisation.

Radiosender übertrugen Ben Gurions Unabhängigkeitserklärung am 14. Mai 1948 ins ganze Land. Der jüdische Staat erhielt einen historischen Namen: Israel. »Wir hatten zu Hause kein Radio«, erinnert sich die Palästinenserin **Fatmah al-Hadi**. »Ich arbeitete auf dem Feld und kam zurück in mein Dorf, um unsere Kamele zu füttern. Wir halfen anderen mit unseren Tieren beim Transport ihrer Ernte, dafür erhielten wir einen Teil davon. Die Leute im Dorf haben erzählt, was es an Neuigkeiten gibt. Die Briten waren gegangen, und die Juden kamen.«

Mohammed Hasan Scheich Yosef hörte es im Radio, las es in der Zeitung, aber wollte es nicht wahrhaben. Der Wohnort des Palästinensers sollte zum neuen Staat Israel gehören. »Wir fühlten uns hoffnungslos. Wir konnten nichts machen. Es war ein schlimmes Gefühl der Erniedrigung. Ich weinte.« Seine Frau **Chairia**: »Ich war zu Hause und hatte Angst rauszugehen. Wir dachten, die Juden greifen uns mit ihren Waffen an, aber sie taten es nicht.«

Die USA erkannte den neu gegründeten Staat Israel einige Stunden, die Sowjetunion zwei Tage später an. Bereits kurz nach Ben Gurions Rede herrschte der Ausnahmezustand – die Menschen in der israelischen Mittelmeerstadt Tel Aviv machten die lange Allenby Straße zur Festmeile. Zu den Feiernden gehörte **Hava Keller**. Sie kam im polnischen Lodz zur Welt. 1940 hatte sie das Land auf der Flucht vor den Nationalsozialisten verlassen. Ihre Freude am 14. Mai 1948 war groß. »Es war eine verrückte Nacht. Die Restaurantbesitzer verteilten kostenlos Essen und Trinken. Es war richtig lustig. Am nächsten Tag weniger. Die Schießereien hatten am Morgen begonnen. Araber aus dem benachbarten Jaffa eröffneten das Feuer auf Leute in Tel Aviv. Ich erhielt einen Befehl und kämpfte bald für die Haganah.«

Ihr späterer Ehemann, **Yakov Keller**, war von Anfang an nicht in Festlaune. »1948 war ich noch in der Schule. Jeder um mich herum hatte gefeiert. Aber ich war nicht froh, ich hatte das Gefühl: Das bedeutet Krieg. Und ich lag richtig.« Der gebürtige Berliner lebte seit 1933 in Palästina, wovon ein Teil nun Israel war. Für ihn sollte es schon bald zu den ersten Kampfhandlungen kommen.

Am Tag nach Ben Gurions Rede vom 14. Mai 1948 marschierten Soldaten aus sieben arabischen Ländern ein. Es war der Beginn des ersten Arabisch-Israelischen Krieges. Die Arabische Liga veröffentlichte am Tag der Invasion eine Erklärung. Darin versprachen die Mitgliedsländer »Frieden, Sicherheit und Wohlstand für diesen Teil der Welt«. Abd ar-Rahman, der Generalsekretär der Arabischen Liga, fand auf einer Pressekonferenz andere Worte: »Dies wird ein Ausrottungskrieg und ein Massaker sein, von dem man wie von dem mongolischen Massaker und den Kreuzzügen sprechen wird.«

Der erste Arabisch-Israelische Krieg war ein Kampf wie David gegen Goliath – darin sind sich viele Israelis und Palästinenser bis heute einig. Die Streitfrage ist lediglich, wer David und wer Goliath war. Auf beiden Seiten kursieren bis heute stark voneinander abweichende Angaben zum Verlauf des Krieges. Eine israelische Version: Die riesigen arabischen Armeen überfielen bestens ausgerüstet mit modernem Kriegsgerät Israel. Die Israelis waren weit in der Unterzahl und kaum bewaffnet, schlugen aber dennoch die Araber in einem heroischen Kampf in die Flucht.

Die arabische Version: Die heldenhaften arabischen Armeen griffen an, um die palästinensischen Brüder zu retten. Sie kämpften geschlossen Seite an Seite und rückten so in Windeseile voran. Dabei waren sie dem Sieg fast zum Greifen nahe. Aber nur fast, denn unerwartet kamen den Israelis modernste Waffen aus dem Ausland zu Hilfe, die einen arabischen Sieg unmöglich machten.

Was geschah wirklich? Zunächst muss der Krieg in mehrere Phasen eingeteilt werden. In der ersten Phase vom Kriegsausbruch am 15. Mai 1948 bis zum ersten Waffenstillstand am 10. Juni war Israels Existenz in der Tat bedroht. Soldaten aus Ägypten, Transjordanien, Syrien, Irak, Saudi-Arabien, dem Libanon und Jemen marschierten ein. Flugzeuge warfen Bomben über Tel Aviv ab, arabische Truppen griffen jüdische Ortschaften an. Lokale Banden beteiligten sich an den Attacken, einige von ihnen schlossen sich der palästinensischen Armee des Heiligen Krieges an.

Der Israelin **Hava Keller** ging es wie vielen. Die ausgelassene Feier auf Tel Avivs Straßen lag erst ein paar Stunden zurück, schon erhielt sie den Befehl, zu ihrem Kibbuz zu gehen, um ihn zu bewachen. Zuvor hatte Hava Keller eine Bekannte noch um einen Gefallen gebeten. »Einer Freundin gab ich zwanzig Briefe. Sie waren alle für meine Eltern. Jeder trug ein anderes Datum. Sie musste jede Woche einen Brief für mich abschicken. Ich wollte nicht, dass meine Eltern Angst um mich haben.«

Dazu gab es allen Grund. Die Araber waren den Israelis in der ersten Phase weit überlegen. Sie kämpften mit den besseren Waffen und besaßen schweres Kriegsgerät wie Panzer und Artillerie. Die israelische Feuerkraft war zu Beginn dagegen sehr bescheiden. Manche Waffen stammten aus eigener, improvisierter und fehlerhafter

Produktion. Für Haganah-Soldat **Josef Arnan** gehörte das Waffen-Wirrwarr zum Alltag: »Ich war Späher in der Negev-Wüste. Ich schlich mich nachts an den Feind heran, zeichnete in die Landkarten ein, wo er steht. Am Anfang musste ich ein Gewehr und einen Stahlhelm mit einem Kameraden teilen. Wer gerade im Einsatz war, der bekam die Ausrüstung. Das mit den Waffen war ein solches Durcheinander. Wir hatten in der Armee englische, kanadische, russische, italienische Waffen und amerikanische Maschinengewehre, die von Flugzeugen abmontiert wurden.«

In den ersten Kriegstagen standen sich auf beiden Seiten etwa gleich viele Soldaten gegenüber. Nach der Veröffentlichung israelischer Militärdokumente gehen viele Historiker von folgenden Zahlen aus: Bis zu 30 000 arabische Kämpfer standen etwa 35 000 israelischen Soldaten gegenüber. Auf israelischer Seite kämpften die Mitglieder der Untergrundbewegungen, die Soldaten der Haganah und allen voran deren Eliteeinheit, die Palmach. Das hebräische Palugot Machaz bedeutet Stoßtruppen, die zusammengesetzten Anfangsbuchstaben der zwei Wörter ergeben Palmach.

Uri Chanoch gehörte der Palmach an. Er hatte das Konzentrationslager Dachau überlebt und wanderte 1946 in Palästina ein. Ein Jahr später meldete er sich freiwillig zur Palmach. Die Zeit im nationalsozialistischen Deutschland holte ihn im Krieg wieder ein: »Manchmal hörte ich aus der Ferne deutsche Schimpfworte wie ›Schweinehunde‹. Auf der arabischen Seite kämpften auch deutsche Söldner. Das motivierte uns nur noch mehr zum Kampf. Einer meiner besten Freunde wurde vor meinen Augen erschossen. Zuvor hatte er mir immer gesagt, dass die für ihn bestimmte Patrone die Fabrik noch nicht verlassen hat. Der Aufopferungswille war groß. Wenn wir diesen Krieg verlieren, dann gibt es kein Land, dann wartet nur das Meer auf uns.«

Die meistumkämpfte Stadt dieses Krieges lag auf fast 800 Metern über dem Meeresspiegel, 50 Kilometer östlich von Tel Aviv: Jerusalem. Es gab für die Israelis nur eine Zufahrtsstraße hoch in die bergige Landschaft. Am Wegesrand besetzten transjordanische Soldaten eine ausgediente, aber gut befestigte britische Polizeistation in Latrun, 15 Kilometer von Jerusalem entfernt. Jeder israelische Eroberungsversuch scheiterte, kostete Menschenleben und zwang die jüdische Armee zum Umdenken.

Haganah-Soldat **Yakov Keller** eskortierte Konvois von Tel Aviv nach Jerusalem, trotz der bei Latrun drohenden Gefahr. »Ich wurde beschossen, und ich schoss zurück. Irgendwann konnten wir Jerusalem nicht mehr verlassen. Also kämpfte ich innerhalb der Mauern weiter. Von allen Seiten gab es Schüsse, aber Jerusalem ist aus Stein gebaut. Außerhalb der Gebäude war es jedoch lebensgefährlich. Einmal wurde ich verwundet. Da brachten sie mich ins Krankenhaus. Dort wollte ich nicht bleiben, überall lagen Menschen mit amputierten Armen und Beinen. Der Kampf ging bis zu dem Tag, als der neue Weg von Tel Aviv nach Jerusalem fertiggestellt war, die Burmastraße.«

In einem zerstörten Bauernhof in der Mittelmeerstadt Jaffa errichteten israelische Soldaten ein Lager für gefangen genommene arabische Kämpfer. Am 15. Mai 1948, dem Tag nach der Unabhängigkeitserklärung Israels, hatten arabische Armeen den jungen Staat angegriffen.

Die neue Verbindung erinnerte mit diesem Namen an einen im Zweiten Weltkrieg benutzten Pass – auf ihm waren einst Waffen und Soldaten vom Indischen Ozean durch das südostasiatische Burma über das Gebirge nach China gebracht worden. Die israelische Burmastraße entstand unter der Aufsicht eines US-amerikanischen Oberst. David Daniel Marcus hieß der Offizier, den viele nur Mickey Marcus nannten. Seit Januar 1948 hatte er die Haganah auf den bevorstehenden Krieg vorbereitet.

Der prominenteste Ausländer auf arabischer Seite war kein US-Amerikaner, sondern ein Brite. John Bagot Glubb, Glubb Pascha genannt, befehligte die »Arabische Legion« der transjordanischen Armee. Glubb Pascha machte aus dem Verband eine schlagkräftige Elitetruppe. Der Brite sollte später zahlreiche Sachbücher zum Nahen Osten verfassen. Mickey Marcus hatte dazu keine Möglichkeit, der US-Amerikaner auf israelischer Seite starb während des Krieges. Seine Geschichte ist mit Kirk Douglas und John Wayne verfilmt worden. Der Titel: »Der Schatten des Giganten«.

Die erste Phase des Arabisch-Israelischen Krieges ging mit einem Waffenstillstand am 11. Juni 1948 zu Ende. Tage zuvor fasste die israelische Regierung die verschiedenen militärischen Verbände des jungen Staates zusammen. Die neu formierte Streitkraft hieß Israelische Verteidigungsarmee. Israelis nutzten die kommenden Wochen des Waffenstillstandes, um die Defizite an Feuerkraft aufzuholen. Sie kauften schweres Kriegsgerät, Kampfflugzeuge und neue Gewehre. Auch tschechoslowakische Fabriken lieferten die gewünschte Ware. Ihre Lager waren gefüllt mit ursprünglich für die deutsche Wehrmacht bestimmten Waffen. Die Nationalsozialisten hatten von 1939 bis 1945 das Gebiet besetzt und die Rüstungsproduktion vorangetrieben.

Der Israeli **Abraham Bar-Am** sah sofort, woher seine Waffe stammte. Der Jugendliche erklärte, er sei 18 und konnte sich so der Armee anschließen. »Ich kämpfte mit einer deutschen Mauser. Auf meinem Gewehr war sogar noch das Hakenkreuz abgebildet. Das hat mich nicht gestört, denn wir hatten kaum Ausrüstung und waren auf alles angewiesen. Viele von uns kämpften mit den Waffen, die für die Deutschen produziert wurden.«

Die arabischen Armeen rüsteten ebenso auf, bei Weitem aber nicht so, wie der inzwischen gut organisierte jüdische Staat. Auch die Truppenstärken hatten sich verändert: 65 000 bewaffnete Israelis standen nun den arabischen Angreifern gegenüber. Deren Zahl sollte erst Monate später diese Höhe erreichen. Jüdische Neueinwanderer sorgten für den enormen Anstieg. Täglich erreichten Schiffe die israelische Küste, denn das Ende des britischen Mandats hatte eine unbeschränkte Einreise ermöglicht.

Die zweite Phase des Krieges begann am 8. Juli 1948. Die Ägypter brachen den Waffenstillstand mit Israel, und in den kommenden Monaten sollte es weitere solche Fälle geben. UN-Vermittler Graf Folke Bernadotte versuchte an den Tagen, an denen die Waffen schwiegen, zu verhandeln. Der schwedische Diplomat arbeitete einen neuen Teilungsplan aus. Demnach sollte der Norden des einstigen Mandatsgebietes den Israelis, der Süden den Palästinensern zugesprochen werden. Jerusalem sollte – wie von den Vereinten Nationen bereits beschlossen – unter internationaler Verwaltung stehen. Alle Kriegsparteien verwarfen Bernadottes Vorschläge. Zugleich forderte der UN-Vermittler ein Rückkehrrecht für palästinensische Kriegsflüchtlinge und machte sich damit viele Feinde in Israel. Im September 1948 fiel er einem Attentat der jüdischen Untergrundbewegung Lechi zum Opfer, deren Mitglieder nach der Staatsgründung Israels weiterhin aktiv waren.

An der Nord- und Südfront Israels fanden derweil heftige Kämpfe statt. Im Süden hieß der Feind Ägypten. **Abraham Bolotin** erinnert sich: »Ich lag verletzt im Krankenhaus, wollte aber zurück zu meiner Einheit. Kaum war ich dort angekommen, erhielt ich das Bett des Soldaten, der am Vortag gestorben war. Das habe ich überhaupt nicht gemocht. Ich war im Süden an der ägyptischen Front stationiert. Wir mussten die Ägypter stoppen, sie warteten mit Maschinengewehren auf uns. Wir verloren viele Leute. Überall hörte ich die Schreie der Verwundeten. Der Kampf war schrecklich.«

In den kommenden Monaten stieg die Zahl der Waffen und Soldaten auf israelischer Seite weiter an. Die arabischen Armeen hatten zunehmend Schwierigkeiten, ihre Einheiten mit Nachschub, vor allem Munition, zu versorgen. Die israelischen Streitkräfte gewannen die Oberhand. Nicht weit entfernt vom See Genezareth stand **Zvi Barzel**, Soldat der Infanterie, siebte Brigade. »Wir kämpften gegen die Syrer in Galiläa, im Norden Israels. Die Araber eroberten das ganze Gebiet. Wir griffen vom Osten her an, um den Ort Zefat zu sichern. Andere kamen vom Süden und Westen. In drei Tagen befreiten wir das komplette Galiläa.«

Die Vereinten Nationen schalteten sich erneut ein, und Anfang Januar 1949 stellten alle Seiten die Kämpfe ein. Die Waffenstillstandslinie von 1949 wurde Grüne Linie genannt. Auf arabischer Seite fielen nach unterschiedlichen Angaben zwischen 5000 bis 15 000, auf israelischer Seite 4000 Soldaten. Hinzu kamen auf beiden Seiten Tausende Verwundete. Der israelische Soldat **Yakov Keller** kehrte mit einer leichten Verletzung zurück nach Tel Aviv. Dort erwarteten ihn zunächst nur schlechte Nachrichten: »Nach dem Krieg habe ich erfahren, wer aus welcher Familie und aus meiner alten Klasse alles gestorben ist.«

Die Landkarte des Nahen Ostens hatte sich nach den Kampfhandlungen verändert. Israel dehnte das von den Vereinten Nationen im November 1947 zugesprochene Gebiet weit aus. Sah der Teilungsplan ursprünglich etwa 55 Prozent des Mandatsgebietes für den jüdischen Staat vor, so erklärte Israel nun 78 Prozent zu seinem Besitz. Doch auch Ägypten und Transjordanien, zwei der arabischen Angreifer zu Beginn des Krieges, erzielten Landgewinne. Ägypten verwaltete fortan den palästinensischen Gazastreifen, rund 60 Kilometer südlich vom israelischen Tel-Aviv am Mittelmeer gelegen.

Der transjordanische König Abdallah bin al-Hussein konnte sein Reich erweitern und nannte es schon bald Jordanien. Der Monarch herrschte ab sofort über Ost-Jerusalem mit der Altstadt und über das Gebiet westlich des Jordanufers, das Westjordanland. Hier liegen palästinensische Städte wie Hebron, Bethlehem, Ramallah, Jericho, Nablus oder Dschenin. Damit näherte sich der jordanische Machthaber dem großen Traum seines Vaters, Hussein ibn Ali. Der einstige Herrscher über Mekka hatte mit den Briten im Ersten Weltkrieg zusammengearbeitet und den Arabischen Aufstand 1916 angeführt. Die britische Regierung hatte ihm Hoffnung auf ein eigenes großes arabisches Reich gemacht; nun konnte einer seiner Söhne das Königreich vergrößern. Ein anderer Sohn, Feisal der Erste, war bereits von 1921 bis 1933 König des Irak gewesen.

Die Palästinenser, für die laut offizieller arabischer Erklärung der Krieg im Mai 1948 begonnen wurde, gingen leer aus. Jordanien setzte bald alles daran, nationalistische palästinensische Strömungen zu bekämpfen. Ein unabhängiger Palästinenserstaat war dem jordanischen König ein Dorn im Auge; der eigene Landgewinn war Abdallah bin al-Hussein weitaus wichtiger. Der König regierte jedoch nur kurze Zeit über sein vergrößertes Reich. Ein Palästinenser ermordete ihn 1951 in Jerusalem.

Der erste Arabisch-Israelische Krieg erhielt unterschiedliche Bezeichnungen. In israelischen Geschichtsbüchern ist vom Unabhängigkeitskrieg zu lesen. Palästinenser nennen ihn dagegen al-Nakba, das ist arabisch und heißt: die Katastrophe. Ein israelischer Kriegsrückkehrer verdeutlichte diese unterschiedlichen Ansichten in zwei Büchern. Uri Avnery veröffentlichte sein Soldaten-Tagebuch in einer Zeitung und bald darauf in dem Buch »In den Feldern der Philister«. Das Werk wurde zum Bestseller. Die heldenhaften Erzählungen machten den jungen Israeli in seinem Land berühmt. Der Eintrag vom 18. Juli 1948: »Sie kriechen aus ihren Schützengräben – die Soldaten der Südfront, die den wesentlich stärkeren Feind geschlagen haben, der besser ausgerüstet war. Sie hielten die Panzer fast mit bloßen Händen auf, erlebten endlose Kämpfe und wichen nicht zurück.«

Der erfolgreiche Autor legte schon bald ein zweites Buch nach. Der Titel war Programm: »Die Kehrseite der Medaille«. Es machte Uri Avnery nach eigenen Angaben »vom Helden des Tages zum Volksfeind Nummer eins«. In aller Ausführlichkeit beschreibt er die unschönen Seiten des Krieges. Er spricht von Vertreibungen palästinensischer Dorfbewohner und Plünderungen.

Der kriegsbegeisterte Veteran wandelte sich zum Friedensaktivisten. Heute sind Uri Avnerys Bücher zwei von Hunderten von Werken, die über den ersten Arabisch-Israelischen Krieg erschienen sind. Viele Autoren beschäftigen sich mit der Frage, wieso die arabischen Armeen verloren haben. Ein oft genannter Grund: Die angreifenden Länder verfolgten unterschiedliche Ziele. So traten die Araber alles andere als geschlossen auf.

Von Anfang an standen sich zwei Blöcke gegenüber: die Haschimiten und die Anti-Haschimiten. Bei den Haschimiten handelt es sich um einen geschichtsträchtigen Clan. Sein Stammbaum reicht bis zum Propheten Mohammed zurück. Haschim war der Urgroßvater des Religionsstifters. Die Haschimiten, angeführt vom damaligen Transjordanien, wollten ihren Machtbereich weiter ausdehnen; nicht nur Palästina, sondern auch Syrien und der Libanon standen auf der Eroberungsliste. Die Anti-Haschimiten, allen voran Ägypten unter König Faruq, versuchten das zu verhindern und hatten auch selbst gegen einen Landgewinn in Palästina nichts einzuwenden. Syrien und der Libanon machten sich wegen Transjordaniens Plänen um ihre eigene Unabhängigkeit Sorgen.

Die Palästinenser standen ohne Mitspracherecht zwischen den Interessen der arabischen Nachbarländer. Die palästinensische Gesellschaft bestand zu dieser Zeit größtenteils aus Händlern in den Städten und Landarbeitern in den Dörfern. Die Familie, der sogenannte Clan oder Hamule auf Arabisch, stand im Mittelpunkt ihres Denkens, und nicht selten kam es zu Konflikten untereinander. Zentrale Einrichtungen, die zum gemeinsamen Kampf mobilisieren oder Waffeneinkäufe hätten organisieren können, fehlten. Die Führungselite des Arabischen Aufstandes von 1936 bis 1939 existierte nicht mehr. Britische Soldaten hatten viele der rebellierenden Palästinenser hingerichtet oder ins Exil geschickt, andere starben im Kampf.

Al-Hadsch Ahmed Olayyan erlebte den Ausbruch, den Kriegsverlauf und die Einstellung der Kampfhandlungen in Jericho. Er bediente damals die Kunden im ältesten Café des angeblich ältesten Ortes der Welt. Britische Soldaten hatten bis zum Ende der Mandatszeit bei ihm ihren Tee bestellt. »Ich arbeitete auch bei Kriegsausbruch 1948 in Jericho. Damals schmuggelten Händler auf Kamelen und Eseln Waffen nach Jericho. Einige Revolutionäre kämpften, aber die Mehrheit blieb friedlich.«

Die großen militärischen Auseinandersetzungen lieferten sich die Israelis nicht mit den Palästinensern, sondern mit den arabischen Invasoren. Eines der angreifenden Länder war zuvor noch Verhandlungspartner der Jewish Agency gewesen. Die jüdische Organisation hatte vor Kriegsbeginn mehrfach versucht, mit dem transjordanischen Königshaus einen Kompromiss zu finden. Am 17. November 1947 hatte sich Golda Meir heimlich mit König Abdullah bin al-Hussein getroffen. Die ranghohe Mitarbeiterin der Jewish Agency in Palästina kehrte jedoch erfolglos zurück.

Die arabischen Kriegspartner beobachteten Transjordanien wegen der Kontakte zur jüdischen Seite sehr misstrauisch. Ein gemeinsames Vorgehen der arabischen Armeen gab es während des Krieges kaum. Die Kommunikation untereinander war mangelhaft. Für den israelischen Ministerpräsidenten David Ben Gurion stand fest: »Wir haben nicht gewonnen, weil unsere Armee Wunder vollbracht hat, sondern weil die arabische Armee miserabel ist.«

Das bis heute ungelöste Problem der palästinensischen Flüchtlinge

Regenwasser staut sich in den engen Gassen von Balata – so heißt das größte Flüchtlingslager des Westjordanlandes. Über 20 000 Menschen leben heute in den containerartigen Betonbauten am Stadtrand von Nablus. Bis zu drei Generationen einer Familie teilen sich die Räume. Ein Meter liegt zwischen den Fenstern und der gegenüberliegenden Hauswand. Hinter einer der unverputzten Fassaden lebt **Halima Sanakre** mit ihren Kindern und Enkeln. Die Palästinenserin wohnt seit über einem halben Jahrhundert im Flüchtlingscamp.

»Ich war 1948 erst 15 Jahre alt, aber ich kann mich noch an alles erinnern. Eines Tages kamen Soldaten in unser Dorf und forderten uns auf, die weiße Flagge zu hissen. Dann könnten wir bleiben. Wir erfuhren aber von dem Massaker in Deir Yasin, wo selbst Frauen und Kinder ermordet wurden. Als wir Explosionen in der Nähe unseres Dorfes hörten, entstand Panik. Wir hatten so große Angst, dass wir ohne Sachen, Geld oder Kleider geflüchtet sind. Jeder rannte um sein Leben. Ich dachte, wir verlassen unser Dorf nur für ein paar Tage.«

Das Massaker von Deir Yasin bewegte nicht nur Halima Sanakres Familie zur Flucht. Was war geschehen? Am 9. April 1948 hatten Mitglieder der jüdischen Untergrundbewegungen Irgun und Lechi das arabische Dorf westlich von Jerusalem überfallen. Die Kämpfer hatten weit über 100 Menschen ermordet. In den Kriegsjahren 1947 bis 1949 kam es zu zahlreichen Vertreibungen, doch die Tat in Deir Yasin sollte in ihrer Brutalität eine Ausnahme bleiben. Damals war das nicht abzusehen. Und so verbreitete sich die Nachricht von Deir Yasin wie ein Lauffeuer in den arabischen Dörfern und Städten. Viele Palästinenser hatten Angst vor einem zweiten Massaker und verließen fluchtartig ihre Heimat.

Auch die Jewish Agency verurteilte damals das Vorgehen von

Irgun und Lechi. Zwei Tage nach dem Massaker veröffentlichte die offizielle Vertretung der Juden in Palästina eine Stellungnahme. In dem Schreiben kritisierte sie das »barbarische Auftreten« der Täter. Einen weiteren Tag später äußerten sich die zwei Oberrabbiner von Palästina zur Tat; sie standen der jüdischen Gemeinschaft im britischen Mandatsgebiet vor. Die Gerüchte von einem »widerlichen Verbrechen« hätten sich leider als wahr herausgestellt. Auch der jüdischen Gemeinschaft sei dadurch ein großer Schaden zugefügt worden.

Erfolglose Gesten, denn die Gewalt ging auf beiden Seiten weiter. Am 13. April 1948, vier Tage nach dem Massaker von Deir Yasin, überfielen arabische Kämpfer einen jüdischen Konvoi auf dem Weg zum Jerusalemer Hadassah-Krankenhaus. Etwa 80 Menschen starben im Kugelhagel und in den brennenden Fahrzeugen. Auf der Liste der Opfer fanden sich vor allem Krankenschwestern, Ärzte und Patienten.

Zu dieser Zeit waren bereits Zehntausende Palästinenser auf der Flucht. Und die verlief oft unter chaotischen Umständen. **Chalil Nedschem** wohnt seit dem ersten Arabisch-Israelischen Krieg in einem Flüchtlingslager in Gaza-Stadt. »Wir gingen zu Fuß nach Gaza, ohne irgendetwas mitzunehmen. Wir wussten nicht, dass wir nie zurückkehren werden. Ich habe dann im Flüchtlingslager gearbeitet. Doch heute habe ich nicht einmal Geld für meine Zigaretten. Die Vereinten Nationen und das palästinensische Ministerium für Soziales geben mir Essen.«

Halima Sanakre vom Flüchtlingslager Balata im Westjordanland erinnert sich an die Flucht: »Ich habe meine Familie für einige Zeit aus den Augen verloren. Wir wurden zunächst in Schulen untergebracht und lebten dort für etwa einen Monat. Es war schmutzig, es gab kein sauberes Wasser, wir hatten kein Geld, um etwas zu kaufen. Dann lebten wir in einem Zelt. Die UNRWA baute uns später Häuser.«

UNRWA ist das Hilfswerk der Vereinten Nationen für Palästinaflüchtlinge im Nahen Osten (UNRWA, englisch für United Nations Relief and Works Agency for Palestine Refugees in the Near East). Über 25 000 Menschen arbeiten heute für die UN-Agentur in den

Camps, die meisten von ihnen sind selbst Flüchtlinge. Sie verdienen ihren Lebensunterhalt in den Krankenhäusern, Schulen und sozialen Einrichtungen der rund 60 Lager.

Etwa 1,3 Millionen Palästinenser leben in den Flüchtlingscamps: in Jordanien, im Libanon, in Syrien, im Westjordanland und im Gazastreifen, wo die Situation besonders kritisch ist. In dem schmalen Küstenstreifen am Mittelmeer wohnen eine halbe Million Menschen auf engstem Raum in den Lagern. Teile des Gazastreifens gehören daher zu den dichtest besiedelten Gebieten der Welt.

Geschichten aus den Zeiten vor 1948 werden in den Flüchtlingslagern von Menschen wie Halima Sanakre von Generation zu Generation überliefert. Die meisten Palästinenser arbeiteten vor der Flucht in der Landwirtschaft. »Auf unserem Land wuchsen Orangen, wir ernteten das Obst und verkauften es. Unser Leben war sehr einfach, aber auch sehr gut, wir hatten Arbeit, Land und ein Haus.

Hunderttausende Palästinenser lebten unmittelbar nach dem ersten Arabisch-Israelischen Krieg 1948/1949 und nach dem Sechs-Tage-Krieg 1967 in Flüchtlingslagern. Aus den Zeltstädten entwickelten sich bald Kleinstädte mit Wohnblöcken, in denen viele von ihnen bis heute wohnen. Das Foto zeigt ein Flüchtlingslager in Syrien im Juli 1967.

Früher habe ich mit unseren Orangen die Tiere gefüttert, heute haben wir nicht einmal Geld, Orangen für uns selbst zu kaufen.«

Nicht nur das Massaker von Deir Yasin hatte die Palästinenser zur Flucht bewegt. Bis heute streiten sich Historiker, warum so viele Menschen ihre Heimat verlassen haben. Zwei Gründe werden oft genannt. Der erste Grund: Die arabischen Nachbarländer forderten die Palästinenser auf, ihre Dörfer und Städte während des Krieges zu verlassen. Die angreifenden Armeen wollten damit die Opferzahlen unter den arabischen Zivilisten verringern. Der zweite Grund: Die jüdischen Kämpfer vertrieben die Bewohner teils mit Gewalt.

Der Palästinenser **Chalil Nedschem** erinnert sich. »Ich lebte in Madschdal [heute Teil von Aschkelon]. Die Dorfbewohner, die nördlich von uns wohnten, flüchteten zu uns. Dann kamen arabische Soldaten und unsere Kämpfer. Sie sagten, dass das hier bald ein Schlachtfeld wird. Wir müssten nur für drei Tage unser Dorf verlassen, dann sei der Krieg vorbei. Aus den drei Tagen sind nun schon 60 Jahre geworden.«

Der Israeli **Uri Chanoch** kämpfte für die Palmach. Als Mitglied der Elitetruppe der Haganah gehörte die Einnahme von palästinensischen Orten zu seinem Auftrag. »Wenn wir arabische Dörfer eroberten, ließen wir immer eine Seite des Ortes für die Flucht offen. Wer von den Arabern wegrennen und nicht kämpfen wollte, hatte die Möglichkeit.«

Über 700000 Palästinenser flüchteten zwischen 1947 und 1949. Etwa 400 Städte und Dörfer waren davon betroffen. Bis heute ist das weitere Schicksal der Flüchtlinge ungeklärt. Von Tag zu Tag sinken die Chancen auf eine Rückkehr oder Entschädigung. Eines von beidem steht nach Ansicht der Vereinten Nationen den Palästinensern zu. So heißt es in der UN-Resolution 194 vom 11. Dezember 1948, »dass es den Flüchtlingen, die es wünschen, in ihre Heimat zurückzukehren und mit ihren Nachbarn in Frieden zu leben«, auch ermöglicht werden soll. Die UN verlangt überdies, dass Flüchtlinge, die sich entscheiden, nicht mehr in ihre Heimat zurückzukehren, entschädigt werden sollen.

Israels damaliger Außenminister Mosche Scharett erklärte dazu im Juni 1949 vor der Knesset, dem israelischen Parlament: »An allererster Stelle steht die Sicherheit. Eine große Welle von [palästinensischen] Rückkehrern würde den Staat erneut von innen heraus zerstören. Auch wenn die Rückkehrer heute für den Frieden wären, kann man auf sie in der Stunde einer neuen Katastrophe nicht setzen.«

Manche Palästinenser suchten wie **Nuha Wahbe** Jahre nach der Flucht ihr altes Zuhause auf. Sie lebte mit ihrer Familie in Lydda, einem Dorf zwischen Jerusalem und Tel Aviv. 1948 war sie 16 Jahre alt. »Wir hatten ein Haus auf einem Grundstück in Lydda gepachtet. 1948 kamen Menschen in Uniformen in unser Dorf. Bewohner, die ihre Häuser nicht verlassen wollten, wurden erschossen. Das habe ich mit eigenen Augen gesehen. Wir flüchteten zu Fuß. Erst etwa zehn Jahre später bin ich zurückgekehrt. Unser Haus war nicht mehr da, aber es stand ein neues Gebäude dort. Ich klopfte an die Tür. Ein Mann, vielleicht Mitte 30, öffnete. Er sah mich, schrie etwas, das ich nicht verstehen konnte, und knallte die Tür zu. Ich war seither nie wieder dort.«

Der Sechs-Tage-Krieg 1967 sollte weitere Palästinenser zu Flüchtlingen machen. Vor allem der natürliche Anstieg der Bevölkerung durch Neugeburten verschärft das Problem bis heute. Denn die Nachkommen können bei den Vereinten Nationen ebenso als Flüchtlinge registriert werden. Rund fünf Millionen Palästinenser haben heute laut UN den Flüchtlingsstatus. Manche von ihnen wohnen längst nicht mehr im Camp, andere haben dort noch nie gelebt. Viele haben ihren Lebensmittelpunkt außerhalb der palästinensischen Gebiete, zum Beispiel in einem arabischen Nachbarland, in Lateinamerika, den Vereinigten Staaten oder Europa.

So wie **Samira Iraqi**, sie kam 1973 in Berlin auf die Welt. Ihre Mutter ist Kroatin, ihr Vater Palästinenser. »In unserer Wohnung in Berlin hängt ein Bild aus Palästina. Darauf sieht man eine Steppenlandschaft in gelben, blassen Tönen. Mein Vater hat mir als Kind immer gesagt, dass er hier auf die Welt gekommen ist. Seine Eltern waren Beduinen. Bei Kriegsausbruch 1948 ist unsere Familie in den Libanon geflüchtet. Seine Geschwister kamen erst später im libanesischen Flüchtlingslager zur Welt.«

Seit den 60er Jahren lebt ihr Vater in Deutschland, seit den 80ern wohnen auch seine Eltern in Berlin. »Meine Oma erzählt ständig von Palästina. Sie schwärmt von Olivenbäumen und Bergen. Als ich mit ihr in einem Berliner Park spazieren ging, hat sie angefangen, nach wilden Kräutern zu suchen. Zu ihrer Hochzeit hat eine jüdische Frau ihr die Haare gemacht. Das erzählt sie immer wieder.«

Nach über dreißig Jahren in Deutschland reiste Samira Iraqi in die Heimat ihres Vaters. »Ich denke, ich bin eher palästinensisch als deutsch. Wir haben uns früher in Berlin arabische Filme angesehen und arabische Musik gehört. Zum Frühstück gab es Fladenbrot, Humus und Falafel, zum Mittagessen Köfte oder Maklube [beliebte arabische Speisen].«

Samira Iraqi verbrachte viel Zeit ihres Nahost-Aufenthaltes in Ramallah. »Die meisten haben an meinem Arabisch gehört, dass ich beduinische Vorfahren habe.« In den Cafés und auf den Straßen der Stadt sah sich die Berlinerin mit den verschiedensten Biografien konfrontiert. Manche haben wie Samira Iraqi einen Flüchtlingsausweis der Vereinten Nationen und sind zum ersten Mal in der Heimat ihrer Vorfahren. Andere dagegen waren noch nie in einem anderen Land, sie leben in den umliegenden Camps, Dörfern oder Städten.

Der palästinensische Zeichner Nadschi al-Ali stellte 1969 seine Figur Handala vor. Es ist ein Junge mit Stoppelhaaren, der dem Betrachter den Rücken kehrt und die dahinter verschränkten Hände zeigt. Das Kind trägt keine Schuhe, die Kleidung ist zerrissen. Der Junge ist nach Angaben des Künstlers zehn Jahre alt – in dem Alter sei er aus Palästina geflüchtet. Die Figur ist bis heute an Häuserwänden, auf Schlüsselanhängern oder Halsketten im Westjordanland, im Gazastreifen und in Ost-Jerusalem zu sehen.

Die berühmtesten Geschichten über palästinensische Flüchtlinge schrieb Ghassan Kanafani. Die Texte des palästinensischen Schriftstellers erschienen in über einem Dutzend Sprachen. Kanafani gab auch die Zeitschrift einer radikalen Palästinenserorganisation heraus und galt als ihr populärer Sprecher; 1972 sollte er deswegen einem Attentat des israelischen Geheimdienstes zum Opfer fallen.

Kanafanis bekanntestes Werk ist die Familiengeschichte »Rückkehr nach Haifa«: Ein palästinensisches Paar wird 1948 aus der

Hafenstadt Haifa vertrieben. Auf der Flucht verlieren sie ihren Sohn aus den Augen. Zwei Jahrzehnte später kehren sie zurück. In ihrem Haus wohnt eine Jüdin, die das Paar empfängt und auf ein Gespräch ins Wohnzimmer bittet. Plötzlich betritt ein junger Mann den Raum. Es handelt sich dabei um den verlorenen Sohn. Er wurde von der Jüdin erzogen, ging auf eine jüdische Schule und dient nun in der israelischen Armee. Von seinen Eltern will er nichts mehr wissen.

Der Vater ist enttäuscht und will gehen. »Ich suche nach dem wirklichen Palästina, dem Palästina, das mehr ist als eine Erinnerung, mehr als eine Pfauenfeder, mehr als ein Kind, mehr als ein Bleistiftgekritzel im Treppenhaus. (...) Für uns, für dich und für mich, ist es bloß eine Suche nach etwas unter dem Staub der Erinnerung. Und nun schau, was wir unter jenem Staub gefunden haben ... nur noch mehr Staub.«

Die 1950er Jahre und der Suezkrieg

Die jüdischen Einwanderer hatten einen schweren Anfang im neu gegründeten Staat Israel. Auf die massenhafte Einwanderung konnten die Gründungsväter so schnell nicht reagieren. Die Staatskassen waren leer – der Arabisch-Israelische Krieg machte deutlich, dass beim Verteidigungshaushalt nicht gespart werden durfte. Die Folgen der schlechten wirtschaftlichen Situation betrafen fast jeden. Es fehlte an Arbeitsplätzen, an Wohnungen und an gut ausgebauten Straßen.

Karla Pilpel reiste mit einer zionistischen Bewegung nach Israel. »Durch die Organisation kam ich zu einem Kibbuz im Norden Israels. Ich weinte mich über ein Jahr jede Nacht in den Schlaf. Uns wurde in England ein wunderschönes Bild von Israel gemalt, demnach war das Land ein Garten Eden. Niemand erzählte mir, dass es im Kibbuz keine Elektrizität, kein Badezimmer, keine Toiletten gibt. Ich lebte mit drei anderen Mädchen in einer Hütte. Es gab Besteck und Teller aus Plastik.«

Legenden über das Land, »wo Milch und Honig fließt«, florierten in der Nachkriegszeit. Doch die biblische Beschreibung passte nicht zur Realität. Karla Pilpel erinnert sich an die Erzählungen und das, was sie tatsächlich in Israel sah. »Einmal hatte mich ein junger Mann in England besucht, und wir waren die ganze Nacht spazieren gegangen. Er hatte mir vom grünen Israel und von wundervollen Blumen überall erzählt. Als ich in Israel im Bus zum Kibbuz saß, war ich schockiert, alles ist braun und trocken. Wo bin ich gelandet? Was mache ich hier? Das frage ich mich bis heute, dennoch möchte ich nirgendwo anders sein. Ich habe zwar eine lange Liste von Beschwerden, aber das ist mein Zuhause.«

Der Kibbuz war nur eines von vielen Zielen für die Einwanderer. Die Knesset verabschiedete 1950 ein Gesetz, wonach jeder Jude auf der Welt das Recht hat, in Israel zu leben. Viele Einwanderer zogen auf der Suche nach Arbeit und Unterkunft in kleinere Ortschaften oder nach Tel Aviv. Die Stadt unterschied sich wesentlich vom einfachen Kibbuz im ländlichen Raum.

Der Holocaust-Überlebende **Wolf Factor** war bereits vor der Staatsgründung Israels illegal aus der Schweiz eingereist. »Als wir nach Tel Aviv kamen, war ich überrascht. Die Stadt sah damals aus wie eine europäische Stadt. Die Geschäfte hatten die allerbesten Waren, die Schaufenster sahen genauso aus wie in Zürich. Es gab Kaffeehäuser. Ich glaubte meinen Augen nicht. Das ist Israel? Ich war darauf vorbereitet, eine Wüste und junge Leute in den Zelten anzutreffen. Das gab es auch, aber Tel Aviv war anders.«

Der Neuanfang war für Wolf Factor eine große Herausforderung. »Die erste Phase des Einlebens war überhaupt nicht leicht. Auch hier war nicht alles so, wie es geträumt wurde. Es war ein kleines Land, ein armes Land. Ich hatte zu Beginn meiner Reise einen kleinen Koffer, mit ein paar Sachen, der ging auch unterwegs verloren. Ich kam mit dem, was ich anhatte.«

Zvi Alper wanderte ohne Eltern aus der Ukraine ein. In Israel verliebte er sich in eine Ungarin aus Budapest. In den ersten Jahren nach der Staatsgründung war Bescheidenheit angesagt. »Wir kauften Eis und lagerten es in einer Box in der Küche, das war unser Kühlschrank. Bei der Heirat kauften wir zwei Stühle, zwei Messer, zwei Gabeln, alles nur in zweifacher Ausfertigung. Für uns war das alles nicht schlimm. Wir waren Holocaust-Überlebende. Wir kamen als Kinder mit absolut nichts nach Israel. Ich ging zur Armee, auch da hatte ich nichts.«

Die Jewish Agency versuchte den Einwanderern zu helfen. **Yehuda Domitz** arbeitete für die Organisation. »Da gab es viel Arbeit: Hunderttausende neue Einwanderer mussten versorgt werden. Viele brachten wir vorerst in Baracken und Zelten unter. Es war kein Kriegszustand mehr. Doch wirtschaftlich war es sehr schwierig. Am Anfang gab es Lebensmittelmarken, Dinge wie Milch, Eier und Öl waren rationiert. Ich arbeitete, studierte und kümmerte mich zugleich um meine Familie.«

Auf die Hilfe der Jewish Agency war auch die Familie von **Gladis Karquli-Levi** angewiesen. Die Jüdin kam im irakischen Basra zur Welt. Für die Einwanderung nach Israel zahlte ihre Familie einen hohen Preis. »Mein Vater arbeitete als Händler im Irak. Wir hatten ein schönes Haus mit Dienern, und wir lebten sehr gut. Doch Juden

mussten alles aufgeben, wenn sie den Irak verlassen wollten. Wir ließen unser ganzes Eigentum zurück. Meine Eltern hatten keine andere Möglichkeit, die irakische Regierung nahm alles. Ich kam daher nur mit einem Koffer voller Kleider in Israel an.«

Den in Bagdad geborenen **Yosef Levi**, ihren späteren Ehemann, ereilte das gleiche Schicksal. »Im Irak lebten wir in einem komfortablen Haus, in Israel in einem Zelt. Bei kräftigem Wind flog es weg. Dann lebten wir zu acht auf 36 Quadratmetern in einer Baracke. Einige Zeit später erhielten wir eine kleine Wohnung mit zwei Räumen. Mein Vater arbeitete in Bagdad als Schneider. In Israel hatte er kein Geschäft und keine Aufträge. Er nähte nur für uns.«

Das Schicksal der Juden aus den arabischen Ländern ist bis heute ein umstrittenes Thema. Verließen die Menschen freiwillig ihre Heimat, oder waren sie wegen zunehmender Judenfeindlichkeit dazu genötigt worden? Die Rede ist von rund 800 000 arabischen Juden, davon etwa 130 000 Irakern. Im Falle des Iraks hatte bereits ein Ereignis im Jahre 1941 das Bild von friedlich miteinander lebenden Juden und Arabern beschädigt: Aufgehetzte muslimische Iraker hatten damals Jagd auf jüdische Landsleute gemacht.

Der irakische Jude Yosef Levi überlebte die Ausschreitungen in Bagdad. »Ich sah, wie Juden auf der Straße ermordet wurden. Meine Nachbarin wurde misshandelt, ich hörte sie so lange schreien, bis sie starb. Ein Cousin wurde entführt und verschwand für immer. Meine Eltern bezahlten Muslime dafür, dass sie uns in ihrem Haus versteckten. Denn in jüdischen Häusern war es nicht mehr sicher.«

Alltägliche Diskriminierungen standen für Yosef Levi bereits vor den Ereignissen von 1941 auf der Tagesordnung. Das fing in den morgendlichen Schulstunden an. Die Mitschüler verhielten sich fair, die Lehrer dagegen weniger. »Ich war mit meinen Klassenkameraden gut befreundet. Viele Lehrer waren dagegen ganz fana-

↙ Nach der Staatsgründung Israels fielen die Einreisebeschränkungen: Jeder Jude sollte nach dem Willen der Regierung das Recht haben, in dem Land zu leben. Der Wohnraum war in den Anfangsjahren knapp, und viele waren gezwungen, zunächst in Lagern für Einwanderer zu leben – wie hier in der Nähe von Jerusalem 1949.

tisch. Sie zwangen mich oft dazu, wie ein Muslim zu beten. Auch die christlichen Araber mussten mitbeten. Ein einziger Lehrer erlaubte den Christen und uns Juden, beim Gebet den Raum zu verlassen.«

Nach den Ausschreitungen hatten viele irakische Juden nur noch einen Wunsch: die Ausreise. Doch erst nach der Staatsgründung Israels im Mai 1948 war das möglich. Während des Zweiten Weltkrieges waren die Möglichkeiten begrenzt; kaum ein Land war bereit, weitere Einwanderer oder Flüchtlinge aufzunehmen. Mit der Ausrufung des Staates Israel verschärfte sich die judenfeindliche Stimmung im Irak ein weiteres Mal. Yosef Levi erinnert sich an Massendemonstrationen, auf denen die Teilnehmer gegen den jüdischen Staat hetzten. »Tausende demonstrierten in Bagdad gegen Israel. Sie schrien ›Tod den Juden‹ und ›Tod für Israel‹. Wir Juden wurden gezwungen, an den Demonstrationen teilzunehmen. Aber auch das war gefährlich. Ich stellte mich immer zu den muslimischen Demonstranten, um nicht aufzufallen. Nur zu Hause in der Familie konnten wir die Freude über die Staatsgründung zeigen. Wir wünschten uns alle, nach Israel auszuwandern. Israel bedeutete für mich Freiheit und Sicherheit, denn ich hatte nach dem Massaker von 1941 immer Angst.«

Als Yosef Levi in Israel ankam, dauerte es eine Weile, bis die Familie Fuß fassen konnte. »Die ersten Jahre waren hart. Doch meine Eltern sprachen nie davon, dass sie die Entscheidung, den Irak zu verlassen, bereut haben. Als wir Kinder erwachsen wurden und Arbeit fanden, verbesserte sich die wirtschaftliche Situation meiner Familie.«

Israel war in den 1950er Jahren auf Hilfe aus dem Ausland angewiesen. Die 1949 gegründete Bundesrepublik Deutschland sicherte der israelischen Regierung Geld und Waren zu. Damit sollte den nach Israel geflüchteten Juden geholfen werden. Das vom deutschen Bundeskanzler Konrad Adenauer mitunterzeichnete Abkommen zur Wiedergutmachung löste in Israel heftige Proteste aus. Die Kritiker lehnten Verträge mit dem Land ab, das den Massenmord an sechs Millionen Juden zu verantworten hatte.

Bei wirtschaftlicher Unterstützung konnte sich Israel auf westliche Länder wie Deutschland und die USA verlassen. Bei politischen

Fragen gibt es indessen bis heute Meinungsverschiedenheiten. Ein umstrittenes Thema ist die Frage nach der Hauptstadt des israelischen Staates, den David Ben Gurion 1948 in Tel Aviv ausgerufen hatte. 1953 zog das israelische Parlament nach Jerusalem um. »Jerusalem war, ist und bleibt Israels Hauptstadt«, beschlossen die Abgeordneten und bezogen sich damit auf die biblischen Zeiten.

Rund dreißig Jahre später sollte Israel auch das palästinensische Ost-Jerusalem für sich beanspruchen. Die Vereinten Nationen schritten ein und forderten aus Protest einen Abzug der Botschaften aus Jerusalem. Fast alle Ländervertretungen befinden sich daher heute in Tel Aviv, nicht in Jerusalem. Ost-Jerusalem war nach dem ersten Arabisch-Israelischen Krieg von 1948/1949 an Transjordanien gefallen. Jordanische Sicherheitskräfte kontrollierten seither die östlichen Stadtteile sowie das gesamte Westjordanland, wo die meisten Palästinenser leben. Die Bewohner erhielten einen jordanischen Ausweis, den viele bis heute haben.

Der Palästinenser **Saman Choury** konnte das nicht verstehen. »Meine Familie lebt seit über 150 Jahren in Jerusalem. Meine Eltern sind Palästinenser, meine Großeltern sind Palästinenser, deren Eltern ebenso. Und ich bin laut Pass ein Jordanier. Meine Geburtsurkunde war daher für mich immer etwas Besonderes. Sie wurde während der britischen Besatzung ausgestellt. Aber hier ist das Wort Palästina zu finden. Ich gebe das Dokument nicht aus den Händen. Obwohl es nicht wirklich etwas bedeutet, aber es beweist zumindest, dass ich existiere.«

Abdul-Karim Lafi beschreibt die Auswirkungen der unterschiedlichen Ausweise und Regelungen anhand seiner Familie. »Mein Bruder hat den jordanischen Pass, seine Frau den israelischen. Wenn sie nach Jordanien reisen, dann nimmt seine Frau die Scheich-Hussein-Brücke, mein Bruder die Allenby-Brücke. Sie gehen nicht zusammen.« Beide Grenzübergänge sind etwa zwei Stunden Fahrtzeit voneinander entfernt.

Im von Jordanien beherrschten Ost-Jerusalem kam es immer wieder zu öffentlichen Kundgebungen. Die Protestrufe richteten sich gegen die jüdischen Nachbarn. **Saman Choury** erinnert sich an solche Veranstaltungen: »Es gab Demonstrationen in Jerusalem, und ich nahm daran teil, dabei war ich noch ein Kind. Einmal schrien die Leute ›Nieder mit der Balfour-Erklärung‹ (auf Arabisch Fal-yasqut Waad Balfour). Ich verstand den Slogan nicht richtig und wiederholte falsch auf Arabisch ›Jemand soll von oben nach unten fallen‹ (Fal-yasqut Wahad Min Fauqu).«

Der Palästinenser erlebte die jordanische Besatzung des palästinensischen Westjordanlandes und Ost-Jerusalems. »Auf manchen Karten konnte ich mein Land gar nicht finden. In der Schule brachte mir der Geschichtslehrer zwei Dinge bei – zum einen das, was in den Büchern steht. Zum anderen das, was seine eigene Erfahrung ist.«

Politische Aktivitäten waren den Palästinensern immer dann untersagt, wenn das Thema die jordanische Besatzung war. Das Motto des jordanischen Königshauses: Gegen Israel durfte demonstriert werden, für einen eigenen palästinensischen Staat dagegen nicht. Doch viele Palästinenser konnten unter den jordanischen Besatzern ihr Leben normal weiterführen, die Einschränkungen im alltäglichen Leben hielten sich in Grenzen.

Nour al-Kasrawi arbeitete als Händler in Hebron. Die Geschäfte liefen auch unter den Jordaniern gut. Statt britischen kamen nun jordanische Armeeangehörige in sein Geschäft. »Ich hatte einen Laden in der Altstadt in der Nähe der Abraham-Moschee. Nach dem Krieg war die jordanische Armee hier. Die Soldaten kauften bei mir ein. Sie waren Muslime, so wie wir auch. Wir respektierten einander, und es gab keine Probleme mit ihnen.«

Zwischen Jordanien und Israel waren die Fronten geklärt. Der jordanische König hatte seinen Herrschaftsbereich ausbauen können. Doch immer häufiger kam es zu Angriffen von Palästinensern. Sie schlichen sich über die Grenze, attackierten jüdische Siedlungen oder machten die Straßen für israelische Transporte unsicher. Bald war die Rede von »denen, die sich selbst aufopfern«, Fedayin auf Arabisch. Für Palästinenser waren diese Menschen Widerstandskämpfer, für Israelis Terroristen.

Der Israeli **Abraham Bar-Am** leitete eine Kompanie mit dem Auftrag, die palästinensischen Angreifer in ihren eigenen Ortschaften zu bekämpfen. Er gehörte zur Einheit 101, und sein Vorgesetzter hieß Ariel Scharon. Der spätere Ministerpräsident Israels leitete die Truppe, die bald wegen der hohen Opferzahlen unter der gegnerischen Zivilbevölkerung umstritten sein sollte.

»Der Ablauf war immer der gleiche«, erklärt Abraham Bar-Am seine Einsätze. »Jemand sagte uns, in welchem Dorf und in welchem Haus sich die Fedayin aufhielten. Wir hatten eine Luftaufnahme, auf der das Haus markiert war. Ich ging mit einer kleinen Gruppe, vielleicht zehn Soldaten, über die jordanische Grenze. Immer nachts. Wir mussten aufpassen, dass uns die jordanische Armee nicht sah. Wir gingen zu den Plätzen, wo wir die Fedayin vermuteten, und töteten sie. Doch ihre Angriffe hörten nicht auf.«

Die größten Sorgen bereitete Israel Mitte der 50er Jahre ein anderes Nachbarland: Ägypten. Die Grenze verlief am südlichen Ende der Negev-Wüste. Das Gebiet liegt an der ägyptischen Sinai-Halbinsel. Die Gegend ist weitestgehend unbewohnt und unwirtlich, mit extremer Hitze im Sommer. Die Überwachung dieses Gebietes war für die israelische Armee sehr aufwendig.

Dazu kam eine weitere schwer kontrollierbare Grenze: Die ägyptische Armee hatte nach dem Krieg 1948/1949 den palästinensischen Gazastreifen eingenommen. Dort genossen die Ägypter kein schlechtes Ansehen bei den Palästinensern. **Anwar Arafat** aus Gaza-Stadt denkt gerne an die Zeit zurück. »Der Gesundheitssektor, die Bildung, Soziales – alles war in ägyptischer Hand. Die Ägypter verwalteten alles, aber sie respektierten uns. Sie investierten in unser Land, und viele reisten nach Gaza, um bei uns einzukaufen. Ich stellte arabische Süßigkeiten her, und die Ägypter kamen auch in mein Geschäft. Die Elite der Palästinenser ging nach Ägypten zum Studium, dort machten sie keine Unterschiede zwischen Ägyptern und uns. Viele der Leute, die hier heute als Ingenieure oder Ärzte arbeiten, wurden in Kairo ausgebildet.«

Doch die Zustände in den palästinensischen Flüchtlingslagern im Gazastreifen waren katastrophal. An freiwilligen Fedayin mangelte es nicht. Bereitwillige Kämpfer gab es auch in den von Jordanien besetzten Gebieten, dem Westjordanland und Ost-Jerusalem. Dabei gab es einen entscheidenden Unterschied: Im Gegensatz zur jordanischen Regierung unterstützte die ägyptische Führung die Fedayin massiv. Ägypten rüstete die Kämpfer mit Waffen aus und trainierte sie.

Der Konflikt mit dem ägyptischen Nachbarn sollte sich schon bald zum Krieg entwickeln. Das Verhalten des ägyptischen Präsidenten Gamal Abdel Nasser, aber auch der westlichen Staaten, trug dazu bei. Nasser hatte die westlichen Regierungen gebeten, bei der Finanzierung eines Staudammes in Ägypten zu helfen. Die Bevölkerung in seinem Land wuchs schnell. Mit dem neuen Projekt sollten von der Dürre gezeichnete Gebiete bewässert werden, um Boden für die Landwirtschaft fruchtbar zu machen. Doch im finanzstarken Ausland fanden sich für dieses Projekt keine Unterstützer. Nasser suchte nach einer neuen Einnahmequelle für den Staudamm und verkündete im Juli 1956 die Verstaatlichung des Suezkanals. Die Suezkanal-Gesellschaft war bisher eine internationale Aktiengesellschaft – zu den Großaktionären gehörten Großbritannien und Frankreich.

Der Suezkanal macht es selbst großen Transportschiffen möglich, vom Mittelmeer durch Ägypten ins Rote Meer zu gelangen. Die Schifffahrtsstraße verkürzt die Transportwege zu den arabischen Staaten, Indien oder ferneren Zielen erheblich. Die Alternative zum Suezkanal ist gefährlicher, Tausende Kilometer länger und somit weitaus kostspieliger. Das Kap der Guten Hoffnung an der Südspitze Afrikas müsste umschifft werden. Mit einer Verstaatlichung des Suezkanals flossen alle Kanalgebühren an Ägypten, die einstigen Aktionäre gingen leer aus.

Im Vorgehen des ägyptischen Präsidenten sahen viele westeuropäische Politiker eine Provokation. Ein internationaler Vertrag sicherte bisher die freie Fahrt für Transport- und Kriegsschiffe ab – egal welcher Nation. Nach Nassers Erklärung ging die Angst um, Ägypten könnte den Kanal als politisches Druckmittel nutzen und ihn sperren. Die wirtschaftlichen Folgen wären für die westlichen Länder enorm gewesen. Tanker transportierten Jahr für Jahr Dutzende Millionen Tonnen Öl auf diesem Kanal.

Der Regierung in Paris war Ägyptens Staatschef bereits vor der Suezkrise ein Dorn im Auge. Nasser hatte radikalen Gruppen im muslimischen Algerien Waffen geliefert. Immer mehr Algerier forderten die Unabhängigkeit von den Franzosen, die das Gebiet in Nordafrika als französischen Verwaltungsbezirk beherrschten. Seit

Gamal Abdel Nasser warb für einen arabischen Nationalismus. Er wollte ein großes arabisches Reich anführen. Diese Idee gefiel damals auch vielen Palästinensern. Das Foto zeigt Nasser (Mitte) noch im Juli 1954 – kurze Zeit bevor er Ägyptens Präsident wurde.

Ende 1954 griffen die Aufständischen zur Waffe, die Revolte entwickelte sich zum Algerienkrieg. 1962 sollte der lange Kampf die Unabhängigkeit Algeriens zur Folge haben. Frankreich versuchte ab 1954 mit bis zu einer halben Million Soldaten und Polizisten, die Proteste der Algerier gewaltsam zu unterdrücken.

Die Verstaatlichung des Suezkanals provozierte Frankreich und Großbritannien. Ein anderes Vorgehen Nassers betraf die israelische Regierung. Ägyptisches Militär blockierte die Straße von Tiran für israelische Schiffe. Der Seeweg führt vom Roten Meer zum Golf von Aqaba nach Israel. Die israelische Hafenstadt Eilat am Roten Meer konnte nicht mehr angesteuert werden. Französische, englische und israelische Regierungsvertreter trafen sich daraufhin zu geheimen Verhandlungen. Die drei Staaten fühlten sich von Nassers Aktionen am meisten provoziert. Ebenso kam es auf arabischer Seite zu verschiedenen Gesprächen. Ägypten und Syrien schlossen ein Verteidigungsabkommen und gründeten ein gemeinsames Oberkommando der Armee.

Das war das Zeichen für Frankreich, England und Israel, nicht länger zu warten, sondern die von Anfang bis Ende komplett durchgeplante »Operation Musketier« einzuleiten. Ende Oktober 1956 flog die israelische Luftwaffe einen Überraschungsangriff über dem ägyptischen Sinai. Bodentruppen eroberten den Gazastreifen und den größten Teil der Sinai-Halbinsel. Frankreich und Großbritannien stellten Ägypten und Israel ein Ultimatum, die kriegerischen Handlungen einzustellen. Das war eine Falle der Briten und Franzosen, denn sie spekulierten darauf, dass Nasser ablehnen würde. Daraufhin würden sie mit der Erklärung, den wichtigen Seeweg schützen zu wollen, Ägypten angreifen.

Nasser reagierte wie erwartet: Er setzte den Krieg fort. Britische sowie französische Kampfflugzeuge bombardierten kurz darauf Militärflughäfen und weitere Armeestützpunkte in Ägypten. Innerhalb von 48 Stunden war fast die komplette ägyptische Luftwaffe ausgeschaltet. Israelische Soldaten kämpften indessen am Boden gegen ägyptische Truppen im Sinai und im Gazastreifen. Bald landeten die ersten Fallschirmjäger in der ägyptischen Hafenstadt Port Said am Eingang des Suezkanals.

Der Palästinenser **Chalil Nedschem** erinnert sich an seinen kurzen Einsatz im Suezkrieg: »Ich schloss mich als Freiwilliger den Ägyptern im Kampf gegen die Israelis an. Aber ich feuerte in dem ganzen Krieg keinen einzigen Schuss ab. Ich war in einer der Baracken an der Grenze stationiert. Als die israelischen Soldaten näher rückten, da sah ich Panzer und Flugzeuge. Dem konnte ich nichts entgegnen und rannte weg. Ich hatte nur ein altes Gewehr mit Einzelschuss, und der Kampf an der Front war bereits verloren. Die Israelis kamen später ins Flüchtlingslager und forderten uns auf, die Waffen abzugeben. Ich gab meine Waffe ab und zog meine Uniform für immer aus.«

Der Palästinenser **Rafiq Choudari** sah die israelischen Soldaten in Gaza-Stadt. »Alle Männer wurden auf einem großen Platz versammelt. Die Soldaten bildeten zwei Gruppen. Die einen von uns durften nach Hause gehen. Ich gehörte zu denen, die bleiben mussten. Sie machten Fotos von uns und suchten nach Fedayin. Einige von uns nahmen sie dann mit, und sie galten für mehrere Monate als vermisst, bis wir einige Monate später ihre Leichen entdeckt haben.«

Die UN-Vollversammlung forderte ein Ende der Kampfhandlungen. Israel zog sich nach zähen Verhandlungen im Frühjahr 1957 aus den eroberten Gebieten wieder zurück. UN-Friedenstruppen sicherten von nun an die Grenzen zwischen Israel, dem Gazastreifen und Ägypten. Die von Ägypten unterstützten Fedayin konnten ihre Angriffe auf Israel vorerst kaum fortsetzen.

Doch der Schein vom Frieden trog. Hinter den Kulissen rüsteten alle Seiten auf. Bereits vor dem Suezkrieg verkaufte die Sowjetunion den Ägyptern Panzer, Artilleriegeschütze, Raketenwerfer, Bomber und Jagdflugzeuge. Israels Waffenlieferant Nummer eins war Frankreich. Ein Teil der Lieferung war – wie Militärexperten überall auf der Welt glauben – die französische Atomtechnologie.

Die Suezkrise hatte weitreichende Folgen: Die Sowjetunion konnte ihren Einfluss im Nahen Osten weiter ausbauen. Zugleich sank nach ihrem Militäreinsatz im Schulterschluss mit Israel das Ansehen der westlichen Staaten in der arabischen Welt. Der ägyptische Präsident Nasser entwickelte sich zu einem Mythos, nicht nur in Ägypten. Er hatte es mit den Großmächten Frankreich und Großbritannien aufgenommen, kämpfte zugleich gegen den bei vielen Arabern unbeliebten israelischen Nachbarn.

Nasser nutzte die Gunst der Stunde. Er wollte nicht nur Ägypten führen, sondern trat für einen arabischen Nationalismus ein. In der Praxis bedeutete das einen gemeinsamen Staat, der aus Ägypten, Syrien und Palästina bestünde. Es gab keine Frage, wer diese neue Großmacht anführen sollte. Der sogenannte Nasserismus war für Israel nicht nur eine Bedrohung, sondern eine Kriegserklärung. Denn auf Nassers Karte des Nahen Ostens gab es kein Land, das Israel hieß.

Die 1960er Jahre und der Sechs-Tage-Krieg

Der ägyptische Präsident Nasser gewann immer mehr Einfluss im arabischen Raum. Viele Palästinenser verfolgten Nassers Auftritte im Radio und waren begeistert von seinen Worten. Seine Reden über einen starken arabischen Nationalismus, einen großen Nationalstaat der Araber, stießen im Gazastreifen, in Ost-Jerusalem und im Westjordanland auf offene Ohren. Die Idee gab den Palästinensern ein Stück Selbstwertgefühl zurück, das viele nach dem ersten Arabisch-Israelischen Krieg 1948/1949 verloren hatten.

Außer Israel hatte ganz besonders ein arabischer Staat keinen Gefallen an Nassers Ideen: das Königreich Jordanien. König Hussein bin Talal musste sich vor einem Aufstand der Palästinenser in den Gebieten fürchten, die seine Soldaten besetzten – dem Westjordanland und Ost-Jerusalem. Der arabische Nationalismus gefährdete seinen Machtbereich. Damit Nassers Worten keine Taten folgten, traf der jordanische Herrscher Vorkehrungen in den Palästinensergebieten.

Der Palästinenser **Nazmi al-Dschubeh** lebte damals in Ost-Jerusalem. Bereits als Kind wusste er, was der jordanische König erlaubte und was nicht. »In der Altstadt gab es die jordanische Polizei und Armee. Nicht weit von unserem Haus entfernt lag eine kleine Militärkaserne. Ich erinnere mich an Demonstrationen in der Altstadt für die arabische Einheit. Die jordanische Armee ging hart gegen jede Solidarität mit Nasser vor. Sie verhafteten viele Leute. Meine älteren Brüder wollten immer Nassers Reden im Radio hören. Doch die jordanische Armee hatte das verboten. Ich saß daher oft auf der Straße und musste aufpassen. Wenn jemand vom Geheimdienst kommt, dann sollte ich ein Signal geben. Aber woher sollte ich als Kind wissen, wie jemand vom Geheimdienst aussieht? Doch meine Brüder hörten in aller Ruhe Nasser im Radio zu.«

Was Mitte der 60er Jahre kaum jemand ahnen konnte: Die jordanische Besatzung stand tatsächlich kurz vor ihrem Ende. Viele hatten sich nach knapp zwanzig Jahren an die Präsenz der jordanischen Armee gewöhnt. Doch die Zukunft der Palästinenser sollte nicht so aussehen, wie es Nasser in seinen Reden angekündigt hatte.

Noch herrschte Alltag. Nazmi al-Dschubeh spielte in den engen und verzweigten Gassen der Jerusalemer Altstadt, die sich Jordanien einverleibt hatte. »Mein Vater war Gewürzhändler in der Altstadt. Das war eine Welt für sich. Meine Schule war dort. Wir gingen mal aus der Altstadt heraus, um spazieren zu gehen oder die Familie zu besuchen. Das war das Maximum. Die Grenze zu Israel war die Stadtmauer. Wir hatten einen großen Innenhof. Da hatten eine christlich-orthodoxe, eine jüdische und eine muslimische Familie gelebt, das war meine eigene. Das Leben mit den jüdischen Nachbarn kenne ich nicht. 1948 hatte die jüdische Familie das Haus verlassen. Mir wurde nur gesagt, man konnte im Alltag kaum zwischen uns unterscheiden. Wir feierten alle Feiertage zusammen, im sozialen, nicht im religiösen Sinne.«

Zwischen Israelis und Palästinensern, zwischen West- und Ost-Jerusalem, gab es nach dem Krieg von 1948/1949 keine Berührungspunkte mehr. Was weder die Menschen auf der einen noch auf der anderen Seite wissen konnten: Bald sollten sie sich wieder aus nächster Nähe begegnen. Denn das israelische Jordanwasserprojekt sorgte für Unruhe bei den arabischen Staaten, die Israel noch immer nicht anerkennen wollten.

Was steckte hinter diesem Vorhaben? Israel kündigte an, die Negev-Wüste großflächig bewässern zu wollen. Dazu war Süßwasser notwendig. In unmittelbarer Nähe zur Wüste lagen jedoch nur salzhaltige Gewässer: das Mittelmeer, das Rote und das Tote Meer. Im Norden Israels dagegen befand sich das größte Süßwasservorkommen der Region, der See Genezareth. Die geografische Lage macht das Problem deutlich: Der See grenzt an Syrien und Israel.

Israels Pläne sahen vor, das Süßwasser des Sees vom Norden mit einer Leitung bis in die Negev-Wüste in den Süden zu befördern. Die arabischen Staaten fanden daran keinen Gefallen, denn die Quellflüsse des Sees liegen im Libanon und in Syrien. Die Arabische Liga wollte ein Ableiten des Süßwassers mit allen Mitteln verhindern. Nicht zuletzt, weil die Bewässerung der großflächigen Negev-Wüste eine Besiedlung nach sich ziehen würde. Und ein weiterer Ausbau des jüdischen Staates lag nicht im Interesse der arabischen Länder.

Beide Seiten, die israelische und die arabische, kümmerten sich nicht um die Bedenken der jeweils anderen. Israel arbeitete weiter am Jordanwasserprojekt, die Arabische Liga begann mit Gegenmaßnahmen. Die Staaten bereiteten die Ableitung der Quellflüsse vor, was auf lange Zeit gesehen ein Ende des großen Süßwasserspeichers bedeuten würde. Die Lage war mehr als angespannt.

Ägyptens Präsident Nasser geriet in andere Schwierigkeiten. Seinen populären Reden über den arabischen Nationalismus mussten nach Ansicht seiner Anhängerschaft Taten folgen. Er war nicht der einzige arabische Politiker mit großen Plänen, und seine Beliebtheit drohte zu schwinden. Dazu kam für Nasser innenpolitischer Druck. Die wirtschaftliche Lage im eigenen Land war miserabel. Viele Ägypter hungerten und lebten unter ärmlichsten Verhältnissen. Ein neuer Beweis von Führungsstärke schien für Nasser notwendig, nicht zuletzt, um von den Problemen der eigenen Bevölkerung abzulenken.

Am 17. Mai 1967 verlangte Nasser den Abzug der UN-Truppen aus Ägypten. Die Blauhelm-Soldaten, wie man sie nach der Farbe ihrer Helme bis heute nennt, waren zu diesem Zeitpunkt auf der Sinai-Halbinsel zur Sicherung der Grenzen zwischen Israel und Ägypten stationiert. Der damalige Generalsekretär der Vereinten Nationen, Sithu U Thant, gab Nassers Forderung nach, was für die israelische Regierung ein erstes Alarmzeichen war. Ein paar Tage später ließ Nasser die Straße von Tiran sperren. Schiffe konnten von nun an nicht mehr die israelische Hafenstadt Eilat erreichen.

Der Handel mit afrikanischen und asiatischen Ländern lief über diesen Verkehrsknotenpunkt. Israel deckte mit Lieferungen nach Eilat auch seinen Ölbedarf. Eine Pipeline geht von diesem Ort bis zu den Mittelmeerstädten Aschdod und Haifa. Israel kaufte das Öl von Indonesien und weitaus größere Mengen vom damals pro-westlichen Iran – dieses Land sollte erst später zu einem Feind Israels werden.

Die Öltanker konnten ihr Ziel in Eilat nicht mehr ansteuern, das war das eine. Hinzu kam, dass Nasser und sein syrischer Amtskollege eine Kampagne gegen den israelischen Staat begannen – offen sprachen sie von einem bevorstehenden Krieg gegen Israel. Am 26. Mai 1967 erklärte Nasser: »Dies wird eine große Schlacht, und unser Hauptziel wird sein, Israel zu zerstören. (…) Ich weiß, welche [militärischen] Mittel wir hier in Ägypten haben und was Syrien hat. Ich weiß auch, dass andere Staaten wie etwa der Irak ihre Truppen nach Syrien gesandt haben. Algerien wird Truppen senden. Kuwait auch. Sie werden Panzer- und Infanterie-Einheiten schicken. Das ist arabische Macht. Das ist die wahre Wiederauferstehung der arabischen Nation, die vielleicht kurz in Verzweiflung war.«

Syrien und Ägypten galten als sichere Verbündete, doch König Hussein von Jordanien stand vor einem Dilemma. Der jordanische Herrscher konnte im Falle eines Krieges nicht als Unbeteiligter zuschauen. Er stand unter dem Druck der Palästinenser, und sie waren im jordanischen Königreich in der Mehrheit. Im einverleibten Westjordanland und in den Flüchtlingslagern Jordaniens lebten nach dem ersten Arabisch-Israelischen Krieg weit mehr Palästinenser als gebürtige Jordanier im jordanischen Kernland.

Hussein sah die eigene Macht gefährdet und unterzeichnete am 30. Mai 1967 einen Verteidigungspakt mit Ägypten. Israel reagierte mit der Bildung einer »Regierung der nationalen Einheit«. An der Spitze standen nun der kriegserfahrene General Mosche Dayan als Verteidigungsminister und Menachem Begin als Minister ohne eigenen Amtsbereich. Dayan genoss seit seiner Zeit als Oberbefehlshaber im Suezkrieg 1956 ein hohes Ansehen in der israelischen Bevölkerung.

Neben der »nationalen Einheit« der israelischen Regierung half die internationale Unterstützung. Doch Frankreich zeigte nach dem langen Algerienkrieg und dem international sehr umstrittenen Suezkrieg kein Interesse mehr an einem Militäreinsatz. Weitere kriegerische Auseinandersetzungen mit arabischen Ländern sollten vermieden werden. Mit den USA rückte ein anderer Verbündeter in den Vordergrund. Seit John F. Kennedys Amtszeit von 1961 bis 1963 lieferten die Vereinigten Staaten verstärkt Rüstungsgüter an Israel.

Betrug die militärische Hilfe der Vereinigten Staaten für Israel 1959 etwa 400 000 US-Dollar, so stieg sie bald auf mehrere Millionen Dollar pro Jahr an.

Wieso unterstützte die US-Regierung den israelischen Staat? Weil ein starkes Israel in ihrem eigenen Interesse war. Der Kalte Krieg bestimmte damals das weltpolitische Handeln. Der große Feind der USA war die Sowjetunion. Der Chef der Kommunistischen Partei, Leonid Breschnew, ließ die ägyptischen Munitionslager und Kasernen mit Rüstungsgütern auffüllen. Ein Sieg Ägyptens über Israel würde die Macht der Sowjetunion weiter vergrößern, den von den Vereinigten Staaten gefürchteten Kommunismus weiter stärken. Wie bei einem Dominospiel würde ein Stein den nächsten umstürzen – in der US-Administration war bereits seit dem Beginn des Kalten Krieges von der Domino-Theorie die Rede.

Einen direkten Eingriff in das Geschehen im Nahen Osten, wie es ein Militäreinsatz gewesen wäre, konnte sich die US-Regierung jedoch nicht leisten. Also schickte sie Raketen, Panzer und Flugzeuge, aber keine eigenen Bodentruppen und keine mit US-Piloten bemannten Kampfjäger nach Israel. Für dieses Verhalten gab es im Krisenjahr 1967 einen guten Grund. In Vietnam tobte seit Jahren ein Krieg, der für die USA im Desaster enden sollte. Über 400 000 US-Soldaten kämpften in Südostasien. Für den Konfliktherd in Nahost hatte das US-amerikanische Militär keine kampfbereiten Truppen mehr zur Verfügung.

Die Ereignisse im Nahen Osten spitzten sich indessen zu: Die Reaktion der Nachbarstaaten auf das Jordanwasserprojekt, die israelfeindliche Propaganda Ägyptens und Syriens, das faktische Abschneiden des Seeweges zum Hafen von Eilat, die arabischen Militärbündnisse und die Mobilisierung der Truppen – all das erschien Israel als eine Bedrohung, wenn nicht als eine Vorstufe zum Krieg. Am 5. Juni 1967 reagierte Israel mit einem Überraschungsangriff seiner Luftwaffe. Nach 180 Minuten waren fast alle ägyptischen Flugzeuge zerstört. Die wenigsten Maschinen hatten überhaupt abheben können. Der syrischen Armee erging es ebenso.

Die israelische Regierung bot dem jordanischen König an, sein Land zu verschonen. Doch Hussein bin Talal wollte nichts von Frieden wissen, denn die ägyptischen Nachrichten verkündeten einen Erfolg nach dem anderen. Den Meldungen nach standen die ägyptischen Soldaten bereits vor Tel Aviv. Der jordanische Herrscher wollte zu den Siegern gehören. Was er nicht wusste: Die ägyptischen Erfolgsmeldungen waren nichts als Propaganda. Keine von ihnen stimmte.

Nach König Husseins Entscheidung gegen den jüdischen Staat marschierten israelische Soldaten in das Westjordanland und in Ost-Jerusalem ein. Der Palästinenser **Abdul-Karim Lafi** flüchtete. »Ich lebte mit meiner Mutter und meinen Geschwistern hier in Beit Safafa [einem Stadtteil in Ost-Jerusalem]. Mein Vater arbeitete in Kuwait. Als die Kämpfe begannen, forderte uns ein jordanischer Polizist auf, das Haus zu verlassen. Meine Mutter flüchtete mit uns nach Bethlehem. Wir liefen mit ein paar Sachen zum Essen und Anziehen in den benachbarten Ort. Dort übernachteten wir in einer Schule, bis der Krieg zu Ende war. Als wir zurückkamen, waren die jordanischen Soldaten weg, stattdessen sah ich israelische.«

Jakob Katzir trug die israelische Uniform. Er hatte bereits 1956 im Suezkrieg gekämpft. Nun gehörte er zu den Soldaten, die im Norden des Landes die syrischen Golan-Höhen eroberten. Seine Ausrüstung war nicht die neueste. »Es war nicht leicht, mit den alten Sherman-Panzern [US-Panzern aus dem Zweiten Weltkrieg] die Golan-Höhen hochzukommen. Es gab kleine Siedlungen, auch Beduinen, doch die gingen weg. Wir kämpften kaum – abgesehen von der Stadt Kuneitra, dort lebten syrische Soldaten und ihre Familien.«

Die Israelis rückten schnell vor und überraschten damit viele Palästinenser. **Halima Sanakre** wohnt im Flüchtlingslager und sah die Soldaten in Nablus einmarschieren. »Wir dachten, es sind arabische Soldaten, und freuten uns. Plötzlich wurde auf uns geschossen. Wir flüchteten, übernachteten in Höhlen und liefen bis zur jordanischen Grenze. Wir kehrten später mit der Hilfe des Roten Kreuzes ins Camp zurück.«

Der Palästinenser **Nazmi al-Dschubeh** erlebte den israelischen Einmarsch in Ost-Jerusalem. »Mein Großvater hörte so viele Stimmen und dachte, die irakische Armee hat bereits Jerusalem erreicht. Es hieß zuvor, die Iraker hätten Soldaten geschickt. Er kochte einen großen Topf mit Tee und ging damit auf die Straße. Ich hörte, wie jemand auf Arabisch ›Tür schließen!‹ rief. Mein Großvater kam zurück, die Tassen und der Topf fielen runter. Er sagte nur: ›Juden, keine Iraker.‹ Dann fiel er in Ohnmacht.«

Saman Choury wartete ebenso auf die irakische Armee, von der jeder in Ost-Jerusalem sprach. »Ich sah Panzer, die ich zuvor noch nie gesehen hatte, und dachte, es sind irakische Soldaten. Das dachten viele von uns und begrüßten die Soldaten auf der Straße. Sie feierten ihren Einmarsch, bis sich herausstellte, dass die Panzer nicht Richtung Israel rollten, sondern weiter nach Osten. Als die ersten Schüsse fielen, war klar, es sind die Panzer der Israelis.«

Nach kurzer Zeit erreichten die Armeefahrzeuge Bir Zeit, einen kleinen Ort im Westjordanland bei Ramallah. Hier überraschten die Soldaten die Palästinenserin **Georgette Saadeh**. »Ich stand im Garten und schnitt Blumen. Dann blieb ein israelischer Panzer vor unserem Haus stehen. Die Soldaten fragten mich, ob ich Orangen haben möchte. Ich sagte, wieso nicht, und sie gaben mir drei. Es waren Orangen aus Jaffa.«

Jaffa, eine der ältesten Hafenstädte der Welt, lag bereits seit dem ersten Arabisch-Israelischen Krieg 1948 auf jüdischem Staatsgebiet. Der Krieg von 1967 veränderte die Landkarte ein weiteres Mal in kürzester Zeit. Den jüdischen Staat machte der Krieg zur Besatzungsmacht. Israelische Soldaten standen im Gazastreifen, im Westjordanland, in Ost-Jerusalem, auf den Golan-Höhen und, wie 1956, auf der Sinai-Halbinsel. Wegen des schnellen Sieges der israelischen Streitkräfte war schon bald vom Sechs-Tage-Krieg die Rede.

Am 10. Juni 1967 trat ein von der UN vermittelter Waffenstillstand in Kraft. Der Sicherheitsrat der Vereinten Nationen forderte in der Resolution 242 einen »Rückzug der israelischen Streitkräfte aus Gebieten, die während des jüngsten Konflikts besetzt wurden«, und die »Anerkennung der Souveränität (…) eines jeden Staates in der Region und seines Rechts, innerhalb sicherer und anerkannter Grenzen frei von Androhungen oder Akten der Gewalt in Frieden zu leben (…).« In der französischen Übersetzung der Resolution ist nicht nur von »Gebieten«, sondern von »den Gebieten« die Rede, was einen Rückzug aus allen Teilen bedeuten würde.

Die Kriegsparteien nahmen sich die Resolution nicht zu Herzen. Die israelische Regierung hielt an den besetzten Gebieten fest. Die arabischen Nachbarländer beeilten sich nicht damit, den jüdischen Staat anzuerkennen. Der unerwartete Sieg der israelischen Armee und die Eroberung der Sinai-Halbinsel war für die Ägypter ein Schock. Ihr Präsident bekam das zu spüren. Nassers einst beliebten Reden über den arabischen Nationalismus schenkte kaum noch jemand Gehör.

Sein Ansehen sank nach dem Sechs-Tage-Krieg nirgendwo so sehr wie bei den Palästinensern. Sie standen von nun an unter politischer und wirtschaftlicher Kontrolle ihrer größten Feinde, der Israelis. Viele Palästinenser suchten nach der ägyptischen Enttäuschung nach neuen Führern und Ideen. Die bis dahin nicht sehr beachteten palästinensischen Widerstandsbewegungen stießen bald auf reges Interesse. Manche Palästinenser bildeten neue, oft radikale Gruppen.

Der Palästinenser **Nazmi al-Dschubeh** erinnert sich an die ersten Tage der israelischen Besatzung in Ost-Jerusalem: »Die israelische Armee hob die Ausgangssperre für zwei Stunden auf. Ich war mit meiner Familie unterwegs durch die Altstadt. Das marokkanische Wohnviertel lag auf unserem Weg, aber das Viertel gab es nicht mehr. Ich sah, wie Bulldozer alles dem Erdboden gleichmachten. Soldaten tanzten auf den Ruinen. Sie riefen etwas in einer Sprache, die ich nicht kannte. Sie waren alle siegestrunken. Ich fing an zu schreien. Ich kannte so viele Freunde, die da gelebt haben. Ich kannte die Gesichter des Viertels. Die Bulldozer zerstörten alles und schufen einen großen Platz für Besucher der Klagemauer. Zuvor gab es nur einen breiten Streifen vor der Mauer.«

Der in West-Jerusalem geborene **Jitzchak Feller** war mit seinem Vater auf dem Weg zur Klagemauer. Für Israelis war der Besuch dieses Ortes seit 1949 unmöglich. Mit dem Ende des ersten Arabisch-Israelischen Krieges hatten die Jordanier diesen Teil der Stadt kontrolliert. Die jordanischen Soldaten hatten die Bewohner des jüdischen Viertels vertrieben und das Gebiet verwüstet. Die Klagemauer war für Juden unerreichbar gewesen.

Der Sechs-Tage-Krieg änderte die Situation. Der vielen Juden heiligste Ort konnte wieder besucht werden. Jitzchak Feller arbeitete wie sein Vater in Israel als Reporter. »Wir betraten die Altstadt durch das Löwentor. Mein Vater war 1935 nach Israel gekommen, er erinnerte sich daher an die Klagemauer. Er war als junger Mann oft dorthin gegangen. Bis 1948 war es erlaubt, unter den Jordaniern von 1948 bis 1967 dann nicht mehr. Mein Vater legte seine Hand an die Klagemauer und stütze sich mit dem Kopf darauf ab. Ich blickte zu ihm und war wie gelähmt. Das war das erste Mal in meinem Leben, dass ich meinen Vater weinen sah. Ich weiß nicht, was für mich bewegender war, die Klagemauer oder mein Vater.«

Die Familie des Palästinensers **Nazmi al-Dschubeh** brach den Ausflug in der Altstadt ab und ging nach Hause. »Als wir zu Hause waren, schwieg mein Vater. Für zwei Wochen sah ich ihn nur in einer Ecke im Wohnzimmer sitzen. Er war nachdenklich. Aber wir mussten das Leben fortsetzen. Diese Einstellung hat uns geholfen. Die Altstadt war überfüllt mit Besuchern, sie kamen von überall aus Israel zur Klagemauer. Sie sangen auf den Straßen.«

Israels Verteidigungsminister Mosche Dayan hatte noch in den Kriegstagen die Klagemauer besucht. Der israelische Politiker erklärte: »Wir haben das geteilte Jerusalem, die gespaltene Hauptstadt Israels, von Neuem vereint; wir sind zu unseren heiligen Stätten zurückgekehrt, um uns nie wieder von ihnen zu trennen.«

Der Palästinenser Nazmi al-Dschubeh erinnert sich an den betroffenen Vater, aber auch an den wirtschaftlichen Aufschwung nach dem Krieg: »Wir waren wütend, aber wir hatten keine Wahl, und wirtschaftlich ging es uns gut. Die Israelis kauften alles, was in unserem Laden stand. Mein Vater bot Gewürze und orientalische Süßigkeiten an. Das Lager war bald leer. Es war sehr billig für sie. Der Preisunterschied zu Israel war enorm.«

Die palästinensische Wirtschaft öffnete sich für den israelischen Markt, aber stand fortan unter Kontrolle der israelischen Behörden. Der freie Warenverkehr war das eine, zugleich war es nun möglich, Verwandte und Bekannte im Gazastreifen, im Westjordanland oder in Israel verbliebene Palästinenser zu besuchen. Seit dem Krieg von 1948/1949 hatten Palästinenser im Westjordanland und im Gazastreifen getrennt voneinander gelebt. Dazwischen lag der israelische Staat. Dort lebten Palästinenser, die 1948 nicht flüchteten oder nicht

Nach dem Sechs-Tage-Krieg 1967 strömten viele Israelis zur Klagemauer in die Altstadt Jerusalems. Seit dem ersten Arabisch-Israelischen Krieg 1948/1949 war sie für Israelis nicht mehr zugänglich gewesen.

vertrieben worden waren. Nach dem Sechs-Tage-Krieg sahen sich Verwandte und Freunde aus Israel, dem Westjordanland und dem Gazastreifen nach knapp zwanzig Jahren wieder.

Muyassar Salamah kam 1928 in Nazareth auf die Welt. Als der Krieg 1948 ausbrach, trennten sich für viele die Wege. »Viele aus Nazareth flüchteten in den Libanon. Wir blieben, aber versteckten uns in einer Höhle. Ich hatte zwei Söhne und war schwanger mit dem dritten Sohn.« Die israelische Regierung erklärte Nazareth nach dem gewonnenen Krieg zum jüdischen Staatsgebiet. Der UN-Teilungsplan von 1947 hatte die fast ausschließlich von Palästinensern bewohnte Stadt ursprünglich für einen palästinensischen Staat vorgesehen.

Muyassar Salamah verließ die Höhle und kehrte zurück nach Nazareth. Dort patrouillierten von nun an israelische Soldaten. Die

Frau reiste nach dem Sechs-Tage-Krieg zum ersten Mal seit langer Zeit in das Westjordanland. Städte wie Dschenin waren für sie zuvor unerreichbar, obwohl der Ort nur etwa 30 Kilometer von Nazareth entfernt liegt.

»Es machte mich traurig, die Leute dort zu sehen – sie waren arm. Eine Frau verkaufte nur ein paar Gurken und Tomaten. Das Gemüse war sehr billig, daher kauften wir dort oft ein.« Viele Israelis handelten wie die Palästinenserin Muyassar Salamah. Sie kauften Lebensmittel bei palästinensischen Händlern. Die Reparatur von Autos oder ein Mittagessen im Restaurant kostete einen Bruchteil von dem, was in Israel bezahlt werden musste.

Anwar Arafat stellte arabische Süßigkeiten in seinem Laden in Gaza-Stadt her. Im Gazastreifen hatten vor dem Sechs-Tage-Krieg Händler und Reisende aus Ägypten eingekauft. Denn das südliche Nachbarland verwaltete das Palästinensergebiet seit dem Krieg von 1948/1949. Nach dem Sechs-Tage-Krieg erlebte **Anwar Arafat** den Rückzug der ägyptischen Soldaten. »Die Einschusslöcher des 1967er Krieges sieht man noch heute an der Wand meines Hauses. Statt ägyptischer Kunden kamen arabische Israelis und einige Juden in meinen Süßwarenladen. Sie kauften, um einmal etwas zu probieren, aber keine großen Mengen. Doch in diesem Geschäft lebt man von großen Bestellungen, 200 Kilo Süßigkeiten für eine Hochzeit zum Beispiel. Geld kommt und geht, das war nicht schlimm. Aber wir haben unsere Würde verloren – und das ist das Schlimmste.«

Die Palästinenser in Ost-Jerusalem erhielten zu ihrem jordanischen Ausweis ein weiteres Dokument. **Saman Choury** wuchs in Ost-Jerusalem auf. »Bis ich 19 Jahre alt war, lebte ich unter jordanischer Herrschaft. Ich erhielt einen jordanischen Pass. Seit 1967 lebe ich unter Israel, und ich erhielt ein Stück Papier, auf dem steht, dass ich Bewohner Jerusalems bin. Jeder dachte, er müsste mein Leben bestimmen. Aber ich bin immer derselbe Palästinenser.« **Abdul-Karim Lafi**, dem es ähnlich erging: »Ich bin auf jeden Fall Palästinenser, da gibt es für mich keinen Zweifel, die Frage ist immer nur, wie es die anderen sehen.«

Bei dem Israeli **Jitzchak Feller** legte sich die Euphorie der ersten

Tage. Einige Zeit, nachdem er mit seinem Vater von dem Gebet an der Klagemauer zurückkam, begann er zu zweifeln. »Am Anfang dachte ich, wie großartig das ist, ich war ganz hingerissen. Nach einer gewissen Zeit sah ich die Probleme und merkte, dass es nicht so leicht ist. Ich realisierte, dass der Hass gegen uns auf der anderen Seite größer wird.«

Palästinenser unter israelischer Besatzung und die Entstehung einer eigenen nationalen Bewegung unter Yassir Arafat

Ein Student machte auf dem Campus der Universität von Kairo auf sich aufmerksam. Der junge Mann führte eine palästinensische Studentenorganisation an. Die Mutter des politisch engagierten Studenten stammte aus der Familie der Husseinis, einer einflussreichen Jerusalemer Familie. Im Suezkrieg von 1956 diente er in der ägyptischen Armee als Sprengstoffexperte.

In Kuwait gründete der Palästinenser zusammen mit Mitstreitern eine eigene politische Gruppe. Sie nannten sich Harakat at-Tahrir al-Falastin, was »Bewegung zur Befreiung Palästinas« bedeutet. Die Anfangsbuchstaben der arabischen Wörter ergeben das Wort Hataf, arabisch für Tod. Rückwärts gelesen: Fatah, arabisch für Sieg. Der Palästinenser stieg zum Führer dieser Bewegung auf und sollte es bis zu seinem Tod 2004 bleiben. Sein Markenzeichen: ein weißes Tuch mit schwarzem Muster über Kopf und Schultern hängend. Kaum ein Foto zeigt Yassir Arafat ohne die sogenannte Kefije.

Ayman Afana sollte Jahrzehnte nach der Fatah-Gründung der Bewegung beitreten. Arafat war für ihn wie für viele andere Palästinenser ein Idol. An den Mauern in den Flüchtlingslagern und in den palästinensischen Städten hingen Poster von ihm. Fast täglich war er in den Zeitungen zu sehen. »Ich traf Arafat einmal in Gaza. Das war so, als würde mir jemand eine Million Dollar schenken. Ich bin, seit ich mich erinnern kann, Fatah-Mitglied. Ich sah Arafat zum ersten Mal persönlich. Wir gaben uns die Hand, und ich war wirklich glücklich.« Das Treffen fand im Jahr 2000 statt. Arafat und seine Fatah-Partei sollten außer bei ihren treuen Mitgliedern bis dahin längst nicht mehr so beliebt sein.

1967 war das noch ganz anders. Die Gruppe stieß nach dem Sechs-Tage-Krieg auf zunehmendes Interesse in der palästinensischen Bevölkerung – vor allem in den Flüchtlingslagern. Die Fa-

Kein palästinensischer Politiker erreichte bisher seine Bekanntheit: Yassir Arafat (hier 1978) war Chef der Palästinensischen Befreiungsorganisation (PLO) und Präsident der Palästinensergebiete.

tah bildete junge Männer und Frauen militärisch und politisch aus, machte sich aber gleichzeitig mit sozialen Projekten bei der breiten Bevölkerung beliebt. Das kostete Geld, doch die Finanzierung schien kein Problem zu sein. Die durch Ölverkäufe wohlhabend gewordenen Länder Kuwait und Saudi-Arabien halfen beim Aufbau der Bewegung.

Das ermöglichte der Fatah Waffeneinkäufe; man konnte sich vor allem aus sowjetischen Rüstungsbeständen versorgen. In Ländern wie Syrien und vor allem Jordanien wurden die Fatah-Kämpfer ausgebildet. Das Beschaffen von Waffen wie der sowjetischen Kalaschnikow war nach dem Sechs-Tage-Krieg ein Leichtes. Die Armeen des Nahen Ostens waren noch immer aufgerüstet, der Schwarzmarkt war überfüllt mit nicht mehr benötigten Waffen.

Die Fatah verstand sich als weltliche und nicht als religiöse Bewegung. **Hussein Abu Ahlayel** arbeitet für die Gruppe im Gazastreifen. »Ich schloss mich der Fatah an. Sie ist sehr vielseitig, es gibt muslimische Gruppen, liberale oder kommunistische. Alle Teile der palästinensischen Bevölkerung sind darin vertreten. Aber unser gemeinsames Ziel ist die Befreiung von Palästina. Wir tun alles, um das zu erreichen.«

In Israel und den besetzten Gebieten Ost-Jerusalem, Westjordanland und Gazastreifen arbeitete die Fatah streng geheim. Die Mitglieder standen auf den Fahndungslisten der israelischen Armee. Die Gruppe baute Waffenlager, Büros und Schulungscamps daher im benachbarten Jordanien auf. Die ägyptische Sinai-Halbinsel war von israelischen Soldaten besetzt, Jordanien dagegen hatte eine lange, schwer zu bewachende Grenze zu den besetzten Gebieten. Von Jordanien aus konnten Waffen und palästinensische Kämpfer leicht in das Westjordanland gebracht werden.

Das brachte König Hussein in Schwierigkeiten. Der jordanische Herrscher sah seine Macht gefährdet. Immer mehr Palästinenser in seinem Land schlossen sich den Widerstandsgruppen an. Immer weniger identifizierten sie sich mit seinem Königreich. Vor einem Umsturz konnte der jordanische Monarch nicht sicher sein. Husseins größte Sorge war dabei die Palästinensische Befreiungsorganisation, kurz PLO (aus dem Englischen für Palestine Liberation Organization). Sie unterhielt Büros in Amman, Jordaniens Hauptstadt.

Mehrere arabische Staaten hatten die PLO auf einer Gipfelkonferenz der Arabischen Liga 1964 ins Leben gerufen. Sie entwickelte sich zu einer Dachorganisation der verschiedenen palästinensischen Parteien und Bewegungen. Die PLO sollte die Interessen aller Palästinenser vertreten, also auch der palästinensischen Flüchtlinge, die in anderen Ländern lebten. Yassir Arafat stand als Vertreter der Fatah auch bald an der Spitze der PLO; von 1969 bis zu seinem Tod im November 2004 sollte er den Vorsitz innehaben. Der größte Förderer der PLO in ihrer Gründungszeit war der ägyptische Präsident

Gamal Abdal Nasser, der schon seit Jahren palästinensische Kämpfer unterstützte.

1968 verabschiedete die PLO ein Grundsatzprogramm, die »Palästinensische Nationalcharta«. Palästina sei »das Heimatland des arabischen, palästinensischen Volkes«, heißt es in dem 33 Artikel umfassenden Dokument. Die Grenzen des Landes seien die Grenzen des britischen Mandats. Die Gründung Israels sei »völlig illegal«. Und: »Der bewaffnete Kampf ist der einzige Weg zur Befreiung Palästinas.« Der Palästinenser müsse »auf den bewaffneten Kampf vorbereitet werden und bereit sein, Besitz und Leben zu opfern, um sein Vaterland wiederzugewinnen und dessen Befreiung herbeizuführen.«

Dem jordanischen König bereiteten die radikalen Palästinensergruppen zunehmend Probleme. Im September 1970 planten sie gar ein Attentat auf ihn, das gerade noch vereitelt werden konnte; von da an ging der jordanische Monarch mit aller Härte gegen die palästinensischen Gruppen in seinem Land vor. Die jordanische Armee bekämpfte die Aktivisten der PLO. Es kam zu bürgerkriegsartigen Zuständen in den Straßen von Amman. Zugleich entführten radikale Palästinenser mehrere Passagierflugzeuge. Seither spricht man vom »Schwarzen September«. Die PLO musste daraufhin das Königreich verlassen. Dies bedeutete jedoch nicht das Ende der Organisation. Die PLO errichtete ihren neuen Sitz in der libanesischen Hauptstadt Beirut.

Eine Gruppe erregte zu dieser Zeit besondere Aufmerksamkeit. Die Volksfront für die Befreiung Palästinas, kurz PFLP (englisch für Popular Front for the Liberation of Palestine). Die PFLP war wie die Fatah in der PLO vertreten. George Habasch hatte die Gruppe 1967 nach dem Sechs-Tage-Krieg gegründet. Seine Eltern gehörten als christliche Palästinenser zu einer – wenn auch einflussreichen – Minderheit. Die meisten Bewohner der besetzten palästinensischen Gebiete waren Muslime. Als junger Mann flüchtete Habasch während des ersten Arabisch-Israelischen Krieges 1948/1949 von Palästina in den Libanon. Dort studierte er Medizin und ging in die Politik. Das erklärte Ziel der PFLP war ein vereinigter arabischer Staat. Israel hatte nach Ansichten der radikalen Gruppe keine Existenzberechtigung; westliche Staaten sollten keinen Einfluss mehr auf die Region nehmen.

Für weltweites Aufsehen sorgte die Gruppe »Schwarzer September«, der Mitglieder von Fatah und PFLP angehörten. Der Name sollte an den September 1970 in Jordanien erinnern, als die radikalen palästinensischen Organisationen das Land verlassen mussten. Acht Aktivisten des »Schwarzen September« drangen während der Olympischen Sommerspiele 1972 in München in das Quartier der israelischen Athleten ein. Dort nahmen sie elf Israelis als Geiseln. Die Gruppe forderte unter anderem die Freilassung von über 200 in Israel inhaftierten Palästinensern.

Die Geiselnahme endete in einem Blutbad, bei dem alle elf israelischen Sportler, fünf der acht Mitglieder des »Schwarzen September« und ein deutscher Polizist ums Leben kamen. Steven Spielbergs Film »München« zeigt die Ereignisse dieser Tage. Der Schwerpunkt des Filmes liegt aber auf der israelischen Militäroperation »Zorn Gottes«. Agenten des israelischen Geheimdienstes Mossad spürten die mutmaßlichen Drahtzieher der Geiselnahme weltweit auf und töteten sie.

Die Entführungen und Gewaltaktionen der PFLP hatten bei eigenen Mitgliedern für Unmut gesorgt; hinzu kamen interne Streitereien. Eine Splittergruppe hatte sich bereits 1969 gegründet und DFLP genannt – doch auch sie schwor der Gewalt keineswegs ab. Das D steht für demokratisch (DFLP, englisch für Democratic Front for the Liberation of Palestine). **Nazmi al-Dschubeh** gehörte ihr an. Der Palästinenser aus Ost-Jerusalem hatte in der Schulzeit seine ersten politischen Erfahrungen gesammelt. »Ein Lehrer hat mich beeinflusst, und ich ging in die Politik. Ich trat der Kommunistischen Partei Jordaniens bei. Aber jede Form von Organisation war in Israel verboten. Wir verteilten Zeitungen. Die wurden heimlich gedruckt, darin wollten wir das Bewusstsein gegen die Besatzer stärken. Ich war ein guter Redner. Jeden zweiten oder dritten Tag konnten wir einen kleinen Protest organisieren. Die Besatzer wollten Normalität schaffen, das wollten wir verhindern.«

Die israelische Regierung war dazu entschlossen, mit allen Mitteln gegen Demonstrationen vorzugehen. Die Kämpfe zwischen

Palästinensern und der israelischen Armee endeten oft blutig. Nazmi al-Dschubeh kann sich an die Auseinandersetzungen erinnern: »Die Soldaten kamen, und wir warfen Steine. Sie benutzten Tränengas oder griffen uns auf Pferden mit Stöcken an. Ich war 30 Monate lang in verschiedenen Gefängnissen inhaftiert. Das Urteil lautete: Bildung einer illegalen Organisation. Manchmal verhafteten mich die Soldaten jede zweite Woche, immer wenn das Land in Unruhe war. Ich war mehrere Male in Administrativhaft [Haft ohne Gerichtsverfahren]. Ich lernte im Gefängnis Hebräisch. Denn jeder brachte jedem etwas bei. Ich unterrichtete Geschichte und Kunst.«

Die Palästinensergruppen verwenden oft Symbole, die zeigen, um was es ihnen geht und wie es erreicht werden soll. Beim Emblem der Fatah sind zwei sich kreuzende Gewehre zu sehen, eine Handgranate und dahinter, wie beim Symbol der PFLP, die historische Landkarte Palästinas ohne den existierenden Staat Israel.

1973 – Jom-Kippur-Krieg für die einen, Ramadan-Krieg für die anderen

6. Oktober 1973, der jüdische Versöhnungstag Jom Kippur. **Jitzchak Feller** bereitete sich auf den morgendlichen Gang zur Synagoge vor. An ihrem wichtigen Feiertag besuchen viele Juden die Gottesdienste, die bis zum Sonnenuntergang anhalten. Danach wird das Fasten beendet, und manche nehmen dann das erste Mal seit 24 Stunden wieder etwas zu Essen und Trinken zu sich. An Jom Kippur 1973 sollte alles anders sein – auch für Jitzchak Feller.

»Ich war auf dem Weg zur Synagoge, und ich hörte den Verkehr auf der Straße. Es war gegen 9.30 Uhr am Morgen, am Feiertag. Das war wirklich seltsam. Ich dachte mir, es ist zu viel los auf den Straßen für diesen Tag. Nach dem Gottesdienst sah ich noch mehr Fahrzeuge – Militärfahrzeuge. Dann gab es im ganzen Land Sirenenalarm.«

Was war geschehen? Die ägyptische Armee hatte israelische Soldaten auf der Sinai-Halbinsel angegriffen. Dort waren israelische Truppen stationiert. Zugleich marschierten syrische Einheiten in die Golan-Höhen ein. Beide Gebiete hielt Israel seit dem Sechs-Tage-Krieg 1967 besetzt. Israel befand sich innerhalb weniger Stunden in einem Zwei-Fronten-Krieg. Weder in der ägyptischen Wüste im Süden noch in der Gebirgsregion im Norden gab es eine ausreichende Verteidigung. Viele israelische Soldaten verbrachten den Feiertag zu Hause.

Die aufheulenden Sirenen beendeten augenblicklich den Heimataufenthalt. **Metuka Alper** saß mit ihrem Mann Zvi im Wohnzimmer. »Wir haben vier Kinder. Wir sahen auf der Straße die Soldaten. Dann erhielten wir einen Anruf der Armee. Das war sehr hart. Mein Mann sagte ›Schalom‹ zu den Kindern und ging. Einer der Jungen war erst ein Jahr alt und begann zu weinen.« Ihr Mann erinnert sich an den Tag: »Der Krieg kam überraschend. Ich hatte keine Zeit, nahm nur meine Uniform und die Stiefel von zu Hause mit.«

Der Krieg von 1973 sollte mit der Bezeichnung des jüdischen Feiertages Jom Kippur in die israelischen Geschichtsbücher eingehen. Araber sprechen dagegen häufig vom Ramadan-Krieg, denn es war zugleich der muslimische Fastenmonat. Die ägyptischen Streitkräfte nannten den Angriff auf Israel »Operation Saladin«. Der muslimische Herrscher hatte im Oktober 1187 nach Christus Jerusalem erobert. Die Stadt lag damals seit dem Einmarsch der Kreuzritter in christlicher Hand.

Den Israeli **Jakob Katzir** schreckten die Sirenen am Strand von Haifa auf. »Ich habe mit Freunden am Meer übernachtet. ›Was ist das?‹, hat mich ein Freund gefragt. ›Das Militär ruft zum Frühstück‹, habe ich zum Spaß geantwortet. Doch dann sah ich wirklich überall Soldaten. Jemand rief mir zu: ›Schnell, wir haben Krieg mit Syrien und Ägypten.‹ Ich fuhr sofort mit dem Taxi nach Hause, das Militär hatte schon nach mir gesucht und wollte mich abholen. Ich war Major.«

Avi Goren überraschte der Angriff nicht. Der Soldat gehörte zu den wenigen Armeeangehörigen, die auf der von Israel besetzten Sinai-Halbinsel stationiert waren. »Ich sah auf ägyptischer Seite immer mehr Panzer und Soldaten. Die Ägypter bereiteten auch die Überquerung des Kanals vor. Dinge, die wir alle sehen konnten. Wir wurden in den Alarmzustand versetzt, schliefen jede Nacht in der Uniform. Innerhalb von fünf Minuten mussten wir einsatzbereit sein.«

Die ägyptische Armee schien den Angriff lange vorbereitet zu haben. Die Soldaten überquerten schnell den Suezkanal. Zuvor hatte die ägyptische und syrische Luftwaffe einen Angriff auf israelische Stellungen geflogen. Der israelische Soldat Avi Goren: »Ich stand vor dem Suezkanal in der ersten Minute, als es losging. Der gelbe Wüstensand am Horizont wurde schwarz. Es regnete Raketen auf uns, und sie stoppten einen Panzer nach dem anderen. Ich war Panzerfahrer und fuhr ein Fahrzeug, das wir im 67er Krieg von den Jordaniern eroberten. Wir waren vier Leute: ein Verantwortlicher, ein Fahrer, einer an der Kanone und einer, der nachlud. Wir versuchten unsere Position am Kanal zu erreichen, von der aus wir die Ägypter an der Kanalüberquerung hindern konnten. Wir feuerten wie verrückt Löcher in ihre Boote. Viele Ägypter konnten nicht schwimmen und hatten schwere Ausrüstung geladen.«

Mit den ägyptischen Einheiten lieferte sich Avi Goren in den ersten Stunden des Krieges heftige Kämpfe. »Wenn die Ägypter meinen Panzer trafen, gab es Verletzte, manchmal Tote, und ich wechselte das Team. Ich hatte sechs Tage kaum geschlafen und gegessen. Ich war todmüde. Einmal brannte der ganze Panzer. Ich verlor das Bewusstsein und wachte erst auf, als es sehr heiß war. Ich fing an zu schreien: ›Ich bin tot, ich bin tot.‹ Dann wurde mir klar, wenn ich schreien kann, bin ich nicht tot.«

Major **Jakob Katzir** sah andere israelische Soldaten in ziviler Kleidung kämpfen. Viele hatten nicht genug Zeit gehabt, sich auf den Krieg vorzubereiten. »Die Syrer beschossen uns mit Raketen. Ich kämpfte drei Tage und Nächte, ohne zu schlafen, hatte kaum Essen und Trinken. Sogar das Benzin für die Panzer wurde knapp. Wir kämpften mit der Uzi [israelische Maschinenpistole] und mit den Kalaschnikows der toten syrischen Soldaten. Nach ein paar Tagen stießen mehr Soldaten zu uns. Diesen Kampf werde ich nie vergessen. In so einem Krieg vergisst du Frau und Kinder. Du denkst nur: Was kann ich machen, um nicht zu sterben?«

Metuka Alper wartete auf eine Nachricht von der Front, auf ein Lebenszeichen ihres Mannes. »Ich war sehr besorgt. Meine Mutter kam zu mir und half mir mit den Kindern. Ich ging weiterhin jeden Tag zur Schule, um dort zu arbeiten. Ich lehrte Literatur und hebräische Sprache an einer religiösen Schule. Dann gab es den ersten Brief von ihm.«

Die Folgen des Krieges von 1973 reichten weit über die Grenzen des Nahen Ostens hinaus. Die arabischen Staaten nutzten ihre reichen Ölvorkommen, um den Druck auf die westlichen und eher pro-israelisch eingestellten Staaten zu erhöhen. In Ländern wie Saudi-Arabien, Irak und Kuwait liegen die meisten der bisher bekannten Erdölvorkommen. Die arabischen Regierungen erhöhten 1973 den Verkaufspreis, das löste in vielen westlichen Staaten eine

→ Verwundete israelische Soldaten beim Jom-Kippur-Krieg 1973 auf den Golan-Höhen, die Israel im Sechs-Tage-Krieg von Syrien eroberte.

wirtschaftliche Krise aus. Der Krieg sollte jedoch schon bald entschieden sein.

Die Israelin Metuka Alper hoffte auf den Sieg, der Palästinenser **Saman Choury** auf eine Niederlage Israels. Der Palästinenser half im Untergrund palästinensischen Gruppen. Der überraschende Angriff der arabischen Staaten kam für ihn zur richtigen Zeit. »Ich war glücklich, weil ich dachte, dass meine Befreiung bevorsteht. Ich wartete auf die jordanische Armee.«

Der jordanische König Hussein zeigte an einem großen Militäreinsatz seiner Armee jedoch kein Interesse. Die arabischen Länder hatten wie beim ersten Arabisch-Israelischen Krieg unterschiedliche Pläne mit den Palästinensergebieten. Der ägyptische Präsident Mohammed Anwar as-Sadat sicherte das Westjordanland der PLO zu. Die Palästinensische Befreiungsorganisation war spätestens seit dem »Schwarzen September« 1970 ein Erzfeind Jordaniens. König Hussein hatte daher andere Pläne mit dem Westjordanland – er wollte es wie bereits nach dem ersten Arabisch-Israelischen Krieg in sein Königreich eingliedern.

Die israelische Armee konnte den Vormarsch der arabischen Einheiten stoppen und machte bald Landgewinne. Die jüdischen Kämpfer drangen tief in syrisches Gebiet ein. Die Luftwaffe bombardierte die syrische Hauptstadt Damaskus. In Ägypten überquerten israelische Soldaten den Suezkanal und näherten sich Kairo.

Etwa 2700 Israelis und 20000 Syrer und Ägypter starben bis zum Waffenstillstand mit Syrien am 22. Oktober und Ägypten am 24. Oktober 1973. Wie bei allen Arabisch-Israelischen Kriegen lagen die jeweiligen Angaben über Opferzahlen weit auseinander. Fest steht, dass die israelischen Soldaten besser ausgebildet waren als ihre arabischen Gegner. Sie besaßen mehr Erfahrung, manche hatten bereits 1948, im Suezkrieg 1956 und im Sechs-Tage-Krieg 1967 gekämpft. Zudem hatte es seit 1967 immer wieder Einsätze in den besetzten Palästinensergebieten gegeben. Da die einst streng geheimen israelischen Militärdokumente inzwischen veröffentlicht sind, kann die Zahl der israelischen Opfer als sicher gelten. Bei der Zahl der arabischen Opfer sind die Historiker auf Schätzungen angewiesen.

Der Sicherheitsrat der Vereinten Nationen hatte am 22. Oktober 1973 einstimmig die Resolution 338 verabschiedet. Darin heißt es: »Der Sicherheitsrat beschließt, dass sofort und gleichzeitig mit der Feuereinstellung Verhandlungen zwischen den beteiligten Parteien unter geeigneter Schirmherrschaft mit dem Ziel aufgenommen werden, einen gerechten und dauerhaften Frieden im Nahen Osten herzustellen.« Zugleich sollten die Staaten im Nahen Osten damit beginnen, die Resolution 242 umzusetzen. Diese forderte den Abzug der israelischen Truppen aus den besetzten Gebieten; zugleich wurden die arabischen Länder aufgefordert, den Staat Israel anzuerkennen.

Major **Jakob Katzir** musste nach dem Jom-Kippur-Krieg ein bitteres Fazit ziehen: »Ich habe 17 Soldaten verloren, von 82 Männern. Die Eltern wollten immer von mir wissen, wo und wie ihr Sohn gestorben ist. Ich sage immer: ›Er ist sofort gestorben, er musste nicht leiden, hier, an diesem Platz, nach einer Sekunde war er tot.‹ Soll ich sagen, dass er im Panzer verbrannt ist? Es ist schwer, ein Offizier zu sein. Bei uns gibt es ein Lied, ›Hagvarim bochim balaila‹, das heißt ›Die Männer weinen nur bei Nacht‹, ein wunderschönes Lied. Ich habe schon viele Männer weinen sehen, auch bei Tag.«

Mit dem Ende der Kampfhandlungen waren auch die Tage der israelischen Ministerpräsidentin Golda Meir gezählt. Sie stand im Mittelpunkt der öffentlichen Kritik in ihrem Land. Wie konnten Ägypten und Syrien ungestört diesen Krieg vorbereiten? Wieso lagen dem israelischen Auslandsgeheimdienst Mossad keine Informationen vor? Diese unbequemen Fragen konnte die israelische Regierung nicht beantworten. Golda Meir trat zusammen mit ihrem Verteidigungsminister Mosche Dayan zurück.

Ursachen für die unterlassenen Vorbereitungen könnten in den Folgen des Sechs-Tage-Krieges zu finden sein. Kaum jemand schien in Israel nach dem schnellen Sieg über die arabischen Angreifer eine weitere Attacke für möglich zu halten – schon gar nicht nach so kurzer Zeit.

Abraham Bar-Am machte in der Armee Karriere. Der langjährige Berufssoldat sieht auch die wirtschaftlichen Gründe: »Jeder glaubte, dass der Krieg kommt. Aber irgendwie kam das nicht an.

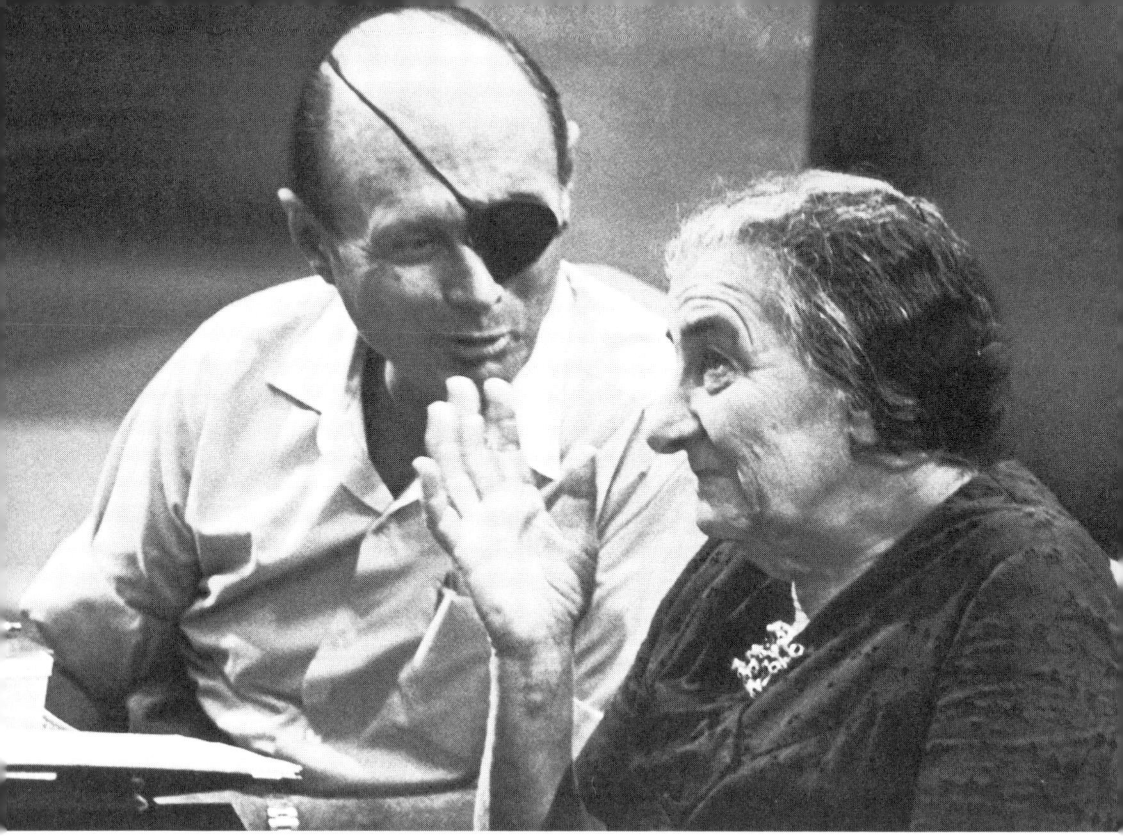

Israels Ministerpräsidentin Golda Meir und Verteidigungsminister Mosche Dayan.

Wir sagten, wir sollten uns vorbereiten. Sollten, sollten, sollten … Wir trafen Vorbereitungen. Aber an den Grenzen zu den Ägyptern und Syrern haben wir nicht viel gemacht. Unsere Armee basiert auf der Reserve. Aber die Reserve zu mobilisieren, ist sehr teuer, weil dadurch die ganze Wirtschaft blockiert wird.«

Zur Reserve gehörte Major **Jakob Katzir**. Nach dem Krieg 1973 ging er zurück an seinen zivilen Arbeitsplatz. »Ich arbeitete bei Egged, der staatlichen Busgesellschaft, als Mechaniker. Später zeigte ich amerikanischen, polnischen und russischen Touristen Israel.« Das israelische Reisegebiet verkleinerte sich nach dem Krieg wieder. Die besetzte Sinai-Halbinsel wurde 1982 an den ägyptischen Staat zurückgegeben. Die Golan-Höhen wollte die israelische Regierung dagegen nicht an Syrien zurückgeben. UN-Soldaten sichern die Grenze zum Nachbarland.

Der Rückzug der israelischen Streitkräfte aus Ägypten hatte

viele Ursachen. Eine davon war das Verhalten von Anwar as-Sadat. Der ägyptische Präsident hatte zwar den Überraschungsangriff an Jom Kippur auf Israel zu verantworten. Doch im November 1977 zeigte sich der einstige Falke als Friedenstaube. Für die Rückgewinnung der ägyptischen Sinai-Halbinsel war as-Sadat zu allem bereit. Er wollte mit Israel Frieden schließen und bot sogar an, vor der Knesset, dem israelischen Parlament, zu sprechen. Der israelische Ministerpräsident Menachem Begin nahm as-Sadat beim Wort und lud ihn nach Jerusalem ein.

Die Rede des ägyptischen Präsidenten hinterließ nicht nur bei den israelischen Abgeordneten Eindruck. Das erste Mal seit der Staatsgründung Israels sprach ein arabischer Staatsmann von Frieden mit den jüdischen Nachbarn. »Wir alle in diesem Lande Gottes – Muslime, Christen und Juden – loben alle Gott und sonst niemanden. Und Gottes Lehre und Forderung lautet: Liebe, Aufrichtigkeit, Frieden. Sie wollen mit uns leben in diesem Teil der Welt. Ich erkläre Ihnen in aller Ernsthaftigkeit: Wir heißen Sie unter uns willkommen. Wir lehnten Sie ab. Wir hatten dafür unsere Gründe und unsere Ansprüche. (…) Aber heute sage ich Ihnen – und ich sage es der ganzen Welt –, dass wir mit Ihnen leben wollen in einem dauerhaften, gerechten Frieden.«

US-Präsident Jimmy Carter schaltete sich ein und lud den ägyptischen Präsidenten und den israelischen Ministerpräsidenten zu weiteren Friedensverhandlungen ein. Auf seinem Landsitz im US-amerikanischen Camp David verhandelten die einst größten Gegner as-Sadat und Begin tagelang. Am Ende stand im März 1979 der ägyptisch-israelische Friedensvertrag. Bereits im Jahr zuvor hatten Menachem Begin und Anwar as-Sadat für ihre Bemühungen den Friedensnobelpreis erhalten.

Der ägyptische Präsident machte sich in der arabischen Welt mit seiner israelfreundlichen Politik viele Feinde. Zu seinen größten Kritikern gehörten Palästinenser und radikale Muslime, die Israel das Existenzrecht absprachen. Am 6. Oktober 1981 fiel Anwar as-Sadat einem Attentat zum Opfer. Ein Mitglied des Ägyptischen Islamischen Dschihad erschoss den Präsidenten auf einer Militärparade in Kairo.

Was verbirgt sich hinter der Dschihad-Bewegung? Das arabische Wort Dschihad steht für Bemühung oder Anstrengung und bedeutet im religiös-muslimischen Sinne den bedingungslosen Einsatz für Gott und die Umma – die Gemeinschaft der Muslime (das arabische Umma entspricht der Gemeinschaft oder dem Volk). Bedingungslos kann heißen: ohne Rücksicht auf das eigene Leben oder Eigentum. Beim sogenannten großen Dschihad ist der Kampf des Gläubigen mit sich selbst und gegen eigene Verfehlungen gemeint. Beim kleinen Dschihad geht es um die Verteidigung und Verbreitung des Islam. Oft wird Dschihad fälschlicherweise pauschal mit »Heiliger Krieg« übersetzt. Die syrische und iranische Regierung stehen den Dschihad-Organisationen zum Teil sehr nahe. Der zwischen 1979 und 1980 gegründete Palästinensische Islamische Dschihad hat seinen Sitz in der syrischen Hauptstadt Damaskus.

Ereignisse im Iran hatten die Gründung des Islamischen Dschihad gefördert: Dort gingen in den Jahren 1978 und 1979 Hunderttausende Iraner auf die Straße, um gegen die eigene Regierung zu protestieren. Hinter der sogenannten Islamischen Revolution standen viele Gruppen, darunter radikal-islamische und sozialistische Bewegungen. Die Demonstranten erhofften sich vor allem eine Verbesserung der katastrophalen wirtschaftlichen Situation. Nachdem die iranische Regierung gestürzt war, rief Revolutionsführer Ayatollah Khomeini die »Islamische Republik« aus. Strenge religiöse Regeln ersetzten die bestehenden Gesetze, das islamische Recht, die sogenannte Scharia, wurde eingeführt. Die Herrschaft ging fortan von muslimischen Geistlichen aus.

Gemäßigte Muslime sowie radikal-islamische Gruppen wie der Islamische Dschihad sahen sich von der Revolution im Iran bestätigt. Die Islamisierung der Gesellschaft machte auch vor dem Gazastreifen und dem Westjordanland nicht halt. Viele suchten im Glauben das, was die Realität nicht mehr bot – die Hoffnung auf eine bessere Zukunft. In den Flüchtlingslagern der besetzten Palästinensergebiete rekrutierten Mitglieder des Islamischen Dschihad Nachwuchs.

Auch in Israel wollte Ende der 70er Jahre bei vielen kein Alltag einkehren. Die Euphorie des siegreichen Sechs-Tage-Krieges war schnell vergangen. Anschläge von radikalen Palästinensergruppen waren das eine, der überraschende Angriff an Jom Kippur das andere. Vielen sollte es wie **Jakob Katzir** ergehen, dem Major der Reserve. Die Eindrücke von 1973 wollten ihm nicht mehr aus dem Kopf gehen. »Wenn ich über den Krieg spreche, bekomme ich feuchte Hände. Ich rieche das verbrannte Fleisch der Soldaten. Nachts höre ich immer ein Heulen, so wie eine Sirene, ein Trauma, das kommt von den vielen Bomben. Ich kann nur mit Radio einschlafen. Zwei-, dreimal die Woche höre ich nachts die Verwundeten schreien, dann wache ich schweißgebadet auf. Ein Mensch ist ein Mensch. Ich habe 1956, 1967, 1973 und 1982 gekämpft. Vierzig Jahre lang war ich in der Reserve. Aber in meinem Traum ist es immer der Jom-Kippur-Krieg.«

Israel unter Menachem Begin: von der israelischen Besiedlung der Palästinensergebiete bis zum ersten Libanonkrieg 1982

Die israelischen Soldaten besetzten die palästinensischen Gebiete nach dem Sechs-Tage-Krieg von 1967. Schon kurze Zeit später begann die Besiedlung des Landes mit Zivilisten. Jüdische Siedler zogen mit ihren Familien in das Westjordanland und den Gazastreifen. Sie errichteten eigene Wohnsiedlungen, Fabriken und Geschäfte. Auf eigens für die Siedler gebauten Straßen umfahren sie bis heute palästinensische Orte. Palästinenser, die auf diesem Gebiet einen eigenen Staat anstrebten, empfanden das von Anfang an als Provokation.

Der Palästinenser **Ahmed Amos** lebt am Rande Ost-Jerusalems, und er erinnert sich an die neuen Nachbarn: »Als Kind war ich immer auf einem Berg in der Nähe spielen. Da gab es einen wunderschönen Wald. Ich suchte nach Saatar [Thymian] und brachte es nach Hause. Einmal stoppte mich die israelische Polizei und sagte, das sei verboten. Ich würde die Natur beschädigen. Das habe ich nicht verstanden. Saatar wächst doch wieder nach. Viele Jahre später sah ich, wie Bulldozer den ganzen Wald plattmachten. Da fing ich wirklich an zu weinen. Innerhalb von ein paar Tagen waren die Bäume weg. Stattdessen entstand eine jüdische Siedlung.«

Die israelische Regierung sprach bei den Siedlungen von Wehrdörfern. Die Orte dienten der Armee als militärische Stützpunkte. Der stellvertretende israelische Ministerpräsident Jigal Allon hatte nach dem Sechs-Tage-Krieg einen Plan zur Besiedlung vorgestellt. Der dicht bewohnte Teil des Westjordanlandes sollte an Jordanien abgegeben werden, darunter Städte wie Ramallah, Nablus und Dschenin. Gebiete im Jordantal sowie am Toten Meer und ganz Ost-Jerusalem sollten dem Staat Israel einverleibt werden und stünden somit für die israelische Besiedlung zur Verfügung.

Von 1974 an spielte die religiöse Begründung mehr als die militärische Situation eine Rolle: Jüdische Fundamentalisten gründeten Gusch Emunim, hebräisch für Block der Getreuen. Für die Mitglieder gab es keine Palästinensergebiete, sondern nur ein jüdisches Großisrael. Die jüdischen Siedler beriefen sich auf Textstellen in der Thora. Dort tauchen die Namen von Ortschaften auf, die im heutigen Gazastreifen und im Westjordanland liegen. Die ultra-religiösen Mitglieder von Gusch Emunim errichten dort mit staatlicher Hilfe Siedlungen.

Die Besiedlung aus religiösen Gründen war für sehr gläubige Juden ein ausreichendes Argument. Die dort lebenden christlichen und muslimischen Palästinenser hatten und haben dafür kein Verständnis. Vielmehr schränkten die Siedlungen ihre Bewegungsfreiheit ein. Zwei Bewegungen, eine jüdische und eine palästinensische, profitierten am meisten von den Siedlungsprojekten: Die politische Rechte in Israel sah ihren Traum von einem Großisrael ohne Palästinenser näher rücken; sie unterstützten darum die Siedler. Die politischen Gruppen in den Palästinensergebieten wiederum konnten sich vieler neuer Mitglieder sicher sein; denn PFLP und Fatah sagten den Siedlern den Kampf an.

Der Siedler **Gabby Rosenfeld** lebt und arbeitet in Gusch Etzion, einem Siedlungsblock nahe dem palästinensischen Bethlehem. In den 1920er Jahren waren hier erste Siedlungsversuche am Protest der Palästinenser gescheitert. Gabby Rosenfelds Vater verließ 1933, seine Mutter 1939 das nationalsozialistische Deutschland in Richtung Israel. 1969 zog Gabby Rosenfeld in das Siedlungsgebiet, in dem über dreißig Jahre später etwa 20000 Israelis leben sollten. »Wir waren damals hundert Leute. Gusch Etzion ist ein Symbol der Geschichte Israels. Gusch Etzion ist das Herz der jüdischen Nation seit langer, langer Zeit. König David startete sein Königreich hier.«

Aus Sicht der Vereinten Nationen haben die israelischen Siedlungen in den Palästinensergebieten »keine (völker)rechtliche Gültigkeit«. Es handelt sich bei diesen Siedlungen nach der UN-Resolution 446 von 1979 um »ein ernsthaftes Hindernis, einen umfassenden, gerechten und dauerhaften Frieden im Nahen Osten herzustellen«. Die Siedlungspolitik verstößt zugleich gegen die Vierte Genfer Konvention. Dort heißt es: »Die Besatzungsmacht darf nicht Teile ihrer eigenen Zivilbevölkerung in das von ihr besetzte Gebiet deportieren oder entsenden.«

Der Siedler Gabby Rosenfeld sieht sich dennoch im Recht. »Ich träume davon, dass wir eines Tages ganz Israel regieren. Ich will nicht, dass wir die Araber rauswerfen, aber ich will, dass wir das ganze Gebiet kontrollieren. Ich will mit den Arabern in Frieden leben. Aber ich will auch sicher nach Tulkarem und Nablus fahren. Gute Beziehungen sind sehr wichtig für mich. Ich will Kaffee in Nablus trinken und Humus mit Pita in Gaza essen. Zwei unserer Mitarbeiter in der Siedlung sind Araber. Wir haben sehr gute Beziehungen zueinander. Sie reinigen gerade die Synagoge für Jom Kippur.«

Mehr politische Unterstützung im eigenen Land fanden die Siedler von 1977 an. Der israelische Politiker Menachem Begin war an die Macht gekommen. Auf die palästinensische Bevölkerung war Menachem Begin nicht gut zu sprechen. Der Politiker war Mitgründer der Cherut-Partei (hebräisch für Freiheit), die ein Großisrael ohne Palästinensergebiete vorsah. Westjordanland, Gazastreifen und Ost-Jerusalem gehörten nach dieser Idee zum israelischen Staat.

1973 ging aus Menachem Begins Partei der Likud-Block hervor (Likud ist das hebräische Wort für Bund). Dabei handelte es sich um einen Zusammenschluss verschiedener Parteien, die das Staatsgebiet Israels ausdehnen wollten. Die Siedlerbewegung hatte mit dem Wahlsieg des Likud-Blocks 1977 gute Voraussetzungen, ihre Gebiete zu erweitern. Menachem Begin förderte massiv den Ausbau der Siedlungen. Staatliche Subventionen machten das Leben in den Palästinensergebieten für Israelis auch aus wirtschaftlichen Gründen attraktiv. In den zehn Jahren nach Begins Amtsantritt erhöhte sich die Zahl der Siedler von 5000 auf 65 000.

Bereits nach wenigen Jahren der israelischen Besatzung entwickelte sich eine wirtschaftliche Abhängigkeit. Die israelischen Behörden schlugen auf Importe aus anderen Ländern hohe Zölle. In der Folge griffen die Palästinenser auf die wesentlich billigeren israelischen Produkte zurück. Umgekehrt wurde Israel zum Exportland Nummer eins für palästinensische Waren. Die produzierten nicht selten israelische Unternehmen in den Palästinensergebieten, denn die Löhne der dort beschäftigten Palästinenser lagen ein Vielfaches unter dem israelischen Niveau. Gleichzeitig arbeitete über ein Drittel der palästinensischen Arbeitnehmer in Israel; sie verdienten in Tel Aviv oder Haifa weit mehr als in Ramallah oder Gaza-Stadt. Zugleich strömten israelische Siedler und Touristen in palästinensische Städte, wo für vergleichsweise wenig Geld eingekauft und gegessen werden konnte.

Der Palästinenser **Jack Neno** erinnert sich an diese Zeit, die bis zum Ausbruch der Ersten Intifada 1987 anhielt: »Bethlehem war eine offene Stadt. Jeder konnte kommen und gehen. Israelis, vor allem nicht-religiöse, fuhren nach Bethlehem und besuchten den Markt. Dafür gab es viele Gründe. Einige waren es gewöhnt, in Europa Schweinefleisch zu essen, in Israel war das schwierig zu bekommen. Aber in Bethlehem gab es Christen, die Schweine züchteten und das Fleisch verkauften. Außerdem waren die Waren auf dem Markt immer billiger als in Jerusalem.«

Jack Neno besserte damals sein Taschengeld auf. Auch sein Onkel lebte von den israelischen Besuchern. »Bethlehem war voller Leben. Ich war zwölf und arbeitete jeden Tag nach der Schule. Ich half in einem Geschäft. Wir machten europäische, vor allem französische Backwaren. Die Restaurants waren gut besucht von Touristen, natürlich auch von Israelis. Manche tranken etwas, andere kamen zum Abendessen. Das Einzige, was mich als Kind überraschte, waren die vielen Waffen. Manche Israelis trugen eine Pistole, einige sogar ein Gewehr. Sie waren in ziviler Kleidung, und ich fragte mich, wieso sie Waffen tragen. Das war nicht normal für mich. Viele Palästinenser arbeiteten in israelischen Fabriken. Mein Onkel hatte eine Autowerkstatt. Viele seiner Kunden waren Israelis.«

Viele der palästinensischen Arbeitnehmer arbeiteten auf israelischen Baustellen. Die meisten davon lagen auf israelischem Boden, manche aber auch im Westjordanland und dem Gazastreifen. Manche Palästinenser halfen somit beim groß angelegten und kostengünstigen Aufbau der israelischen Siedlungen mit. Einige der

Wohngebiete entstanden mitsamt der Infrastruktur auf dem beschlagnahmten Land der Palästinenser. In den 80er Jahren erreichten manche dieser Siedlungen das Format von Städten.

Die wenigsten Bewohner solcher Ortschaften leben nur aus religiösen Gründen dort. Vielmehr locken verbilligte Mieten und die verkehrsgünstige Anbindung an Metropolen wie Jerusalem und Tel Aviv. Der Bau eines Einfamilienhauses ist in israelischen Großstädten für Normalverdiener viel zu teuer. Die Immobilienpreise zwingen viele kinderreiche Familien dazu, in kleinen Mietwohnungen unterzukommen. Dicht bebaute Stadtviertel mit hohen Wohnblöcken zeugen nicht nur in Haifa und Tel Aviv davon.

Die international umstrittene Siedlungspolitik bereitete Menachem Begin im eigenen Land kaum Probleme. Doch die Auswirkungen des unmittelbar bevorstehenden Krieges sollten bald seine Amtszeit beenden. Angreifer aus dem Libanon, dem Nachbarland im Norden Israels, provozierten den jüdischen Staat. Radikale Libanesen verbündeten sich dort mit Palästinensern, die meisten von ihnen Flüchtlinge. Etwa 100 000 Palästinenser waren im Laufe des ersten Arabisch-Israelischen Krieges 1948/1949 aus Städten wie Akko, Haifa und Nazareth in den Libanon geflüchtet.

Zugleich lebten in den palästinensischen Flüchtlingslagern im Libanon zahlreiche Aktivisten der PLO. Nachdem der jordanische König 1970 die Palästinensische Befreiungsorganisation des Landes verwiesen hatte, organisierten die Mitglieder ihre Angriffe vom Libanon aus. Die PLO schleuste palästinensische Kämpfer über die libanesische Grenze nach Israel. Dort verübten sie Ende der 70er Jahre Anschläge und griffen israelische Orte an. Mithilfe arabischer Staaten kamen die PLO-Aktivisten an Katjuscha-Raketen. Mit dem sowjetischen Raketenwerfer konnten sie Ziele im Norden Israels erreichen.

Am 6. Juni 1982 startete die israelische Armee die »Operation Frieden für Galiläa«. Galiläa heißt das Gebiet im Norden Israels. Der Israeli **Dror Schachar** erhielt eine Benachrichtigung der Armee. »Ich war 22 Jahre alt, hatte die Armee kaum verlassen, da wurde ich bereits drei Monate später wieder einberufen.« Israelische Kampfflugzeuge bombardierten Beirut, wo die PLO ihre Büros hatte, sowie

Israelische Siedlungen wie Ariel im Westjordanland sind aus Sicht der Vereinten Nationen illegal. Sie befinden sich mitten in den Palästinensergebieten.

Ziele im Südlibanon. Wochenlanges Artilleriefeuer ging einher mit dem Vormarsch der israelischen Soldaten. Die Armee bekämpfte die PLO-Aktivisten und syrische Einheiten, die an der Seite der Palästinensischen Befreiungsorganisation kämpften. Die israelische Armee zwang die PLO zur Flucht nach Tunis, der tunesischen Hauptstadt. Dort war bereits das Hauptquartier der Arabischen Liga.

Die christlichen Milizen im Libanon nutzten den israelischen Einmarsch, um ihrer Wut gegen die Palästinenser freien Lauf zu lassen. Sie richteten in den Flüchtlingslagern Sabra und Schatila vom 16. bis 18. September 1982 ein Massaker an. Der israelische Soldat Dror Schachar sah, mit welcher Brutalität die christlichen Kämpfer vorgingen. »Sie töteten mit dem Messer, nicht mit dem Gewehr. Das habe ich selbst gesehen in einem Ort an der Straße von Beirut nach Damaskus. Einen angesehenen Drusenführer hatten sie an einem Strommast aufgehängt. Sein Geschlechtsteil hatten sie ihm in seinen Mund gesteckt.«

Die israelische Armee schien mit der Situation im Libanon überfordert zu sein. Die israelischen Soldaten fanden sich inmitten eines Kampfes verschiedener politischer und religiöser Gruppen wieder. Ministerpräsident Menachem Begin sah sich zusammen mit seinem Verteidigungsminister Ariel Scharon heftiger Kritik ausgesetzt. Strittig war, ob die israelischen Soldaten beim Massaker von Sabra und Schatila nicht eingreifen wollten, nicht konnten oder nicht durften.

Der damalige Soldat Dror Schachar erinnert sich: »Ich sah die christliche Miliz in Autos an uns vorbeifahren. Manche zogen das Messer und führten es über ihre Kehle. Damit zeigten sie uns, was sie machen werden, wenn sie in Sabra und Schatila ankommen. Damit war uns klar, dass etwas passieren würde. Der Befehl lautete ›nicht eingreifen‹. Wenn du eingreifst, bist du involviert.«

Die israelische Regierung setzte bereits Ende September 1982 die Kahan-Kommission ein, um das Verhalten ihrer Soldaten zu untersuchen. Was die Gruppe unter dem Vorsitz des Präsidenten des Hohen Gerichtshofes, Jitzchak Kahan, herausfand, warf kein gutes Licht auf Ariel Scharon. Der damalige Verteidigungsminister hatte nach Ansicht der Kommission fahrlässig gehandelt. Ariel Scharon musste zurücktreten.

Eine Gruppe von Soldaten hatte sich geweigert, im Libanon zu kämpfen. Diese Israelis gründeten die Organisation Yesch Gvul, hebräisch für »Es gibt eine Grenze«. Sie lehnten später auch Einsätze in den besetzten Palästinensergebieten ab. Die meisten der im Libanon stationierten israelischen Soldaten verließen 1985 das Land. Nur im Süden sollten in einer sogenannten Sicherheitszone israelische Einheiten bis Mai 2000 verweilen.

Die Israelin **Karla Hajdu** hatte die Raketen-Angriffe aus dem Libanon in Kiriat Schmona erlebt. Die Stadt liegt nur ein paar Kilometer von der libanesischen Grenze entfernt. Der israelische Militäreinsatz 1982 habe das Leben für kurze Zeit sicherer gemacht, so berichtet sie. »Wir konnten normal leben und arbeiten. Davor war das unmöglich. Ich wusste nicht, ob in den nächsten fünf Minuten eine Rakete fällt. Ich hatte einmal Kinder eines Freundes ins Kino gebracht. Dann begann der Beschuss, ich saß zu Hause und wartete.

Doch die Kinder sind nicht aus Kiriat Schmona, sie wissen nicht, wie sie sich zu verhalten haben. Also rannten sie vom Kino zu meinem Haus. Nach dem Libanonkrieg gab es zwei, drei Jahre Frieden.«

Der Iran förderte in dieser Zeit den Aufbau einer neuen israelfeindlichen Bewegung im Libanon; sie nannte sich die Partei Gottes, auf Arabisch Hisbollah. Das Ziel dieser Gruppe war die Befreiung des Libanon von israelischen Truppen sowie die Zerstörung des Staates Israel. Die Hisbollah machte sich vor allem bei den sozial Schwachen im Land beliebt, da sie eigene Schulen und Krankenhäuser betrieb. Dies führte viele Palästinenser aus den libanesischen Flüchtlingslagern in die Arme der radikalen Gruppe.

Das war insofern ungewöhnlich, weil die meisten muslimischen Palästinenser Sunniten sind, die Hisbollah dagegen eine schiitische Organisation ist. Was unterscheidet Sunniten von Schiiten? Die Antwort führt weit in die Geschichte des Islam zurück: Die Suche nach dem wahren Nachfolger des Propheten Mohammed hatte kurz nach dessen Tod zu Meinungsverschiedenheiten geführt. Die große Mehrheit der Muslime, die Sunniten, sehen die ersten vier Nachfolger des Propheten als rechtmäßig an. Die Schiiten dagegen lehnen drei davon ab und akzeptieren einzig und allein Ali ibn Abi Talib als Nachfolger. Er ist ein Cousin und gleichzeitig Schwiegersohn Mohammeds.

Neun von zehn Muslimen weltweit sind Sunniten, schiitische Mehrheiten gibt es in Ländern wie dem Iran und im Irak. Im Libanon sind rund zwei Drittel der Bevölkerung Muslime, ein Drittel Christen. Etwas über die Hälfte der Muslime sind dort Schiiten. Für das Ziel der Hisbollah spielten die religiösen Unterschiede keine Rolle. Sie rekrutierte in den Flüchtlingslagern junge Palästinenser, um sich auf den nächsten Krieg mit Israel vorzubereiten.

Die Erste Intifada und das Friedensabkommen von Oslo

Am 8. Dezember 1987 stieß ein israelischer Lastwagen im Gazastreifen mit zwei palästinensischen Fahrzeugen zusammen. Vier Palästinenser starben dabei. Die Lage war zu diesem Zeitpunkt in den Palästinensergebieten bereits mehr als angespannt. In den Tagen und Wochen zuvor war es schon zu Auseinandersetzungen im Gazastreifen gekommen, wobei mehrere Palästinenser und ein Israeli starben.

Das Ereignis vom Dezember löste die Erste Intifada aus (Intifada ist arabisch für Erhebung, Abschüttelung). Doch die Ursachen des Aufstandes der Palästinenser lagen tiefer: Seit dem Sechs-Tage-Krieg 1967 lebten sie unter israelischer Besatzung. Eigene politische Gruppen waren verboten, egal ob radikal oder gemäßigt. Ein eigener Staat rückte so immer weiter in die Ferne. Das schürte Verzweiflung und Wut.

Der Ausbruch der Intifada kam für viele Israelis überraschend, für die Palästinenser dagegen weniger. Die Palästinenserin **Terry Boullata** aus Jerusalem half bei den Vorbereitungen des Aufstandes mit. »Ich studierte an der palästinensischen Bir-Zeit-Universität Sozialwissenschaften. Wir bereiteten an der Universität den Aufstand vor, mobilisierten Leute, organisierten Veranstaltungen. Ich war Mitglied einer Widerstandsbewegung. Aus israelischer Sicht handelte es sich um eine illegale Organisation.«

Der Aufstand breitete sich wie ein Lauffeuer aus. Eines der erfolgreichsten Mittel beim Protest gegen die israelische Besatzung war der wirtschaftliche Boykott. Palästinenser sollten in den Geschäften keine israelischen Produkte mehr kaufen. Die palästinensischen Händler weigerten sich, die Steuern an die israelischen Behörden zu überweisen. Eine Gruppe mit dem Namen Vereinigte Nationale Führung organisierte die Aktionen.

Die Palästinenserin Terry Boullata erklärt das Prinzip: »Wir hatten eine zentrale Führerschaft, und so teilten wir die Gebiete ein, in denen Flugblätter verteilt werden sollten. Hier die PFLP-Mitglieder, dort die Leute der DFLP oder der Fatah. Nachts verbreiteten wir die Zettel und teilten den Menschen mit, an welchen Tagen gestreikt und an welchen Tagen demonstriert wird. Jeder erhielt die gleichen Befehle von der zentralen Führerschaft. Jeden Tag gab es eine andere Veranstaltung. Wir erklärten den Menschen, wie sie sich dem Widerstand anschließen können, wann sie ihre Geschäfte schließen oder an Demonstrationen teilnehmen sollen.«

Das israelische Militär schritt ein, versuchte Versammlungen aufzulösen und die Proteste zu stoppen. Junge Palästinenser, teilweise noch Kinder, warfen mit Steinen und Molotow-Cocktails nach den Soldaten. Der Palästinenser **Ayman Afana** nahm an den Straßenkämpfen in Gaza-Stadt teil. »Wir hatten kaum Waffen, ich kämpfte mit einer Steinschleuder, aber auch damit konnte man die Soldaten treffen. Einmal lief ich nach der Schule bei einer Demonstration mit. Die israelische Armee griff ein, sie bauten Barrieren auf und verschanzten sich dahinter. Ein Soldat schoss mit seiner M-16 auf mein Knie. Die Verletzung spüre ich heute noch.«

Das israelische Militär setzte Schlagstöcke, Tränengas und Munition ein. Auch die Palästinenser griffen zu den Waffen, und die Gewalt eskalierte. Der Händler **Anwar Arafat** sah die Kämpfe vor seinem Schaufenster. »Wenn ein israelischer Militär-Jeep vorbeifuhr, dann wurde manchmal ein Molotow-Cocktail oder eine Handgranate nach ihm geworfen. In der Straße meines Geschäftes explodierte einmal ein Jeep. Am nächsten Tag sperrten die israelischen Soldaten die Straßen ab und schlossen die Geschäfte. Dann mussten wir Händler uns in einer Reihe aufstellen. Palästinenser, die mit der israelischen Armee zusammenarbeiteten, zeigten den Soldaten, wer von uns den Widerstand gegen die Israelis unterstützt.«

Die israelischen Gefängnisse füllten sich schnell mit Aktivisten, Organisatoren und Unterstützern der Intifada. **Abdul-Karim Lafi** erlebte den Aufstand hinter Gittern. »Ich kam gegen 21 Uhr aus der Moschee, es war das fünfte, also letzte Gebet des Tages. Draußen im Dunkeln warteten drei vermummte Männer, sie wussten, dass ich ein Auto habe. Ich sollte sie zu einem Laden fahren, der Besit-

zer würde angeblich mit Juden zusammenarbeiten. Aber da gab es ein großes Fragezeichen. Sie warfen einen Molotow-Cocktail und steckten den Laden in Brand. Nach einiger Zeit verhafteten israelische Soldaten dieselben Leute. Beim Verhör nannten sie meinen Namen, daraufhin musste ich ins Gefängnis.«

Die israelischen Behörden hatten die Palästinenserin **Terry Boullata** bereits vor dem Ausbruch der Intifada inhaftiert. »Jemand berichtete den israelischen Behörden von meiner Mitgliedschaft in einer Widerstandsgruppe. Daraufhin umzingelten Soldaten das Haus, in dem ich mit meinen Eltern lebte, stellten alles auf den Kopf, verbanden mir die Augen und führten mich ab. Ich musste ins Gefängnis. Über Wochen befragten sie mich im Russian Compound [Gefängnis im russischen Viertel in Jerusalem], ich schlief in einer der unterirdischen Zellen. Bei den Befragungen hatte ich einen kleinen Sack auf dem Kopf, und die Hände waren hinter meinem Rücken verbunden. Ich verweigerte jede Auskunft.«

Die Intifada der Palästinenser hatte 1988 erste politische Folgen. König Hussein von Jordanien übertrug das Westjordanland den Palästinensern. Das von Israel besetzte Gebiet lag von nun an in den Händen der PLO – rein theoretisch. Ein symbolischer Akt, denn die Israelis waren zu diesem Zeitpunkt nicht bereit, derartige Vorgänge zu akzeptieren. König Hussein dagegen hatte Angst vor einer Ausweitung der Intifada auf sein Königreich und trat daher das Gebiet westlich des Jordans an die Palästinenser ab.

Terry Boullata verfolgte im Gefängnis den weiteren Verlauf des palästinensischen Aufstandes. Neu eingelieferte Intifada-Aktivisten versorgten die Inhaftierte mit Neuigkeiten. »Armeefahrzeuge brachten Kinder und Jugendliche in die Zellen. Die weiblichen Gefangenen kamen in meinen Raum. Eines der eingelieferten Mädchen erzählte mir von den Demonstrationen überall und davon, wie sie selbst Steine geworfen hatte. Es gab keine Familie in Palästina, bei der nicht irgendein Mitglied im Gefängnis war.«

↙ Krieg der Steine – vor allem junge Palästinenser nahmen an den Straßenkämpfen gegen israelische Soldaten teil. Die Palästinenser demonstrierten während der Ersten Intifada gegen die israelische Besatzung.

Medien aus aller Welt berichteten über die Intifada, die immer größere Ausmaße annahm. Yassir Arafat wollte das internationale Interesse an dem Nahost-Konflikt nutzen. Das Parlament der PLO, der Palästinensische Nationalrat, traf sich im algerischen Exil zu einer Sitzung. Dort riefen die Mitglieder am 15. November 1988 den Staat Palästina aus. »Der Staat Palästina erklärt hiermit, dass er an die Beilegung internationaler und regionaler Konflikte durch friedliche Mittel in Übereinstimmung mit der UN-Charta und den UN-Resolutionen glaubt.« Viele sehen in der Unabhängigkeitserklärung der Palästinenser die Bereitschaft der PLO, den Staat Israel anzuerkennen.

Dem neu ausgerufenen Staat Palästina blieb die internationale Anerkennung dagegen verwehrt. Nur vierzig vor allem muslimische und arabische Länder erkannten das Land an. Die meisten Staaten, darunter auch die USA und die Bundesrepublik Deutschland, empfanden dies jedoch als verfrüht. Die Schlagzeilen über die weltweiten Anschläge der radikalen Palästinenserorganisationen waren vielen westlichen Regierungen wohl noch zu frisch in Erinnerung. Der israelische Ministerpräsident Jitzchak Schamir lehnte ein Gespräch mit der PLO kategorisch ab. Der Politiker des rechten Likud-Blocks war weit davon entfernt, den Palästinensern einen eigenen Staat zuzugestehen.

Die Intifada breitete sich weiter aus. Viele Palästinenser trieb die Eskalation der Gewalt unterdessen in den wirtschaftlichen Ruin. Israelische Kunden blieben fern oder wollten keine Palästinenser mehr anstellen. Die Einnahmen im Tourismus blieben aus. Die Palästinensergebiete galten für Ausländer als nicht mehr sicher. Nicht nur die Proteste der Palästinenser, sondern auch die Einsätze der israelischen Soldaten schreckten Besucher ab.

Der Souvenir-Laden des palästinensischen Händlers **Afram Schahin** in Bethlehem war von dieser Krise betroffen. » »Anfang der 80er Jahre habe ich mein Geschäft eröffnet. Es gab vor der Intifada viele Besucher aus dem Ausland. Die Leute hatten keine Angst vor Terroristen. Ich trank mit den Kunden hier im Laden Kaffee. Es gab oft so viele Leute, ich hatte manchmal gar keine Zeit für ein Gespräch. Es war verrückt, überall waren Touristen. Sie standen auf dem Platz vor der Geburtskirche und warteten, weil zu viele in der Kirche waren. Ich hatte mein Geschäft manchmal bis nach Mitternacht geöffnet.«

Mitten in der Ersten Intifada versetzte ein weiterer Konflikt Israel in den Alarmzustand. Der Irak überfiel im August 1990 Kuwait. Die Vereinten Nationen versuchten vergeblich, den irakischen Diktator Saddam Hussein zu einem Rückzug zu bewegen. Internationale Truppen, angeführt von den USA, griffen daraufhin ein und starteten einen Militäreinsatz gegen den Irak. Sowjetische Scud-Raketen der irakischen Armee schlugen als Antwort darauf in Israel ein. Der irakische Angriff auf Israel betraf dort lebende Juden, Muslime und Christen gleichermaßen. Die in Nazareth lebende **Muyassar Salamah** hörte den Raketen-Alarm.

»Das Fenster war geschlossen. Es gab viele Anweisungen, denen wir folgen mussten. Eine war, dass wir das Fenster schließen und die Türspalte verkleben mussten, dann sollten wir die Maske aufziehen. Ich half meinem Mann dabei, machte das Radio und den Fernseher an. Als ich meine Maske aufzog, kam schon der nächste Alarm, die Entwarnung.«

Palästinenserführer Yassir Arafat stellte sich auf die Seite von Saddam Hussein. Der irakische Diktator hatte zuvor erklärt, ein irakischer Abzug aus Kuwait käme nur in Frage, wenn sich Israel aus den Palästinensergebieten zurückzöge. Arafats Schulterschluss mit Saddam Hussein hatte vor allem für palästinensische Gastarbeiter in Kuwait verheerende Folgen. Etwa 300 000 Palästinenser mussten das Land verlassen. Was für die PLO aber noch viel schwerer wog: Die Golfstaaten stoppten aus Protest gegen die pro-irakische Einstellung der PLO die Zahlungen an die Palästinenserorganisation.

Ein weiteres Ereignis bestimmte im Oktober 1991 die Schlagzeilen: Nach knapp vier Jahren Intifada nahmen in Madrid Friedensgespräche ihren Anfang. US-Präsident George Bush Senior brachte die israelischen, palästinensischen und jordanischen Verhandlungspartner an einen Tisch. Im darauffolgenden Jahr wählten die Israelis Jitzchak Rabin zu ihrem neuen Ministerpräsidenten. Der erfahrene Politiker, der bereits in den 70er Jahren das Amt bekleidete, berief Schimon Peres als Außenminister in die Regierung.

Die neue Staatsführung verbot jeden weiteren Ausbau der jüdischen Siedlungen in den Palästinensergebieten. In Oslo trafen sich Regierungsmitarbeiter heimlich mit hochrangigen Vertretern der PLO. Nach zähen Verhandlungen kamen beide Seiten zu einem Kompromiss. Israel würde sich etappenweise aus den besetzten Gebieten der Palästinenser zurückziehen. Eine palästinensische Autonomiebehörde würde im Gegenzug die Gebiete verwalten.

Im September 1993 unterzeichneten Jitzchak Rabin und Yassir Arafat ein Grundsatzabkommen in Washington, die Oslo-Verträge. Das Motto lautete »Land für Frieden«, womit sich beide Seiten zu Zugeständnissen bereiterklärten. Das Bild des Händedrucks des israelischen Ministerpräsidenten Rabin mit dem PLO-Chef Arafat ging um die Welt. Mit ausgestreckten Armen, beide Politiker umfassend, war in der Mitte der neue US-Präsident Bill Clinton zu sehen. Arafat und Rabin erhielten später zusammen mit Schimon Peres den Friedensnobelpreis.

Ein Bild, das 1993 Hoffnung machte: US-Präsident Bill Clinton zusammen mit Israels Ministerpräsident Jitzchak Rabin und Palästinenserführer Yassir Arafat.

Die einstige Intifada-Aktivistin **Terry Boullata** verfolgte das Geschehen in den Medien. »Ich sah die Oslo-Vereinbarung im Fernsehen und brach in Tränen aus. Für mich war es ein Sieg. Die Erste Intifada hat den Israelis gezeigt, dass sie nicht zu einem Land ohne Menschen kamen, sondern dass hier Menschen leben, die Rechte haben. Das haben sie in Oslo akzeptiert.«

Der Palästinenser **Abdul-Karim Lafi** kam aus dem Gefängnis und wollte neu beginnen. »Ich hatte in Jordanien, in Amman, studiert, ich bin Architekt. Im Gefängnis zeichnete ich die Pläne für ein großes Haus. Ich fertigte dort auch ein Modell des Gebäudes aus Karton an. Nach der Entlassung baute ich das Haus zusammen mit meinen Brüdern auf. Während ich im Gefängnis war, hatten sie sich um meine Frau und meine drei Kinder gekümmert. Das Modell steht heute im Wohnzimmer.«

Doch das Abkommen von Oslo hatte einen Haken: Viele wichtige Fragen hatten die Verhandlungspartner ausgeklammert. So waren erst nach mehreren Jahren sogenannte Endstatus-Gespräche vorgesehen. Dort sollte bei den umstrittensten und zugleich wichtigsten Fragen eine Einigung erzielt werden. Sie betrafen die Zukunft der jüdischen Siedlungen und der palästinensischen Flüchtlinge sowie den Grenzverlauf zwischen den beiden Staaten und den Status Jerusalems.

Gegner der Friedensverhandlungen gab es sowohl in Israel als auch in den Palästinensergebieten. Auf israelischer Seite protestierten Siedler und rechte Politiker. Sie konnten sich nicht vorstellen, Palästinensern einen eigenen Staat zuzusprechen. Auf palästinensischer Seite waren es oft religiös motivierte Bewegungen, die einen israelischen Staat nicht anerkennen wollten.

Immer wieder brachten radikale Gruppen auf beiden Seiten ihren Protest in Form von brutalen Angriffen zum Ausdruck. Im Februar 1994 war es Baruch Goldstein, der für ein kurzes Aussetzen der Friedensgespräche sorgte. Der jüdische Siedler drang in die Abraham-Moschee in Hebron ein. Goldstein lebte in einer benachbarten Siedlung. Mit einem Schnellfeuergewehr schoss Goldstein in die betende Menge. 29 Moscheebesucher starben, über 100 Palästinenser wurden teils schwer verletzt.

Auf israelischer Seite rissen die Anschläge radikaler Palästinenser Dutzende in den Tod. Im April 1994 explodierte eine Autobombe in Afula, in Hadera sprengte sich ein Selbstmordattentäter in einem Bus in die Luft, im Oktober 1994 geschah das Gleiche in Tel Aviv. Im August 1995 zündete ein Selbstmordattentäter eine Bombe in einem Jerusalemer Bus. Vier Menschen starben und 103 kamen mit Verletzungen davon. Die Tochter von **Rachel Saperstein** gehörte zu den Überlebenden.

»Es war der Bus Nummer 26 zur Hebräischen Universität. Ich wusste, dass meine Tochter in diesem Bus sitzt. Denn ich wusste, wann sie sich auf den Weg zur Universität macht. Ich wartete auf eine Nachricht von jemandem, was mit meiner Tochter geschehen ist. Ist sie tot, ist sie am Leben? Nie sollten Eltern durch diesen Horror gehen. Ich wartete. Dann erhielt ich einen Anruf vom Hadassah-Krankenhaus. Meine Tochter sei am Leben, wir könnten sie abholen. Wir gingen alle zusammen zum Krankenhaus. Ihr Gesicht war von Schrapnellen gezeichnet. Sie verlor einen Teil des Gehörs wegen der Explosion. Aber sie war am Leben. Wir nahmen sie an diesem Tag nach Hause. Sie hat bis heute einen Gehörschaden und ist traumatisiert.«

Das israelische Militär verhängte Ausgangssperren in den Palästinensergebieten, in manchen Städten durften die Palästinenser nur noch zu bestimmten Zeiten ihr Haus verlassen. Zugleich errichteten die Soldaten Straßensperren und Kontrollpunkte, wo sie Autofahrer und Fußgänger befragten und nach Waffen durchsuchten. Bereits 1993 hatte die israelische Regierung damit begonnen, die Palästinensergebiete abzuriegeln.

Trotz der Anschläge bemühte sich der israelische Ministerpräsident Jitzchak Rabin von der Arbeiterpartei um ruhigere Töne. Seine politischen Konkurrenten, die sich selbst gerne an der Macht gesehen hätten, taten das Gegenteil, allen voran der Likud-Politiker Benjamin Netanjahu. Auf Demonstrationen gegen Rabins Politik hetzte Netanjahu gegen seinen Widersacher. Manche Demonstranten zeigten Plakate mit Fotomontagen, auf denen Rabin am Strick oder in deutscher Nazi-Uniform zu sehen war.

Rabin antwortete auf derartige Kritik auf seine eigene Weise. Am

4. November 1995 nahm er an einer von ihm initiierten Friedensdemonstration in Tel Aviv teil. Um die 200 000 Israelis folgten seinem Ruf und hörten seine Rede auf dem zentralen Platz der Könige Israels. Rabin erklärte: »27 Jahre lang war ich ein Mann der Armee; solange es keine Gelegenheit für den Frieden gab, habe ich gekämpft. Heute glaube ich, dass es eine Chance für den Frieden gibt, eine große Chance. Diese Chance müssen wir ergreifen, zum Segen jener, die hier stehen, und auch für all jene, die nicht hier stehen – und sie sind viele.«

Rabin verließ gegen 21.45 Uhr die Bühne. Der ultra-rechte Israeli Jigal Amir feuerte drei Schüsse auf ihn ab. Rabin erlag seinen Verletzungen eine Stunde später im Krankenhaus. Über eine Million Menschen erwiesen ihm in den kommenden Tagen die letzte Ehre. Der Platz in Tel Aviv, auf dem er seine Friedensrede hielt, heißt heute nicht mehr Platz der Könige Israels, sondern Jitzchak-Rabin-Platz.

Ende Mai 1996, knapp fünf Monate nach Rabins Ermordung, gewann ein Politiker des rechten Likud-Blocks die Wahlen. Seine Parole »Frieden mit Sicherheit« kam nach einer Reihe von palästinensischen Selbstmordanschlägen bei den Israelis gut an. Der neue Ministerpräsident wandte sich gegen einen eigenen Staat der Palästinenser. Es war niemand anders als der Mann, der immer wieder gegen Rabins Friedenspolitik gehetzt hatte: Benjamin Netanjahu.

Der Ausbau der jüdischen Siedlungen in den Palästinensergebieten konnte nun offiziell weitergehen. Zuvor war es immer wieder zu nicht genehmigten, aber tolerierten Baumaßnahmen gekommen. Die Zahl der Siedler stieg in den sieben Jahren nach der Unterzeichnung der Oslo-Verträge 1993 von 100 000 auf 200 000 an. Ariel Scharon hatte wegen des Massakers in den palästinensischen Flüchtlingslagern während des Libanonkrieges 1982 das Amt des Verteidigungsministers verloren. Unter Netanjahu leitete Scharon ab 1996 das Ministerium für Nationale Infrastruktur. Zu seinem neuen Arbeitsbereich gehörte der Siedlungsbau.

Die Israelin **Rachel Saperstein** siedelte im Jahr des Regierungswechsels 1997 in den Siedlungsblock Gusch Katif (hebräisch für Ernteblock) im Gazastreifen über. Das war zwei Jahre nachdem ihre Tochter den Selbstmordanschlag in Jerusalem überlebt hatte. »Es dauerte nicht lange, bis ich mich dazu entschlossen hatte, Jerusalem zu verlassen und in einer Siedlung zu leben. Es ist eine politische Erklärung. Es ist jüdisches Land, historisch gesehen ist es alles jüdisch. Jeder Ort wird in der Thora erwähnt. Es ist nicht das Land der Araber.«

Das sehen Palästinenser anders. Ihre politischen Vertreter setzten sich erfolgreich für eine internationale Anerkennung der Palästinensergebiete ein. Die ersten Wahlen in der Palästinensischen Autonomiebehörde fanden im Januar 1996 statt. Über 85 Prozent der Wähler stimmten für Yassir Arafat als Präsident der Autonomiebehörde. Abgeordnete seiner Partei, der Fatah, erhielten im Palästinensischen Parlament die meisten Sitze.

Weder die neue israelische noch die erste palästinensische Regierung sahen sich imstande, die Gewalt zu stoppen. Der Slogan »Frieden durch Sicherheit« des israelischen Ministerpräsidenten Benjamin Netanjahu entpuppte sich als Floskel. Die Versprechen des Palästinenserpräsidenten Yassir Arafat, den radikalen Palästinensergruppen Einhalt zu gebieten, ebenso. **Lior Feller** erlebte das am eigenen Leib am 4. September 1997 – ein Jahr nach den israelischen und palästinensischen Wahlen, vier Jahre nach der Unterzeichnung des Oslo-Friedensabkommens in Washington:

»Es gab drei verschiedene Terror-Angriffe im Zentrum von Jerusalem. Ich war dort in einem Café auf einer Geburtstagsparty. Nach den Explosionen suchte ich nach meinem Freund, der in der Nähe unterwegs war. Ich erreichte ihn nicht, das Telefonnetz war überlastet. Viele Soldaten kamen, die Straße war gefüllt mit Menschen, die Krankenwagen konnten nicht weiterfahren. Ich fuhr mit dem Taxi nach Hause. Ich rief die Eltern meines Freundes an, sie wussten nicht, wo er ist. Er rief mich später vom Krankenhaus an. Er war in Ordnung, half aber einer Verwundeten ins Krankenhaus.«

Die palästinensischen Selbstmordattentate nahmen kein Ende. Ab September 2000 sollte deren Anzahl mit dem Ausbruch der Zweiten Intifada einen neuen Höhepunkt erreichen.

Die Zweite Intifada und der Bau der Barriere

Hunderte Friedenstauben flogen in den Himmel über Bethlehem. Die große Feier zur Jahrtausendwende 2000 war lange geplant. Kaum waren die Tauben abgehoben, zündeten die Veranstalter ein aufwendiges Feuerwerk. Zu früh, wie sich schnell herausstellte. Viele der Friedenstauben lagen nach wenigen Sekunden tot auf dem großen Platz vor der Geburtskirche. Den Feiernden bot sich ein makabres Bild – für Abergläubische war das kein gutes Zeichen.

Neun Monate später betrat Ariel Scharon in Jerusalem den Tempelberg oder al-Haram asch-Scharif (arabisch für ehrwürdiges Heiligtum), wie ihn die Palästinenser nennen. Täglich strömen Tausende Muslime zum Gebet in die dortige al-Aqsa-Moschee. Der Felsendom steht daneben und lockt viele Touristen an. Das Gebäude mit der goldenen Kuppel ist eines der ältesten muslimischen Bauwerke und eines der Wahrzeichen Jerusalems. Die Klagemauer der Juden befindet sich nur ein paar Gehminuten davon entfernt. Denn der Ort ist Juden und Muslimen heilig, und beide haben dort eigene Gebetsplätze.

Ariel Scharon suchte an diesem 28. September 2000 den Gebetsort der Muslime auf. Der israelische Politiker war zu diesem Zeitpunkt Vorsitzender des rechten Likud-Blocks. Dass sein Besuch umstritten war, machte sein Begleitschutz deutlich. Über 1000 Soldaten und Polizisten mussten Scharon vor den wütenden Protesten der Palästinenser beschützen. Zum großen Aufstand kam es aber erst einen Tag später.

Nach dem traditionellen Freitagsgebet gingen Zehntausende Palästinenser auf die Straße. Der Palästinenser **Jack Neno** beobachtete die protestierende Menge. »Ich sah die Demonstrationen am Tag nach Scharons Besuch. Die Kinder warfen Steine. Ich stand vielleicht hundert Meter von den israelischen Soldaten entfernt. Ich hatte gehofft, dass die Auseinandersetzung nicht für lange Zeit sein würde. Doch die Situation war sehr schlecht. Es gab keine Verhandlungen

Beschützt von Soldaten und Polizisten betritt Ariel Scharon im September 2000 den Tempelberg. Der damalige Oppositionsführer im israelischen Parlament provozierte damit nicht nur viele Palästinenser.

zwischen Israelis und Palästinensern. Jeder dachte, dass etwas passieren würde. Scharon hatte seinen Besuch angekündigt. Aber keiner dachte, dass es dort eine Katastrophe geben würde.«

Scharons Besuch folgte der Ausbruch der Zweiten Intifada. Die Erste Intifada hatte sieben Jahre zuvor mit der Unterzeichnung des Oslo-Abkommens ein Ende gefunden. Wie damals, so brauchte es auch jetzt nur ein provokantes Ereignis, das den Massenprotest auslöste. Denn wie 1987, so hatte sich auch im Jahr 2000 viel Konfliktstoff angestaut. Wenig von dem in Oslo Vereinbarten konnten Regierungsvertreter beider Seiten umsetzen. Fanatiker auf israelischer und palästinensischer Seite stellten sich gegen die Verträge. Die Angriffe der Palästinensergruppen fanden kein Ende, die jüdischen Siedler bauten ihre Orte in den Palästinensergebieten weiter aus.

Ein wichtiger Grund für den wachsenden Unmut der Palästinenser war rein wirtschaftlicher Natur: Fast jeder Zweite war in den Palästinensergebieten vergeblich auf der Suche nach Arbeit. Jedem Dritten standen weniger als drei Euro pro Tag zur Verfügung. Das israelische Militär hatte die Palästinensergebiete nach den Anschlägen immer mehr abgeriegelt. Landwirte konnten ihre Erzeugnisse nur noch unter erschwerten Bedingungen verkaufen. Palästinensische Arbeiter konnten Jobangebote auf israelischer Seite wegen der Sperrungen nicht mehr annehmen.

Die katastrophale wirtschaftliche Lage war zu einem Teil selbst verschuldet. Die internationale Gemeinschaft kam fast für den kompletten Haushalt der Palästinensischen Autonomiebehörde auf. Geber-Organisationen wie die Europäische Union deckten den größten Teil der Staatsausgaben. Sponsoren-Schilder von US-amerikanischen Hilfsorganisationen und das blau-gelbe Sternenlogo der EU hingen an vielen öffentlichen Gebäuden in den Palästinensergebieten.

Doch nicht jede großzügige Spende und nicht jede gut gemeinte Hilfszahlung erreichte den eigentlichen Empfänger. Die Fatah-Regierung um Yassir Arafat galt als äußerst korrupt. Auf den schlecht ausgebauten Straßen in den Palästinensergebieten rollten die neuesten Mercedes-Modelle. Nicht weit von den heruntergekommenen Flüchtlingslagern zeugen noch heute villenartige Prachtbauten von dieser Zeit. Die Fatah-Regierung stellte aus eigenem Interesse die israelische Regierung als Hauptschuldigen der schlechten wirtschaftlichen Lage dar. So lenkte die Partei von internen Problemen ab.

Radikale Palästinensergruppen stießen in der Zweiten Intifada zunächst auf großen Rückhalt in der Bevölkerung. Doch die Art des Aufstandes hatte sich im Vergleich zur Ersten Intifada stark verändert: Statt auf Massenproteste, Wirtschaftsboykotte und Straßenkämpfe in den Palästinensergebieten setzten radikale Gruppen auf Angriffe innerhalb Israels. Die Zahl der Selbstmordanschläge stieg mit dem Ausbruch der Zweiten Intifada rapide an.

Familie Schaul überlebte ein Bombenattentat in Haifa. **Inbar Schaul** ging damals noch zur Schule. Die Israelin feierte mit ihrer Familie am Tag des Anschlags in einem Restaurant Pessach – Juden gedenken während des Pessach-Festes des Auszugs ihres Volkes aus der ägyptischen Sklaverei. »Ich hörte die Explosion, danach gar nichts mehr. Ich verlor für eine Zeit das Gehör. Ich sah meinen Vater. Er hatte am ganzen Körper und im Gesicht Blut, das Blut von anderen Menschen. Viele Leute machten gar nichts. Sie saßen einfach am Boden.«

Ihr Bruder **Idan Schaul** reagierte dagegen sofort. »Ich saß meiner Schwester gegenüber. Ich sah nur Feuer in meinen Augen. Ich verstand nicht, was passiert war. Mein T-Shirt war voll mit Fleisch anderer Leute. Ich dachte, es wäre von mir. Ich rannte aus dem Restaurant, die Tür war mit Tischen und Mauerstücken blockiert. Überall lagen Körperteile. Es gab einen Kreis, in dem es sauber war, ringsherum lagen Körperteile.«

Mutter **Bat Scheva Schaul** flüchtete in die andere Richtung. »Ich kletterte aus dem Fenster. Ich sah eine Frau, sie suchte nach ihrer Familie. Sie verlor ihren Mann und zwei Kinder. Nach fünf Minuten kam die Ambulanz. Ich hatte am Vormittag im Radio von einem Anschlag in Tel Aviv gehört. Alle Leute, die in der Nähe des Einganges saßen, starben. Die anderen überlebten. Als wir in das Restaurant gingen, erinnerte ich mich an den Radiobeitrag. Ich wollte für uns den Platz ganz am Ende des Raumes haben. Ich sagte keinem den wahren Grund, sondern erklärte, wegen des Fensters. Ich glaube, das hat uns gerettet.«

Der Anschlag kostete über ein Dutzend Menschenleben, es gab vierzig zum Teil schwer Verletzte. Die radikal-islamische Palästinensergruppe Hamas übernahm kurze Zeit später die Verantwortung für die Tat. Der 22-jährige Palästinenser Schadi Tubasi hatte im Eingangsbereich des Restaurants den Sprengsatz an seinem Körper gezündet. Die Familie des Selbstmordattentäters lebt im Flüchtlingslager von Dschenin, der nördlichsten Stadt des Westjordanlandes.

Amdschad Tubasi, der Bruder des Selbstmordattentäters, wohnt ebenso dort. Er erfuhr im Flüchtlingscamp von dem Anschlag. »Ich hörte davon über die Lautsprecher der Moschee. Die Hamas nannte den Namen meines Bruders. Er sei bei einer militärischen Operation in Israel gestorben und damit ein Märtyrer. Das war ein Schock für mich, natürlich. Er hat ein normales Leben geführt, hat in Israel gearbeitet, übernachtete am Wochenende bei uns im Flüchtlingslager. Ich hatte keine Ahnung davon, was er vorhatte. Ich habe es gar nicht geglaubt am Anfang. Keiner will seinen Bruder verlieren. Meine Familie trauerte, die Hamas feierte.«

Für die Gruppe Hamas war der Bruder von Amdschad Tubasi ein Schahid, ein Märtyrer. Im Christentum nannte man so Menschen, die sich für ihren Glauben opferten. Hamas ist arabisch und bedeutet Eifer oder Begeisterung. Das Wort setzt sich zusammen aus Harakat al-Muqawima al-Islamiyya, was wiederum Islamische Widerstandsbewegung bedeutet. Der Lehrer und Prediger Ahmed Yasin hatte die radikale Gruppe Ende 1987 gegründet.

Die Hamas sieht sich selbst als eine »Islamische Widerstandsbewegung«. In der Gründungscharta von 1988 heißt es: »Gott ist ihr [der Bewegung] Ziel, der Gesandte Gottes ist ihr Vorbild, der Koran ist ihre Verfassung, der Dschihad ist ihr Weg, und der Tod für die Sache Gottes ist ihr erhabenster Wunsch (…) Wenn die Feinde

Selbstmordattentate radikaler Palästinenserorganisationen gab es bereits in den 90er Jahren, doch nie kam es zu so vielen Anschlägen wie während der Zweiten Intifada. Das Bild zeigt einen in die Luft gesprengten Bus in Jerusalem im Juni 2002.

etwas vom Land der Muslime usurpieren [widerrechtlich aneignen], wird der Dschihad zu einer individuellen Pflicht für jeden Muslim. Um der Usurpation Palästinas durch die Juden zu begegnen, muss das Banner des Dschihad erhoben werden. Dies erfordert die Verbreitung des islamischen Bewusstseins unter den Massen – auf lokaler, arabischer und islamischer Ebene.«

Nach Meinung der Hamas-Aktivisten ist der jüdische Staat auf islamischem Land gegründet worden. Und die friedensfeindliche Logik der Hamas besagt: einmal islamisch, immer islamisch. Das palästinensische Land sei Waqf, wie im Islam gemeinnützige und nicht veräußerbare Dinge genannt werden. Land könne verpachtet, unter keinen Umständen aber verkauft werden. Viele arabische Großgrundbesitzer hatten in den Jahrzehnten vor Israels Staatsgründung gleichwohl Land an jüdische Einwanderer verkauft. Die Hamas erkennt aber den Staat Israel nicht an. Das einzig Mögliche aus Sicht der radikalen Palästinenser ist die Hudna, das ist arabisch und entspricht einem Waffenstillstand.

In Israel als Terrorgruppe verschrien, genoss die Hamas in den Palästinensergebieten einen guten Ruf bei muslimischen, aber durchaus auch bei einigen christlichen Palästinensern. Die Organisation hatte über die Jahre ein enges Netz an sozialen Einrichtungen aufgebaut. Ähnlich wie die Hisbollah im Libanon machte die radikale Gruppe so vor allem bei ärmeren Bevölkerungsteilen Eindruck. Manche Mitglieder arbeiteten in sozialen Einrichtungen, und die Gruppe half oft unkomplizierter als die bürokratische und als korrupt geltende Fatah-Regierung. In den verarmten Flüchtlingslagern ging die Strategie aus Sicht der Hamas auf – viele der Selbstmordattentäter rekrutierte die Gruppe aus den Camps.

Vorbild und Mutterorganisation der Hamas sind die Muslimbrüder. Der Lehrer Hasan al-Banna hatte die Vereinigung 1929 in Ägypten gegründet. Seine islamische Bewegung richtete sich damals vor allem gegen die britischen Truppen im Land. Denn die einstige Kolonialmacht Großbritannien hatte Ägypten 1922 in die Unabhängigkeit entlassen, doch britische Soldaten sollten noch bis 1957, dem Jahr nach dem Suezkrieg, im Land verbleiben.

Die israelische Regierung stand angesichts der radikalen Strategie der Hamas vor einem großen Problem. Niemand wusste, wie die von der Hamas rekrutierten Attentäter gestoppt werden konnten. Die üblichen militärischen Mittel taugten hier nicht. Stattdessen begann das israelische Militär damit, die Wohnungen der Familien der Attentäter zu zerstören. Das sollte abschrecken, funktionierte aber nicht. Auch nicht im Fall des Palästinensers Schadi Tubasi, der den Anschlag im Restaurant in Haifa verübt hatte. Nachdem sein Bruder **Amdschad Tubasi** vom Selbstmordanschlag über die Lautsprecher der Moschee gehört hatte, wartete er auf die Bestrafung. »Die Soldaten kamen, gaben uns zwanzig Minuten, um unsere Wohnung zu verlassen, und zerstörten alles. Wir durften nicht mehr zurückkehren oder etwas renovieren. Die Wohnung sieht heute noch so zerstört aus wie damals. Wir durften aber in die zweite Etage desselben Hauses ziehen.«

Inbar Schaul, die den Anschlag in Haifa überlebte, saß mit dem Rücken zum Eingang des Restaurants. Ihr jüngster Bruder konnte dagegen den Selbstmordattentäter sehen. »Mein kleiner Bruder hatte deswegen Albträume. In der Nähe von uns gibt es einen Friedhof. Er träumte, wie der Terrorist vom Friedhof zu unserem Haus kommt, um ihn abzuholen.«

Die Mutter von Inbar Schaul und ihre zwei Brüder suchten nach dem Anschlag einen Psychologen auf. Inbar hingegen lehnte das ab. »Ich wollte nicht zu einem Psychologen. Ich redete für ein halbes Jahr mit niemandem darüber, weil ich dachte, es würde sowieso niemand verstehen. Ich war die ganze Zeit allein zu Hause, im Schlafanzug, ich traf keine Freunde, ich lernte nichts, ich tat gar nichts. Ich habe es bis heute nicht begriffen, was passiert ist. Immer wenn ich jemandem davon erzähle, fangen sie an zu weinen. Ich frage dann: ›Wieso weinst du? Ich habe überlebt. Du solltest glücklich sein.‹«

Neben der Hamas schleusen auch die al-Aqsa-Märtyrer-Brigaden Selbstmordattentäter nach Israel ein. Die radikale Gruppe gilt als militärischer Flügel der Fatah-Partei. **Anan Tabouq** schloss sich den Kämpfern mit 19 Jahren an. »Seitdem werde ich von den Israelis gesucht. Ich sehe daher nur selten meine Familie, gehe kaum nach Hause. Ich schlafe auch woanders. Nachts schlafe ich oft gar nicht. Ich habe Nablus noch nie verlassen, habe noch nie einen Israeli ohne Uniform gesehen. Wir haben die Altstadt in verschiedene Gebiete aufgeteilt. Die israelische Armee kommt nachts. Manchmal gibt es direkte Kämpfe mit den Soldaten. Einige von uns kämpfen gegen Verräter auf unserer Seite. Andere führen Explosionen an Kontrollpunkten des israelischen Militärs durch, andere innerhalb Israels. Die Israelis haben moderne Waffen, wir haben unseren Glauben. Ich glaube an Palästina. Wir haben alles verloren, außer unserer Würde. Ich habe keine Angst vor dem Tod. Ich glaube an den Dschihad.«

Nach dem überlebten Anschlag in Haifa veränderte sich für **Inbar Schaul** vieles – zum Beispiel ihr Verhältnis zu den in Israel lebenden Arabern. »Ich kann Araber nicht sehen. Ich kann Arabisch nicht hören. Ich hasse sie. Deswegen liebe ich die Armee. Ich mache Stabsdienst. Ich verstehe die Jungs dort nicht, Jungs dürfen kämpfen, aber sie kämpfen nicht. Manchmal lachen sie über mich und fragen, wieso ich die Armee so liebe. Ich liebe mein Land. Ich hätte nicht zur Armee gehen müssen, wegen des Anschlags. Aber ich wollte unbedingt. Ich liebe es, meine Uniform zu tragen.«

Idan Schaul, Inbars Bruder, sieht die arabischen Israelis anders. »Ich denke nicht, dass alle Araber schlecht sind. Ich hasse die Fanatiker. Aber andere mögen uns, sie wohnen mit uns zusammen in Haifa.« Auch in Großstädten wie Tel Aviv oder Jerusalem leben arabische Israelis. Sie oder ihre Familien waren weder in den Kriegen 1948/1949 noch 1967 vor der israelischen Armee geflohen oder von ihr vertrieben worden. Erst nach den Anschlägen radikaler Palästinensergruppen gerieten die arabischen Israelis unter Generalverdacht. Sie tragen einen israelischen Pass, nennen sich aber oft selbst Palästinenser oder palästinensische Bürger Israels.

So auch **Hazar al-Hadi**, die das Misstrauen wegen ihrer dunkleren Hautfarbe zu spüren bekam: »Ich war auf dem Weg nach Hause. Ich wartete auf einen Bus ein paar Meter von der Haltestelle entfernt. Ein Militärjeep hielt in meiner Nähe. Zwei Soldaten stiegen aus, kamen auf mich zu und richteten ihre Waffen auf mich. Die anderen Leute an der Bushaltestelle rannten weg, und ich stand alleine da. Alle sahen mich an. Ich hatte viel Angst, ich wusste, was sie von mir dachten. Ich hatte aber keine Ahnung, was ich machen sollte. Dann fragten die Soldaten nach meinem Ausweis, und als sie den israelischen Pass sahen, waren sie sichtlich beruhigt. Mein Vater holte mich von der Haltestelle ab, im Auto habe ich geweint vor Wut.«

Nach dem Ausbruch der Zweiten Intifada stellte Hazar al-Hadi für sich einige Regeln auf. Eine davon betrifft das Aussehen ihrer Tasche. »Ich überlege, welche ich mitnehme, wenn ich das Haus verlasse. Ich merke ja, dass mich die Leute komisch ansehen, wenn ich in ein Café oder einen Bus gehe. Am besten ist ein bunter Rucksack, dann sehe ich aus wie eine Touristin.«

Hiba al-Ayan aus Ost-Jerusalem wollte mit einer Gruppe junger Israelis in die USA fliegen. Der Sicherheitsaufwand am israelischen Flughafen bei Tel Aviv ist enorm. Reisenden mit arabischen Namen stehen lange Befragungen bevor. Touristen, die angeben, in die Palästinensergebiete reisen zu wollen, ergeht es ähnlich. »Die jüdischen Israelis passierten einfach die Kontrollen und warteten auf der anderen Seite auf uns. Ich als arabische Israelin verbrachte etwa eineinhalb Stunden bei den Sicherheitskontrollen. Eine Frau begleitete mich in ein Zimmer und durchsuchte mich dort. Dann befragte sie mich. Aber ich habe einen israelischen Pass, ich bin ein israelischer Staatsbürger, ich sollte wie die anderen durchgelassen werden. Ich habe das nicht verstanden. Ich will niemanden in die Luft sprengen, ich bin selbst Israelin. Früher war ich sogar stolz darauf, eine Israelin zu sein. Ich wusste nichts über den Konflikt. Seit meiner Erfahrung im Flughafen nenne ich mich nicht mehr Israelin, weil ich es einfach nicht bin. Ich bin eine Palästinenserin, die in Israel lebt.«

Der palästinensische Taxifahrer **Ahmed Amos** erinnert sich an einen Arbeitstag in Jerusalem: »Ich sollte eine alte Frau zur Jaffa-Straße bringen. Ich bog gerade in die Straße ein, da hörte ich einen lauten Knall. 200 bis 250 Meter von mir entfernt war ein Bus explodiert. Die alte Frau neben mir schrie mich an: ›Wieso macht ihr das?‹ Damit meinte sie uns Araber. Ich erklärte ihr: ›Das war nicht ich. Ich lehne so etwas ab.‹ Doch sie hörte die ganze Fahrt nicht auf, darüber zu reden, wie schlecht wir Araber sind. Ich brachte sie zu der gewünschten Adresse und fuhr dann nach Hause. Dort habe ich erfahren, wer der Fahrer des explodierten Busses war. Es hat sich schnell herumgesprochen, denn er kam aus meinem Ort. Er ist ein Freund von mir und Araber wie ich. Er überlebte den Anschlag, und ich besuchte ihn im Krankenhaus. Die Geschichte mit der alten Frau erzählte ich ihm aber erst später.«

Die palästinensischen Selbstmordattentate und die Vergeltungsaktionen der israelischen Armee nahmen kein Ende. Die internationale Kritik beeindruckte beide Seiten nicht. Jede Bemühung um Frieden war zum Scheitern verurteilt. Eine Erfahrung, die auch US-Präsident Bill Clinton im Oktober 2000 machen musste. Zusammen mit seinem ägyptischen Amtskollegen Mohammed Husni Mubarak lud Clinton nach Scharm el-Scheich, die Stadt liegt auf der ägyptischen Sinai-Halbinsel. Palästinenserpräsident Yassir Arafat und Israels Ministerpräsident Ehud Barak folgten der Einladung nach Ägypten. Doch reichten sich beide Politiker angeblich nicht einmal die Hand.

Erst wenige Monate zuvor, im Juli 2000, hatten sich Arafat und Barak im US-amerikanischen Camp David getroffen. Das Motto des von Bill Clinton initiierten Treffens: »Alles oder nichts«. Alle strittigen Fragen standen zur Debatte. Die israelische Seite war zu Zugeständnissen bereit: Rückzug aus dem seit 1967 besetzten Ost-Jerusalem und Abzug der Siedler und Soldaten aus 95 Prozent des besetzten Westjordanlandes. Doch zwei wichtige Kernfragen blieben unbeantwortet: Wer verwaltet die Altstadt, wo die heiligen Stätten der Juden, Muslime und Christen stehen? Und: Was passiert mit den palästinensischen Flüchtlingen? Arafat forderte ein Rückkehrrecht für alle von ihnen. Barak stimmte dem nicht zu, in dem jüdischen Staat würden sonst bald mehr palästinensische Muslime und Christen als Juden leben.

So scheiterte auch US-Präsident Bill Clintons engagierte Friedenspolitik. Die Gewalt ging auf beiden Seiten weiter. Das israelische Militär suchte in den Palästinensergebieten nach den Drahtziehern der Anschläge. Die meisten der israelischen Soldaten waren Wehrdienstleistende. **Schiri Bar-Zvi** war damals Soldatin im Gazastreifen. »Wir waren immer im Jeep oder in der Basis, aber ich fühlte mich nie sicher. Wenn wir unterwegs waren, warfen Kinder Steine nach uns. Ich hatte Angst, denn es hätte immer etwas anderes sein können als Steine. Wir sind so trainiert, der anderen Seite nicht zu vertrauen. Wir saßen im Gazastreifen oft abends am Strand. Unser Militärlager war in der Nähe. Der Sonnenuntergang war wunderschön. Es war so friedlich. Ich legte mich in der Basis schlafen und hörte den Muezzin [die Person, die zum Gebet der Muslime aufruft, meist über den Lautsprecher der Moschee]. Es klang wunderschön, ich liebe den Gesang. Aber es war auch unheimlich. Ich wusste nicht, was er singt. Nachts hörte ich Schüsse, ich wusste nicht von wem und nicht von wo. Die ersten zwei Jahre nach der Armee hatte ich Albträume.«

Armee-Kontrollpunkte gehörten für Palästinenser innerhalb des Gazastreifens und des Westjordanlandes bald zum Alltag. Das israelische Militär baute die Kontrollpunkte an Ortseingängen auf, aber auch auf viel befahrenen Straßen. Für viele Ziele im Westjordanland müssen die Palästinenser bei den israelischen Behörden einen Passierschein beantragen. Palästinenser wie **Ahmed Amos** müssen sich je nach Strecke täglich mehrmals ausweisen und durchsuchen lassen. »Ein Soldat hielt mich an einem Checkpoint [Kontrollpunkt] in der Nähe unseres Dorfes an. Meine Frau saß mit unseren Zwillingen im Arm hinten, die fünfjährige Tochter neben ihr. Es regnete in Strömen. Ich zeigte dem Soldaten unsere Ausweise. Er forderte meine Frau auf, auszusteigen. Ich wollte das nicht. Doch er wollte, dass sie das Auto verlässt. Das machte mich wütend. Ich stieg aus, öffnete ihre Tür, nahm die Zwillinge in den Arm und streckte sie dem Soldaten entgegen. Ich fragte ihn, ob er jetzt zufrieden ist. Dann rief ich einen anderen Soldaten herbei, er sagte, es ist okay, und ließ mich weiterfahren.«

Die Israelin **Schiri Bar-Zvi** nennt die Fragen, die einem israelischen Soldaten am Kontrollpunkt durch den Kopf gehen: »Sprengt sich der Palästinenser neben mir am Checkpoint in die Luft? Ist diese Frau wirklich schwanger, oder versteckt sie eine Bombe? Wir sind Soldaten der israelischen Armee, und von uns wird nicht erwartet, um sie besorgt zu sein. Das ist heute anders. Heute würde ich mehr die menschliche Seite sehen. Ich war ein Kind, 18 oder 19 Jahre alt. Das ist zu jung, um so schwere Entscheidungen über Leben und Tod zu treffen.«

Die Gewalt nahm trotz aller internationalen Friedensbemühungen kein Ende. Die israelische Regierung sprach sich für ein Vorziehen der Wahlen aus. Am 6. Februar 2001 stand der neue Ministerpräsident fest. Ariel Scharon, der Politiker, der vier Monate zuvor den Tempelberg besucht und damit die Zweite Intifada ausgelöst hatte, sollte zum mächtigsten Mann des Staates werden.

Ariel Scharon antwortete mit aller Härte auf die palästinensischen Anschläge. Seine Politik der eisernen Hand stieß beim wichtigsten internationalen Verbündeten, den USA, auf Wohlwollen. Denn auch in den Vereinigten Staaten hatten sich die politischen Verhältnisse verändert. Die Republikaner hatten die Wahlen gewonnen, und George W. Bush nahm Platz im Weißen Haus. Nach den Anschlägen vom 11. September 2001 verkündete der neue US-Präsident den »Krieg gegen den Terrorismus«. Die Einsätze des israelischen Militärs in den Palästinensergebieten zählte er zu diesem Kampf.

Im April 2002 kam es im palästinensischen Dschenin und Bethlehem zu den bis dahin größten Militäraktionen seit dem Ausbruch der Zweiten Intifada. Vorangegangen war eine Serie von palästinensischen Selbstmordanschlägen – allein im März 2002 kam es zu zwölf Anschlägen. Am 9. März 2002 sprengte sich ein Hamas-Attentäter in einem Jerusalemer Café in die Luft, ein anderer riss am 27. März in einem Hotel in Netanya 30 Menschen in den Tod, es gab über 140 Verletzte.

Die israelische Armee marschierte ins Flüchtlingslager von Dschenin ein. Viele der Selbstmordattentäter kamen aus diesem Camp. Der Palästinenser **Dschamal Taleb** wohnt ein paar hundert Meter vom Flüchtlingslager entfernt. »Panzer und Jeeps fuhren an mir vorbei. Die Mauer vor meinem Haus wurde zerstört. Die Soldaten umzingelten das Camp. Sie griffen es von allen Seiten an. Es gab Tag und Nacht Kämpfe. Ich schlief ein bis zwei Stunden pro Tag. Sonst stand ich vor dem Fenster und beobachtete die Helikopter. Bei mir lebten zu dieser Zeit rund vierzig Leute. Sie flüchteten aus dem Camp. Selbst meine Nachbarn wollten bei mir schlafen. Ich spreche Englisch, und sie sagten, ich könnte mit den Soldaten reden, falls sie kommen, und sie beschützen. Ich ging danach durch das Camp. Überall sah ich zerstörte Häuser wie nach einem Erdbeben.«

In Bethlehem verschanzten sich Anfang April 2002 über 150 Palästinenser in der Geburtskirche; nach christlicher Überlieferung kam Jesus an dieser Stelle auf die Welt. Die Palästinenser flüchteten vor den israelischen Truppen, die in der Stadt auf der Suche nach den Drahtziehern der zahlreichen März-Anschläge in Israel waren. Kurz darauf fuhren israelische Panzer vor, und die Armee verhängte für 39 Tage eine Ausgangssperre in Bethlehem. Der Palästinenser **Jack Neno** wohnt mit seiner Familie in dem Ort. »Wir lebten zu viert in der Wohnung. Alle fünf Tage durften wir für drei Stunden aus dem Haus. Wir kauften in dieser Zeit Essen und andere Sachen, die wir dringend benötigten. Die Preise waren hoch. Wir verbrachten die ganze Zeit vor dem Fernseher und sahen al-Dschazira [arabisch für die Insel, arabischer Nachrichtensender]. In den ersten Tagen blieben wir wirklich zu Hause. Nach zehn Tagen hatten wir uns an die Panzer gewöhnt. Wenn keine Soldaten in Sicht waren, rannte ich zu meinen Nachbarn, um Karten oder Backgammon zu spielen.«

Die israelische Armee hatte die Ausgangssperre verhängt, um Haus für Haus nach militanten Palästinensern zu suchen. An einem Tag standen sie vor der Wohnung von Jack Neno. »Sie traten die Tür ein, räumten die Regale und Schränke aus, warfen alles, auch die Kleider, auf den Boden. Ich versuchte mit ihnen zu reden, aber das war nicht leicht. Ich fragte, wonach sie suchen würden. Vielleicht könne ich helfen. Einer sagte, sie fahnden nach bösen Kerlen. Und ich fragte, wie sehen böse Kerle aus? Der Soldat erklärte, sie haben Waffen. Ich fragte, wieso er dann eine Waffe trage. Da erwiderte er nur, er hätte eine M-16, böse Jungs schießen mit der Kalaschnikow.«

Der Konflikt in der Geburtskirche in Bethlehem endete nach mehreren erfolglosen Versuchen mit einem Kompromiss: Ein Teil der Palästinenser reiste ins Exil, ein anderer Teil musste in ein palästinensisches Gefängnis, die meisten sollten straffrei in den Palästinensergebieten leben dürfen. Die Militäraktionen in Dschenin und Bethlehem machten auf die radikalen Palästinensergruppen keinen Eindruck. Die israelische Armee stellte Yassir Arafat mehrmals unter Hausarrest, der Palästinenserführer durfte sein Hauptquartier, die Muqataa (arabisch für Hauptquartier), nicht verlassen.

Die israelische Armee nannte die Einsätze in Dschenin und Bethlehem »Operation Schutzschild«.

Die israelische Regierung unter Ariel Scharon reagierte 2003 mit weiteren Maßnahmen auf die anhaltenden Anschläge. Nach Ansicht der Regierung könnte eine etwa 750 Kilometer lange Sperranlage um das Westjordanland potenzielle Attentäter aufhalten. Befürworter dieses Projektes sprachen von einem Zaun, Gegner von einer Mauer – die Realität liegt dazwischen. Der größte Teil der Barriere besteht aus Stacheldraht, Gräben, Zäunen, Bewegungsmeldern und Beobachtungsposten, vor allem aber in der Nähe von dicht bewohnten Gebieten steht eine bis zu acht Meter hohe Mauer.

Am Stadtrand von Bethlehem errichtete die Armee eine dieser Mauern mit einem Kontrollpunkt. Der Palästinenser **Jack Neno** kam in Bethlehem auf die Welt und wuchs dort auf. »Vor dem Bau der Mauer gab es immer einen Weg nach Jerusalem, immer eine Stelle ohne Kontrollen. Jetzt lebe ich wie in der Mausefalle. Ich fühle mich wie im Gefängnis. Ein Freund von mir lebt im Gazastreifen. Zwischen uns liegen 60 Kilometer. Aber wir treffen uns einmal im Jahr in Frankreich. Das ist einfacher.«

Im Mittelpunkt internationaler Kritik steht nicht, wie die Barriere aussieht, sondern wie sie verläuft. Nach den Plänen der israelischen Regierung würden die Zäune und Mauern zehn Prozent der Palästinensergebiete faktisch auf die israelische Seite holen. Jüdische Siedlungsblöcke in den Palästinensergebieten wie Ariel zwischen Ramallah und Nablus sowie Gusch Etzion bei Bethlehem lägen dann auf der Seite Israels.

Eine Mauer teilte bald auch Abu Dis, einen Ort in Ost-Jerusalem. Die Schwestern **Mahera** und **Manal Ayyad** leben auf unterschiedlichen Seiten der Barriere. Manal sah, wie Arbeiter die Mauer etwa 50 Meter neben ihrem Haus aufbauten. »Es geschah Schritt für Schritt. Zunächst errichteten sie eine niedrige Mauer, über die konnten wir springen. Dann bauten sie eine höhere Mauer, aber es

➔ Ein Palästinenser geht an der israelischen Barriere entlang. In der Nähe von dicht bewohnten Gebieten besteht die Sperranlage aus bis zu acht Meter hohen Mauern.

gab eine kleine Öffnung, durch die wir durften. Jetzt ist sie komplett geschlossen.«

Nachdem die Mauer fertiggestellt war, bezogen Siedler den benachbarten Hügel. **Sabah Ayyad**, die Mutter von Manal und Mahera, erinnert sich an andere Zeiten. »Früher nahmen wir Essen mit und machten dort ein Picknick. Auch die Beduinen kamen, weil es hier eine Wasserzisterne gibt. Es gibt Gras und eine Quelle. Die Beduinen hatten Ziegen und Pferde. Heute ist das alles verboten. Soldaten bewachen den Eingang.«

Mahera lebt mit ihrem Mann und den Kindern auf der einen Seite, ihre Schwester Manal und die Eltern auf der anderen Seite der Barriere. Um zu deren Haus zu kommen, muss sie oft einen langen Umweg in Kauf nehmen. »Vor dem Mauerbau kam ich zweimal am Tag hier vorbei, heute einmal im Monat. Es ist schwierig. Es kostet Zeit und Geld. Früher war es ein Spaziergang nach Hause, heute eine Stunde mit dem Bus. Meine Kinder macht das nervös. Ich habe drei Töchter und einen Sohn. Wenn mein Sohn ein Bild malen soll, dann malt er immer irgendwo einen israelischen Soldaten.«

Die Barriere schränkt die Bewegungsfreiheit der Palästinenser stark ein. Auch weitere Regelungen machen eine freie Fahrt unmöglich: Die Farbe des Autokennzeichens entscheidet, wie schnell die Fahrt vonstatten geht. Israelische Fahrzeugführer haben ein gelbes, palästinensische ein grünes Nummernschild. Der Palästinenser **Jack Neno** erklärt den Unterschied: »Mein Auto hat ein grünes Nummernschild. Ich darf damit nur im Westjordanland fahren. Aber auch da nicht überall. Es gibt Zubringerstraßen zu den israelischen Siedlungen. Die darf ich nicht befahren, sie sind nur für Israelis. Wenn ich zum Beispiel nach Ramallah möchte, dann führt der direkte Weg durch Jerusalem. Das haben wir früher so gemacht. Es sind nur 25 Kilometer, und in einer halben Stunde waren wir dort. Heute muss ich Jerusalem umfahren, und es sind 60 Kilometer. Unterwegs gibt es Checkpoints, und ich weiß nicht, ob mir die Soldaten Ärger machen, ob ich warten muss oder nicht. Wenn jemand zum Beispiel in Ramallah arbeitet, kann er nie sagen, ob er pünktlich ankommen wird.«

Vor der Ersten Intifada 1987 war die Situation eine andere gewesen. Die israelische Militärverwaltung hatte den Palästinensern vor dem Aufstand viele Freiheiten gelassen. Jack Neno erinnert sich an diese Zeit: »Wenn ich irgendwo hinwollte, war das kein Problem. Zur libanesischen Grenze im Norden oder nach Eilat im Süden, alles war möglich. Mein Vater führte spanische und amerikanische Touristen durch das Land, und ich begleitete ihn oft. Jedes Jahr ging ich mit Freunden und meinen Cousins nach Tiberias. Wir lebten einen Monat am See Genezareth.«

Der Bau der Barriere seit 2003 und die strengen Kontrollen nach dem Ausbruch der Zweiten Intifada zogen wirtschaftliche Folgen nach sich. Die Mauer mit den bewaffneten Wachsoldaten und die Angst vor radikalen Palästinensergruppen schreckten immer mehr Touristen davon ab, das Westjordanland zu besuchen. In der Pilgerstadt Bethlehem sank die Besucherzahl rapide. Im Jahr 2000 strömten bis zum Beginn der Intifada monatlich 90000 Touristen in die Stadt. 2004 waren es nur noch 5000 Besucher. Bis dahin schlossen rund 30 Hotels ihre Pforten. Statt 90 Reisebussen rollten nur noch fünf jeden Tag vor die Geburtskirche Jesu.

Nicht nur für die Tourismusbranche veränderte sich vieles zum Schlechten. **Nael Qubbadsch** arbeitet in Nablus für eine Fabrik, die aus Olivenöl Seife herstellt. »Heute ist wegen der Checkpoints der Export schwieriger. Die Transporter müssen einen längeren Weg zurücklegen als früher. Da dauerte eine Fahrt mit dem Lkw eineinhalb Stunden von Nablus bis nach Ramallah, heute sind es drei bis vier Stunden. Dazwischen gibt es bis zu vier Checkpoints. Das verzögert die Lieferung. Die Lkw-Fahrer halten bei jedem Checkpoint an, bei einer Kontrolle müssen sie die komplette Ladung vor den Soldaten entladen. Das sind insgesamt rund 11,5 Tonnen Seife. Dafür müssen weitere Arbeiter bezahlt werden. Manchmal wird ein Teil der Lieferung beschädigt. Vor allem im Winter, dann weicht der Karton auf. Das verursacht alles mehr Kosten.«

Vom Gazastreifen-Konflikt im Süden zum zweiten Libanonkrieg 2006 im Norden

Strengere Kontrollen, meterhohe Mauern und Zäune zeigten Wirkung. Die Zahl der Selbstmordanschläge ging in Israel zurück. Die Befürworter der neu errichteten Barriere zwischen Israel und den Palästinensergebieten sahen sich bestätigt; die Gegner aber zweifelten an einem langfristigen Erfolg. Ihr Kritikpunkt: Von den Kontrollpunkten und Barrieren sind nicht nur Selbstmordattentäter betroffen, sondern alle Palästinenser. Außerdem verläuft die Barriere stellenweise durch palästinensisches Gebiet und trennt manche Plätze voneinander. Das könnte für Unmut und noch mehr Hass sorgen. Im schlimmsten Fall erhielten die radikalen Palästinensergruppen dann weiteren Zulauf. Gleichzeitig gingen gemäßigte Palästinenser ins Exil.

Die Barriere konnte manche der Selbstmordattentäter aufhalten. Doch die Angriffe aus dem Gazastreifen gegen Israel gehen weiter. Die eingesetzte Waffe heißt Qassam, benannt nach dem Rebellenführer Izz ad-Din al Qassam, der in den 1930er Jahren gegen die britische Mandatsmacht in Palästina kämpfte. Der Ort Sderot taucht wegen der Qassam-Einschläge immer wieder in den Nachrichten auf. Vom Gazastreifen sind es nur fünf Kilometer zu der israelischen Kleinstadt. **Lior Feller** lebt in Sderot und hat sich an die Angriffe gewöhnt. Sobald das Radar die Rakete ortet, kündigt ein Alarm den Einschlag an. »15 Sekunden hätte ich Zeit, aber ich mache nichts, wenn es einen Alarm gibt. Ich bin wie blind in dieser Situation, ich lebe einfach mit ihr. Vielleicht weil ich aus Jerusalem komme, da gab es auch Explosionen. Wahrscheinlich haben wir Israelis auch eine Elefantenhaut bekommen. Wenn du nah an einer Rakete dran bist, hörst du das Pfeifen und dann den Knall. Aber schlimmer als die Qassam ist der Alarm, der ist die ganze Zeit im Kopf.«

Mitglieder der Hamas und anderer radikaler Palästinenserorganisationen feuern die selbst hergestellten Raketen seit Oktober

2001 immer wieder vom Gazastreifen aus Richtung Israel. Nicht jede Qassam wird vom Radar geortet, manche schlagen ohne Alarm ein. Die Israelin Lior Feller erinnert sich an einen nächtlichen Angriff, bei dem sie nicht so gelassen wie sonst reagierte: »Ich schlief, und die Explosion weckte mich. Ich sprang auf, drehte meine Matratze um. In der Armee hatte ich gelernt, mein Gewehr nachts immer unter die Matratze zu legen. Ich wachte auf und suchte nach meiner Waffe. Aber dieses Mal gab es keine Waffe, ich bin ja nicht mehr in der Armee.«

Das israelische Militär antwortet auf die Qassam-Angriffe mit Artillerie, Luftwaffe und Einsätzen von Spezialeinheiten. Das Problem ist dabei, dass die Qassam-Raketen vom dicht besiedelten Gazastreifen aus abgefeuert werden. Jeder israelische Militäreinsatz birgt daher Risiken. Denn die meisten Bewohner des Gazastreifens haben nichts mit den Qassam-Raketen zu tun.

Im November 2006 beschoss die israelische Artillerie Häuser in Beit Hanoun, einem Ort im Gazastreifen. Die israelische Armee sprach kurz darauf von einem technischen Fehler. Das eigentliche Ziel habe mehrere hundert Meter davon entfernt gelegen. Von dort seien Qassam-Raketen Richtung Israel abgefeuert worden. Der »technische Fehler« kostete 19 Palästinenser das Leben. Ilham Saad al-Athamna und ihr Bruder Munir verloren in wenigen Minuten fast ihre ganze Familie.

Munir Saad al-Athamna übernachtete mit seinen Brüdern in einem Zimmer. »Am frühen Morgen weckte mich die Explosion. Ich rannte aus dem Zimmer, überall lagen Mauertrümmer. Das Haus war voller Rauch, und ich konnte kaum etwas sehen. Ich hörte Leute aus meiner Familie schreien, ich wusste aber nicht, wohin ich rennen sollte. Ich sah meinen Neffen, sein rechter Arm fehlte.« Seine Schwester Ilham: »Überall lagen tote Körper. Ich versuchte zu erkennen, wer aus meiner Familie gestorben ist. Irgendwo entdeckte ich meinen kleinen Bruder. Sein Oberkörper war vom restlichen Körper abgetrennt. Er sah mich an, aber wir konnten ihm nicht mehr helfen.«

Die israelischen Armeeeinsätze und die Angriffe der Hamas mit Qassam-Raketen sollten kein Ende finden. Bis zum August 2005 hatte sich im Gazastreifen weiterer Konfliktstoff angesammelt. Auf dem kleinen Gebiet lebten außer 1,4 Millionen Palästinensern auch etwa 7000 israelische Siedler. Soldaten bewachten die Siedlungen, die den Namen Gusch Katif trugen. Die Israelin **Rachel Saperstein** wohnte dort mit ihrem Mann. »Wir hatten eine wundervolle Landschaft, Palmen, Sanddünen, weiße Häuser mit roten Dächern, Gärten, das Mittelmeer. Wir sahen jeden Abend den Sonnenuntergang von unserer Terrasse aus. Es war ein wunderschönes Leben in einer wunderschönen Gegend.«

Gusch Katif entwickelte sich aus israelischer Sicht zu einem erfolgreichen, wenn auch international umstrittenen Unternehmen. Die Siedler spezialisierten sich auf den Anbau von koscheren (hebräisch für rein) Produkten. Was koscher ist, regeln die jüdischen Speisegesetze, an die sich religiöse Juden halten. Milch und Fleisch müssen zum Beispiel getrennt werden, Schwein, Schalentiere wie Meeresfrüchte und Insekten dürfen nicht gegessen werden. Im islamischen Recht spricht man von Halal – das bedeutet erlaubt. Damit sind all die Dinge gemeint, die den Muslimen gestattet sind. Das Verzehren von Schweinefleisch ist ihnen wie den Juden verboten.

Rachel Saperstein erinnert sich an ihre ersten Tage in der Siedlung: »Wir wussten nichts über Landwirtschaft. Wir kamen in eine Welt von Farmern. Ich arbeitete bald als Lehrerin an einer religiösen Schule für Mädchen. Am Abend unterrichtete ich Erwachsene. Die Farmer hatten ihre Treibhäuser im Sand gebaut. Das war Landwirtschaft auf technisch höchstem Niveau. Gusch Katif bot insektenfreies Gemüse an. Die religiöse Hausfrau musste nicht jedes Blatt nach Insekten durchsuchen. Das war ein Markt für die religiöse Welt. Alles, was wir pflanzten, wuchs.«

Doch im Juni 2004 änderte die israelische Regierung Ariel Scharons ihre bis dahin siedlerfreundliche Politik. Der israelische Ministerpräsident sprach von einem Rückzug der Siedler aus dem Gazastreifen. Was den erfahrenen Politiker zum Richtungswechsel bewegte, ist bis heute umstritten. Es gibt mehrere Möglichkeiten, sein Verhalten zu deuten: Jede Verhandlung über einen Frieden mit den Palästinensern scheiterte an den Kernfragen, die sich mit dem

Rückkehrrecht der palästinensischen Flüchtlinge und dem Verbleib der jüdischen Siedler beschäftigten. Ein Rückzug der Siedler brächte die palästinensische Seite in enormen Zugzwang. Nun müssten sie selbst Zugeständnisse bei der Frage der Flüchtlingsrückkehr machen. Ein anderer Grund für Scharons Umdenken könnte rein praktischer Natur gewesen sein: Die militärische Absicherung der Siedlungen und Siedlerstraßen war mit hohen Kosten verbunden. Viele junge Soldaten verbrachten ihren Wehrdienst in den besetzten Gebieten. Die oft gefährlichen Einsätze waren nicht nur bei ihren Familien umstritten.

Doch kritische Stimmen warnten vor einer Überbewertung von Scharons Politikwechsel. Die Rückzugspläne betrafen 6500 Siedler im Gazastreifen. Im Westjordanland sowie in und um Ost-Jerusalem lebten dann immer noch knapp 400 000 Siedler in etwa 200 Siedlungen. Die staatliche Busgesellschaft fährt viele dieser Orte mit teilweise gepanzerten Bussen an. Mitten in den Palästinensergebieten stehen daher israelische Bushäuschen und Tankstellen. Für Palästinenser aus »Sicherheitsgründen« unerreichbare Städte wie Tel Aviv sind für die jüdischen Siedler ausgeschildert.

Die Siedlerbewegung ging auf die Straße und demonstrierte gegen Scharons Rückzugspläne. Der Massenprotest spaltete die Gesellschaft in zwei Farben – Orange gegen den Abzug und Blau dafür. Siedler und ihre Unterstützer verteilten orangene Stoffstreifen für die Autoantenne, verkauften Armbänder und T-Shirts. Im religiös geprägten Jerusalem fanden die Siedler mehr Unterstützer als im weitgehend weltlichen Tel Aviv.

In Ariel Scharons Partei, dem Likud-Block, sprachen sich immer mehr Mitglieder gegen seine Gaza-Rückzugspläne aus. Um weiteren Protesten aus dem Weg zu gehen, gründete Scharon eine neue Partei mit dem Namen Kadima, hebräisch für vorwärts. Im August 2005 begann der Rückzug der Siedler aus dem Gazastreifen. Begleitet von massiven Protesten der Siedlerbewegung transportierten etwa 14 000 israelische Soldaten und Polizisten die Bewohner von Gusch Katif ab.

Die Siedlerin Rachel Saperstein denkt nur ungern an diese Zeit zurück. »Wir waren alle zusammen mit Freunden in unserem

Haus. Hunderte Soldaten und Polizisten warteten davor. Sie redeten nicht mit uns. Wenn wir fragten, antworteten sie nicht. Ich sagte zu ihnen: ›Seht in mein Gesicht, seht meinen Mann an, erinnert euch immer daran, wie wir aussehen. Ihr sollt euch euer ganzes Leben an unsere Gesichter erinnern. Ich werde euch nicht vergeben.‹ Ich war nicht verängstigt, aber müde, zu müde, um zu kämpfen. Sie unterzogen uns einer Gehirnwäsche. Leute, die gingen, erhielten sofort eine Entschädigung. Wir brauchten Genehmigungen, wenn wir Gusch Katif betreten oder verlassen wollten. Sie erließen Gesetze, die das Leben immer mehr erschwerten. Ich ging in den Supermarkt, und es gab kein Essen mehr in den Regalen.«

Viele Palästinenser im Gazastreifen urteilen wie **Rafiq Choudari** aus Gaza-Stadt über den Rückzug der israelischen Siedler: »Die Israelis dachten, sie hätten uns damit einen Gefallen getan. Der Rückzug aus Gaza hat aber nichts verbessert. Der Gazastreifen ist ein Gefängnis, und nun wurde es lediglich vergrößert – das ist alles. Es ist das größte Gefängnis der Welt.« Für den Lehrer **Ramzi Hassouna** steht schon lange fest: »Ich will Gaza verlassen, aber dafür muss ich hart arbeiten. Ein Freund von mir ist nach Schweden ausgewandert, ein anderer nach Großbritannien. Jeder, der eine Chance hat, geht. Das ist natürlich hart für die Eltern.«

Radikale Palästinensergruppen, allen voran die Hamas, nutzten den Rückzug der Siedler dennoch für ihre Propaganda. Von Friedensverhandlungen wollten die Extremisten nichts wissen. Die Hamas-Führung traf eine folgenschwere Entscheidung. Sie wollte bei den palästinensischen Parlamentswahlen im Januar 2006 antreten.

Nicht aber die Behauptungen zum israelischen Gaza-Rückzug machten die Hamas so beliebt – denn die Palästinenser im Westjordanland und in Ost-Jerusalem betraf das nicht. Die steigende Zustimmung für die Hamas hatte offensichtlich andere Ursachen. Die wirtschaftliche Situation in den Palästinensergebieten war miserabel, und die Suche nach Schuldigen im eigenen Land dauerte nicht lange: Die Fatah war die Partei, die bis dahin die politische Richtung vorgab, und der Vorwurf der Korruption war für die Fatah-Abgeordneten nicht neu. Doch nach dem Tod von Yassir Arafat im November 2004 wogen die Anschuldigungen schwerer.

Arafat war für viele Palästinenser eine lebende Legende und zur unkritisierbaren Person geworden. Der Tod des Präsidenten der Palästinensischen Autonomiebehörde machte die Fatah so angreifbar und orientierungslos wie nie zuvor. Arafats Nachfolger Mahmud Abbas konnte daran nicht viel ändern. Der einstige Geschäftsmann trat mit Anzug und Krawatte vor die Fernsehkameras, was Arafat meist in Uniform und immer mit Kopfbedeckung getan hatte.

Mit einem guten Abschneiden der Hamas rechnete am Wahltag im Januar 2006 jeder. 10 bis 30 Prozent der Stimmen sagten ihr Wahlbeobachter voraus. Einen Erdrutschsieg sah kaum jemand kommen. Genau das aber gab es: Von den 132 Plätzen im Parlament in Ramallah gingen 76 an die Hamas. Die radikale Gruppe erhielt mehr als 50 Prozent der Mandate und konnte somit alleine regieren. Ismail Hanija führte die neue Hamas-Regierung als Ministerpräsident an. Dem Sieg war ein aufwendiger Wahlkampf vorausgegangen – im wahrsten Sinne des Wortes. Die rivalisierenden Gruppen Fatah und Hamas lieferten sich nächtliche Schießereien in Gaza-Stadt und Ramallah.

Der Sieg der Hamas bedeutete endgültig das Aus für die sogenannte Road Map (englisch für Straßenkarte, sinngemäß Fahrplan). Russland, die USA, die Europäische Union und die Vereinten Nationen hatten diesen Plan im April 2003 offiziell vorgelegt. Darin sah das Nahost-Quartett für die Palästinenser einen unabhängigen Staat vor. Sobald Palästinenser dem Terrorismus abgeschworen hätten, würden sich die israelischen Truppen aus dem Gazastreifen und dem Westjordanland zurückziehen.

Die palästinensische und die israelische Regierung hatten der Road Map im April 2003 zugestimmt, wenn auch mit zahlreichen Einwänden. Mit dem Wahlsieg der Hamas stand das Nahost-Quartett vor einer neuen Situation. Die radikale Palästinensergruppe erkannte das Existenzrecht Israels nicht an. Somit war jeder Friedensplan zum Scheitern verurteilt. Überdies war die Hamas noch bis zum Beginn des Wahlkampfes für zahlreiche Selbstmordanschläge und Qassam-Angriffe verantwortlich gewesen. Würden die beträchtlichen Hilfszahlungen der internationalen Gemeinschaft nun zwangsläufig auf den Konten der Hamas landen?

Die EU und andere Geldgeber befürchteten genau das und stellten die Zahlungen an die Palästinensische Autonomiebehörde ein. Das machte die neue palästinensische Hamas-Regierung von einem Tag auf den anderen zahlungsunfähig – etwa 95 Prozent ihres Haushaltes deckt die Palästinensische Autonomiebehörde mit internationalen Hilfszahlungen. Die Gehälter für Staatsbedienstete konnten nicht mehr ausgezahlt werden. Die Auswirkungen davon betrafen etwa 160 000 Regierungsangestellte, darunter viele Fatah-Anhänger, Ärzte in öffentlichen Krankenhäusern, Lehrer und Pensionäre. Die Palästinenserin **Mahera Ayyad** ist Mutter und war auf der Suche nach einer Schule für ihre Kinder. »Die Lehrer erhielten monatelang keine Gehälter. Sie unterrichten nicht mehr. Der Direktor sagte uns, dass er es im Lokalfernsehen bekannt geben wird, wenn die Schule wieder öffnet.«

Die EU änderte nach einiger Zeit ihre vollständige Blockadehaltung, und Lehrer wie **Ramzi Hassouna** erhielten wieder einen Teil ihres Gehaltes. »In den ersten drei Monaten nach dem Hamas-Sieg habe ich kein Geld bekommen. Heute überweist die EU das Gehalt direkt auf mein Konto. Vor den Wahlen ging das Geld erst an die damalige Fatah-Regierung, die mich dann bezahlte. Die EU überweist 300 Dollar pro Monat, früher bekam ich 450. Aber auch das reicht nicht, um eine Familie zu gründen. Ich müsste erst einmal vier oder fünf Jahre sparen, um die Hochzeitsfeier bezahlen zu können.«

Die Zahlungsunfähigkeit der Regierung weitete sich schnell auf andere Bereiche aus. Dem Bausektor fehlten Aufträge aus öffentlicher Hand. Beamte konnten ohne ihr reguläres Gehalt die Rechnungen nicht mehr bezahlen, was wiederum zu Umsatzeinbrüchen bei den Händlern sorgte. **Sufian Abu Latifa** führt eine Apotheke in Ramallah. »Viele Kunden hatten nicht mehr genug Geld. Manche fragten nach Medikamenten und wollten später zahlen oder standen vor mir und fingen an zu weinen. Wie deprimiert und frustriert ist so jemand? Manche konnten sich die ganze Packung Tabletten nicht mehr leisten und kauften nur ein oder zwei Stück. Es gibt eine Krankenversicherung, deren Leistung ist allerdings von ausländischer Hilfe abhängig. Eine private Versicherung können sich nur wenige leisten. Die Leute verhandelten mit mir wegen eines Schekels [20 Cent]. Was soll ich machen? Das ist für mich zu viel. Also gab ich die Medikamente ohne Geld heraus. Einige schrieben ihren Namen und ihre Telefonnummer auf einen Zettel. Manche kamen irgendwann und zahlten, die meisten nie. Sie haben kein Geld.«

Zwischen Hamas und Fatah kam es in den Monaten nach der Wahl immer wieder zu heftigen Auseinandersetzungen. Zu den blutigsten Konflikten kam es im Gazastreifen. Das Fatah-Mitglied **Mohammed Afana** erklärte dazu: »Wenn ich von einem Israeli verletzt werde, dann weiß ich, es war mein Feind. Aber wenn ich von einem Hamas-Mitglied verletzt werde, dann ist es ein Palästinenser wie ich. Die israelische Besatzung ging, die Besatzung der Hamas kam. Sie nennen uns Ungläubige. Wer sind sie, dass sie uns so nennen können?«

Der Streit zwischen Hamas und Fatah hatte zahlreiche Ursachen. Viele Fatah-Mitglieder verloren ihre Stelle im öffentlichen Dienst und mussten zusehen, wie die Hamas die Ämter mit eigenen Leuten besetzte. Ganze Familien standen auf einmal vor dem finanziellen Ruin. **Ayman Qannita** gab der Hamas bei den Wahlen im Januar 2006 seine Stimme. »Ich unterstütze die Hamas, denn die alte Regierung hat in zehn Jahren nur Schlechtes gebracht. Ich arbeite als Zeichner, und seit dem Regierungswechsel ist mein Einkommen um 70 Prozent gesunken. Ich habe eine Familie mit drei Kindern, aber ich werde meine Meinung nicht gegen Geld ändern. Ich werde auch beim nächsten Mal Hamas wählen.«

Der Lehrer **Ramzi Hassouna** aus Gaza-Stadt hatte die Wahlen boykottiert. »Viele haben einfach nur Hamas gewählt, weil sie etwas verändern wollten. Die Hamas hatte Hoffnung auf eine Besserung der Lage gemacht und eine bessere soziale Absicherung versprochen. Sie hatte ein sehr rosiges Bild gemalt. Sie nannte sich bei den Wahlen ›Wandel und Reform‹, nicht Hamas. Ich gab keine Stimme ab. Ich bin weder Mitglied der Hamas noch der Fatah, sondern einfach nur Palästinenser.«

Zwei Monate nach den palästinensischen Wahlen standen in Israel die Parlamentswahlen an. Rechte Parteien wie der Likud-Block unter Benjamin Netanjahu und Israel Beitenu (hebräisch für Unser Haus Israel) unter Avigdor Lieberman traten gegen Ariel Scharons Kadima an. Die Partei musste ohne ihren Gründervater auskommen, Scharon war vor den Wahlen nach einem Schlaganfall ins Koma gefallen.

Scharons Nachfolger Ehud Olmert setzte dessen Politik fort. Der frühere Bürgermeister von Jerusalem ging mit weiteren Rückzugsplänen in den Wahlkampf. Nach dem Gaza-Rückzug standen einige der Siedlungen im Westjordanland auf der Liste. Dabei ging es vor allem um sogenannte Outposts (englisch für Außenposten), sprich um kleine Siedlungen, die weitab von der israelischen Infrastruktur liegen und die nur mit hohem Aufwand militärisch abgesichert werden können. Die großen Siedlungen um Jerusalem sollten dabei unangetastet bleiben.

Viele glaubten nach dem Einzug der Hamas in das Parlament der Palästinenser an einen Sieg der rechten Parteien in Israel. Ihnen wird ein eher hartes Durchgreifen gegen radikale Gruppen zugetraut. Doch scheinbar spielten innenpolitische Themen eine wichtigere Rolle beim Urnengang. Die Arbeiterpartei mit Amir Peretz an ihrer Spitze kam nach der Stimmenauszählung auf Platz zwei. Peretz übernahm mit Olmerts Kadima die Regierungsverantwortung. Die Arbeiterpartei warb für einen gesetzlich festgelegten Mindestlohn. Das kam vor allem bei neu eingewanderten Juden sehr gut an. Viele von ihnen gehören zu den sozial Schwachen im Land.

Den Rückzug einiger Siedler aus dem Westjordanland zu planen war das eine, die erfolgreiche Durchführung das andere. Ehud Olmert wusste noch zu gut, wie die Hamas den Gaza-Rückzug für ihren Wahlkampf ausnutzte. Nach dem Hamas-Sieg könnte es so aussehen, als würde die israelische Regierung aus Angst vor der radikalen Partei Zugeständnisse machen und weitere Siedlungen räumen. Doch es sollte ein anderes Ereignis sein, das die Rückzugspläne der neuen israelischen Regierung in der Schublade enden ließ.

Am 12. Juli 2006 entführte die radikal-islamische Hisbollah zwei israelische Soldaten an der Grenze zum Libanon. Mitglieder der Partei Gottes hatten die beiden Israelis in einen Hinterhalt gelockt. Immer wieder war es vor und nach dem Libanonkrieg von 1982 zu solchen Zwischenfällen gekommen. Die Entführung zweier Soldaten nur wenige Monate nach der Wahl aber brachte Ministerpräsident Ehud Olmert und Verteidigungsminister Amir Peretz in Zugzwang. Beide standen in Teilen der Bevölkerung wegen fehlender Konzepte im Kampf gegen radikale Gruppen in der Kritik. Erst im Juni 2006 war ein israelischer Soldat in den Gazastreifen verschleppt worden.

Nach kurzer Zeit fiel der Entschluss, mit einem Militäreinsatz auf die Entführung der Soldaten zu antworten. Der Israeli **Jakob Katzir** erfuhr in seinem Urlaub von den Ereignissen. »Ich habe Ferien in München gemacht und dort von dem Krieg gehört. Zwei meiner Söhne leben an der Grenze zum Libanon. Sie haben Kinder, und ich dachte, sie brauchen meine Hilfe. Meine Frau blieb zunächst in Deutschland. Ich bin sofort zurück nach Israel geflogen. Ich kam nachts in Tel Aviv an, es fuhren keine Busse und Züge mehr in den Norden. Per Anhalter bin ich bis zu meinem Zuhause nach Haifa gekommen. Kaum war ich drei Tage hier, erhielt einer meiner Söhne einen Anruf von der Armee. Er soll im Libanon kämpfen. Meiner Frau sagte ich davon nichts, ich wollte nicht, dass sie weiß, dass ihr Sohn in den Krieg muss.«

Der Militäreinsatz weitete sich zu einem einmonatigen Krieg aus. Der israelische Geheimdienst hatte offenbar die Stärke der Hisbollah unterschätzt. Deren Kämpfer hatten panzerbrechende Munition und Apparate, mit denen der israelische Mobilfunk abgehört werden konnte. Zugleich feuerte die Hisbollah Katjuscha-Raketen bis zu 40 Kilometer weit in den Norden Israels. Damit lagen Städte wie Akko, Haifa und Tiberias in Reichweite der Raketen.

Bis zum Kriegsende landeten rund 3800 Raketen auf israelischem Boden – knapp 400 davon in Kiriat Schmona. Der Ort unmittelbar an der Grenze zum Libanon stand unter ständigem Beschuss. Die Israelin **Karla Hajdu** wollte zunächst dort bleiben. »Ich hörte die ganze Zeit die einschlagenden Katjuschas. Ich ging nicht raus, jeder blieb zu Hause. Die Leute wussten, wer im Gebäude bleibt, lebt mehr oder weniger sicher. Denn jedes Haus hier hat einen Bunker. Viele Wohnungen standen aber bald leer. Wer weggehen konnte, der ging. Niemand war auf der Straße. Ich verließ das Haus nur für die wichtigsten Einkäufe. Ich sah die Raketen einschlagen, manche

Zweiter Libanonkrieg, Juli und August 2006: Ein Libanese trägt sein Kind durch einen von israelischen Bomben zerstörten Stadtteil Beiruts …

in den Bergen, andere im Ort. Einige Häuser erhielten direkte Treffer, und es gab Verletzte. Eine Katjuscha zerstörte das Wohnzimmer eines Freundes. Ich konnte irgendwann nichts mehr machen, packte meine Sachen und kam erst wieder, als es aufhörte.«

Die Hisbollah hatte sich auf den Krieg mit Israel lange vorbereitet. Im Mai 2000 hatte sich die israelische Regierung endgültig und komplett aus dem Südlibanon zurückgezogen. Zwischen Mai 2000 und der Entführung im Juli 2006 rüstete die Hisbollah auf. Israel beschuldigte den Iran, die teils modernen Waffen geliefert zu haben. Syrien hätte außerdem die Waffentransporte nicht verhindert.

Der Krieg bereitete der Israelin **Miriam Rosenberg** in ihrem Kibbuz im Norden Israels schlaflose Nächte. »Unsere Armee brachte neben dem Kibbuz schwere Artillerie in Stellung. Es war deswegen nachts sehr laut. Wir schliefen nicht viel. Tagsüber gab es die Katjuschas und die Arbeit. Ich arbeitete jeden Tag im Altersheim, sechs Tage die Woche. Die Bewohner wollten bleiben, und ich konnte sie

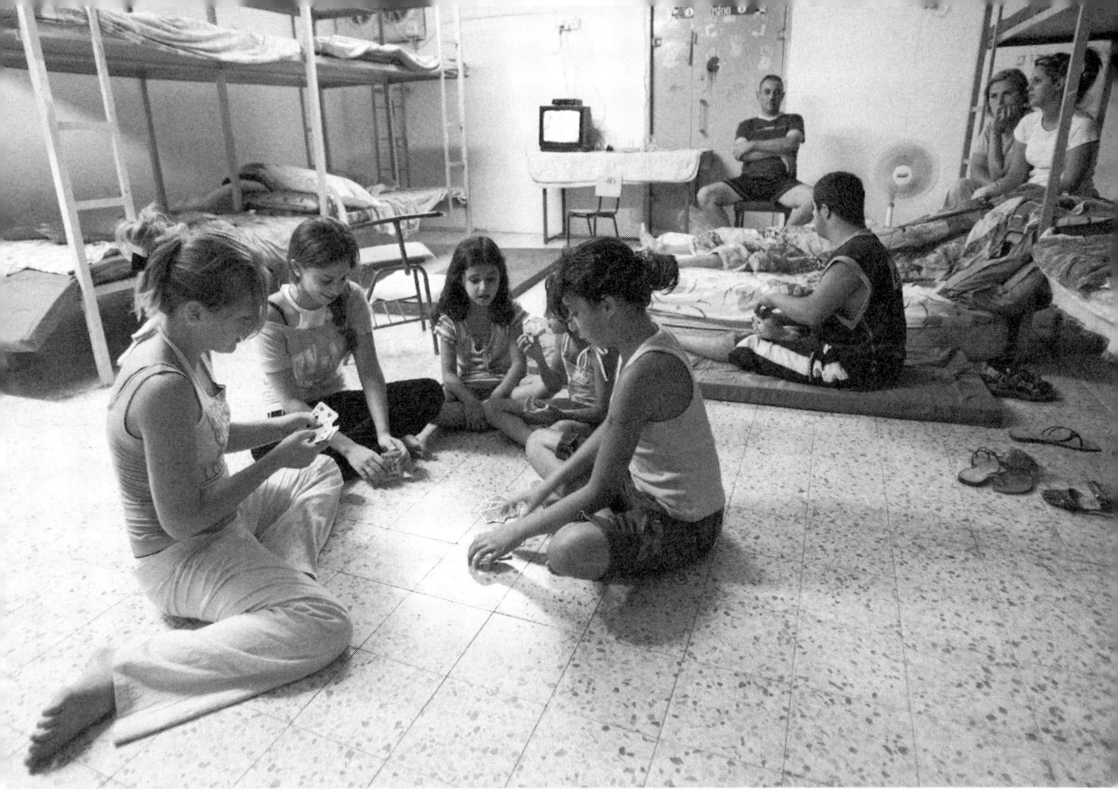

… eine israelische Familie wartet in der Kleinstadt Kiriat Schmona im Schutzbunker auf ein Ende der Hisbollah-Raketenangriffe aus dem Libanon.

nicht allein lassen. Meine Tochter ging mit ihrem Mann und ihren Kindern nach Tel Aviv. Ich blieb mit meinem Sohn und meinem Mann. Unser Kibbuz hat ein großes Gästehaus. Da übernachteten keine Touristen, dafür Journalisten aus sämtlichen Teilen der Welt.«

Sirenen kündigten in den nordisraelischen Städten den Einschlag der Raketen an. In Städten wie Haifa hatten die Bewohner 60 Sekunden Zeit zur Flucht in den Bunker. So lange benötigte die Katjuscha-Rakete vom Südlibanon bis zur nordisraelischen Hafenstadt. Das Frühwarnsystem rettete Menschenleben, der enorme wirtschaftliche Schaden war aber unvermeidbar. Im Norden Israels herrschte einen Monat lang der Ausnahmezustand. In den Ortschaften heulten fünf- bis zehnmal am Tag die Sirenen. Einkaufszentren und Restaurants blieben geschlossen. Reisegruppen sagten ihren Besuch ab, und die Mittelmeerstrände blieben trotz sommerlicher Temperaturen leer.

Die Israelin **Schiri Bar-Zvi** arbeitete in einer Werbeagentur. Über einen Monat gingen dort keine Aufträge ein. »Mein Freund und ich flüchteten nach Tel Aviv. Das war eine andere Welt dort. Als ich nach dem Krieg zu meiner Arbeit zurückkam, hieß es nur: ›Ruft eure Kunden an, packt eure Sachen. Wir machen den Laden dicht, geht nach Hause!‹ Das war wirklich enttäuschend.«

Wenn etwas noch schwerer wog als der wirtschaftliche Schaden, so war es das angekratzte Bild Israels im Ausland. Im Libanon beschädigten die israelischen Luftangriffe und das Artilleriefeuer etwa 30 000 Wohnungen. Israel stand in internationaler Kritik wegen des massiven Militäreinsatzes. Eine Taktik der Hisbollah trug dazu bei – die radikale Gruppe feuerte die Raketen oft von bewohnten Gebieten ab, sie nutzte Zivilisten als Schutzschild. Die Büros der Hisbollah lagen im dicht besiedelten Beirut. Hunderttausende Libanesen flüchteten nach dem Beginn des Krieges in Nachbarländer oder in den Norden des Landes.

In den palästinensischen Gebieten äußerten viele Sympathien mit der Hisbollah. Die eigenen radikalen Gruppen kämpften meist miserabel ausgerüstet gegen das israelische Militär. Die Hisbollah und allen voran ihr Anführer Hassan Nasrallah machten auf viele Palästinenser Eindruck. In den Geschäften von Ramallah lagen Postkarten mit Nasrallah neben Bildern von arabischen Popstars und Arafat.

Die Vereinten Nationen vermittelten einen Waffenstillstand, der im August 2006 in Kraft trat. Eine internationale Truppe sollte im Süden des Libanons die Kontrolle übernehmen. Die zwei entführten israelischen Soldaten aber waren nach dem Ende der Kampfhandlungen noch immer in der Hand der Hisbollah.

Israelis und Palästinenser heute

»Von klein auf sah ich Kriege. Ich selbst kämpfte im Unabhängigkeitskrieg, im Suezkrieg, im Sechs-Tage-Krieg, im Jom-Kippur-Krieg und in vielen weiteren Einsätzen. Mein Sohn kämpfte. Mein Enkel kämpfte. Er liegt verwundet im Krankenhaus. Und ich glaube, der Enkel meines Enkels wird auch kämpfen.« Der Israeli **Abraham Bar-Am** drückt das aus, was viele in seinem Land denken. Ein dauerhafter Frieden liegt im Nahen Osten in weiter Ferne.

Keine Generation von Israelis oder Palästinensern erlebte im 20. Jahrhundert eine Zeit ohne militärische Auseinandersetzungen. Beide Seiten sind von Kriegen und Anschlägen traumatisiert. Jede israelische Familie kennt jemanden, der in einem Krieg oder bei einem Anschlag der radikalen Palästinenserorganisationen zu Schaden kam. In jeder palästinensischen Familie gibt es Opfer der Kriege von 1948 und 1967, von israelischen Militäreinsätzen oder den alltäglichen Kontrollen in den besetzten Gebieten.

Die in Bethlehem geborene Palästinenserin **Amelie Dschaqaman** fasst die Geschichte ihrer Familie in wenigen Worten zusammen. »Meine Mutter kam während der osmanischen Besatzung auf die Welt. Ich wurde während der englischen Besatzung geboren, meine Kinder während der jordanischen, deren Kinder während der israelischen. Es gibt immer jemanden, der dieses Land will, aber nie jemanden, der *uns* will. Ist das keine Tragödie?«

Die Menschenrechtsorganisation Amnesty International zählt in einem Bericht jedes Jahr die Opfer auf beiden Seiten des Konflikts auf. Wie viele Zivilisten starben bei Anschlägen der Palästinensergruppen in Israel? Wie hoch waren die Opferzahlen auf palästinensischer Seite durch Einsätze der israelischen Armee? Kam es zu Zwischenfällen zwischen israelischen Siedlern im Westjordanland und den dort lebenden Palästinensern? Wie viele israelische und palästinensische Kinder waren unter den Opfern?

Waffen und Bewaffnete gehören zum alltäglichen Straßenbild auf beiden Seiten. Junge israelische Soldaten in olivgrüner Uniform fahren in den Bussen und Zügen nach Tel Aviv, Jerusalem oder Haifa, die amerikanische M-16 hängt von der Schulter. Armeefahrzeuge patrouillieren auf den Straßen in Jerusalem und den Palästinensergebieten. Dort protestieren in Städten wie Nablus, Gaza-Stadt oder Ramallah Anhänger der Hamas und Fatah. Vermummte Aktivisten feuern dabei mit der sowjetischen Kalaschnikow Salven in die Luft. Ein palästinensischer Selbstmordattentäter oder eine Qassam-Rakete der Hamas kostet auf der einen Seite Menschenleben, ein israelischer Luftangriff oder der Einsatz eines Spezialkommandos auf der anderen.

Ewig gleiche Bilder künden von diesem alltäglichen Ausnahmezustand. Wir sehen sie in den Abendnachrichten. Viele Palästinenser und Israelis haben gelernt, damit zu leben. Der Israeli **Jitzchak Feller**: »In jedem Krieg fielen Menschen, die ich kannte: jemand, der mit mir auf die Schule ging, mit mir bei den Pfadfindern oder in der Armee war, der mit mir studierte oder arbeitete. Ein Vater verliert seinen Sohn im Krieg. Was soll ich sagen? Es tut mir leid? Wörter sagen in so einer Situation nicht viel. Ich bin da sehr unbeholfen. Ich stand mehr als ein Dutzend Mal vor so einem Problem. Irgendwann habe ich gesehen, wie es meine Tochter macht. Sie hat einen Freund bei einem Terroranschlag verloren. Seither mache ich es wie sie. Ich sage nichts. Ich umarme die Angehörigen jetzt einfach.«

Die palästinensische Ärztin **Asma Moghari** sieht die Folgen des Konflikts jeden Tag. Sie arbeitet in einem Krankenhaus in Gaza-Stadt. Einige ihrer Patienten wurden bei Kämpfen zwischen Hamas und der Fatah verletzt, die schwierigeren Fälle sind Opfer von israelischen Militäraktionen. Die Medizinerin erklärt, wieso: »Manche Patienten wurden von anderen Palästinensern verletzt und haben Schusswunden. Das ist oft nicht so schwer zu behandeln. Die Folgen einer Explosion nach einem israelischen Artillerie- oder Luftangriff sind schlimmer. Oft fehlen dann Gliedmaßen, und die Patienten sind in einem sehr kritischen Zustand. Nach meinem ersten Tag in der Chirurgie dachte ich, ich werde nie wieder zur Arbeit gehen. Die Schwerverwundeten bringen wir mit dem Krankenwagen zum israelischen Checkpoint. Dann dauert es oft zu lange, bevor sie in einen israelischen Krankenwagen getragen und in ein israelisches

Krankenhaus gefahren werden.« Die medizinische Ausrüstung im Gazastreifen reicht für schwierige Eingriffe nicht aus.

Israelis gehen direkt nach dem Schulabschluss zur Armee. Die Mädchen dienen zwei Jahre, die Jungen drei Jahre – danach werden sie jährlich zu Übungen eingezogen. Der Einberufungsbefehl kann aufgrund der unsicheren politischen Situation jederzeit eintreffen. Der Israeli **Jitzchak Feller** hat zwei Töchter und einen Schwiegersohn. »Der Mann meiner Tochter kämpfte im Libanon. Sie haben drei Kinder. Wir hatten von ihm zwei Wochen lang nichts gehört. Täglich gab es Nachrichten über neue Verwundete und Tote. Es war das erste Mal in meinem Leben, dass ich wirklich merkte, wie schwer es ist, ein Vater in diesem Land zu sein. Aus vielen Gründen, aber auch in Bezug auf die militärische Situation. Gibt es irgendwo auf der Welt Eltern, die gleich viel durchmachen müssen wie wir?«

Die Palästinenserin **Maha Schouman** verlor im Januar 2003 ihren Sohn. Er ging während einer Ausgangssperre in der Altstadt von Nablus auf die Straße. »Es ist hier schwer, eine Mutter zu sein. Vielen Müttern geht es wie mir, sie haben Angst, ihre Kinder zu verlieren. Ich kann mich nicht an die Angst gewöhnen. Ich sagte Rouhi oft, er soll nicht aus dem Haus gehen. Aber auch die Nachbarn gingen. Er träumte von einem guten Job, einem Auto und einem schönen Haus. Wie jeder. Unsere Wohnung war ihm viel zu klein. Er wollte immer, dass wir ausziehen. Wohin sollen wir umziehen? Wir haben keine Wahl. Es ist unsere Wohnung, wir haben keinen anderen Platz. Sollen wir in einem Zelt leben? Er sah nicht aus wie ein Kämpfer oder jemand, der Steine wirft. Meine Nachbarn sagten, sein Bein sei verletzt. Ich habe aber gefühlt, dass er getötet wurde. Die Kugel traf direkt ins Herz, er starb sofort.«

Bis heute können sich die Regierungen beider Seiten über die entscheidenden Fragen nicht einigen: Wie verlaufen die endgültigen Grenzen zwischen Israel und den Palästinensergebieten? Was wird aus den jüdischen Siedlern, die im Westjordanland sowie in den Gebieten in und um Ost-Jerusalem leben? Welche Möglichkeiten gibt es für die Zukunft der palästinensischen Flüchtlinge? Zu jeder dieser Fragen gibt es Resolutionen der Vereinten Nationen, die bisher nur wenig Beachtung fanden. Jeder Versuch, sich der heiklen Themen anzunehmen, wird von radikalen Friedensgegnern auf beiden Seiten attackiert.

Ein demographisches, sprich die Bevölkerung betreffendes Problem wird in den kommenden Jahren Israelis und Palästinenser immer mehr beschäftigen: Die Bevölkerungszahlen verändern sich auf beiden Seiten höchst unterschiedlich. In Israel kommen immer mehr nicht-jüdische Israelis auf die Welt. Somit nimmt der Anteil der arabischen Israelis zu, die sich oft als palästinensische Bürger Israels bezeichnen. Das kann weitreichende politische Folgen haben. Eine arabische Mehrheit in Israel würde zum Beispiel die Parteienlandschaft komplett verändern, denn die arabischen Israelis sind auch wahlberechtigt. Zugleich hätte der jüdische Staat keine jüdische Mehrheit mehr.

Jüdische Einwanderer gleichen die Geburtenzahlen bisher aus, was andere Schwierigkeiten mit sich bringt. Den Aufwand, den man betreiben muss, um die oft aus Russland und Äthiopien eingereisten Juden zu integrieren, ist enorm. Zeitungen in russischer Sprache und eigene Stadtviertel, in denen fast nur Russisch gesprochen wird, zeigen den Nachholbedarf an Integration. Von 1989 bis zum Ausbruch der Zweiten Intifada im Jahr 2000 wanderten etwa eine Million Bürger der ehemaligen Sowjetunion in Israel ein. Jeder siebte Israeli ist somit ein russischer Neueinwanderer.

Olga Rissin kam 1982 in Sankt Petersburg auf die Welt und reiste 1999 nach Israel. Sie hat hier studiert und spricht heute fließend Hebräisch. » »Ich wollte anfangs nicht einwandern, sondern einfach nur das Land kennenlernen. Ich lebte einen Monat in einem Kibbuz im Süden Israels, daraus wurde bald ein halbes Jahr. Ich liebte das Land und die Leute. In einem Programm der Jewish Agency lernte ich Hebräisch, erfuhr viel über die jüdischen Traditionen und die Geschichte des Landes. Dann stellte sich ein Mitarbeiter des Ministeriums für die Aufnahme von Einwanderern vor. Er sagte: ›Wer immer davon geträumt hat, in Israel zu leben, das ist die Chance.‹ Sogar meine Studiengebühren für die ersten drei Jahre übernahm der Staat. Erst später habe ich erfahren, dass ich hier nicht ohne Weiteres heiraten darf. Mein Vater ist jüdisch, meine Mutter nicht, ich bin daher keine Jüdin. Aber auch mein Vater war nicht religiös, denn das war im kommunistischen Russland nicht einfach. Jede Religion war im Kommunismus tabu. In den 90er Jahren änderte sich das zwar, doch da dachte keiner an die Religion, sondern ans Überleben. Die wirtschaftliche Situation war in dieser Zeit für uns alle sehr schwierig.«

Auf palästinensischer Seite wächst die Bevölkerung nicht aus Einwanderungsgründen, sondern wegen der hohen Geburtenzahl. In den Palästinensergebieten hat eine Familie im Durchschnitt fünf Kinder, in Israel sind es drei. Im Westjordanland und dem Gazastreifen ist die Situation kritisch, denn die schlechte wirtschaftliche Lage kann einen weiteren Bevölkerungsanstieg schwer verkraften. Sozial schwache Familien macht das noch ärmer. Die Folge sind überfüllte Klassenzimmer, eine hohe Arbeitslosigkeit und eine immer größere Frustration und Unzufriedenheit. Das wiederum könnte den radikalen Palästinensergruppen neue Mitglieder bescheren. Zudem sind über 50 Prozent der palästinensischen Gesellschaft unter 15 Jahre alt – Ausbildung, Studium oder Arbeitsplatzsuche stehen ihnen erst noch bevor.

Zugleich machen der israelischen und der palästinensischen Regierung die Abwanderung bestimmter Teile der Bevölkerung zu schaffen. Das betrifft vor allem die gut ausgebildeten jungen Leute. Zahlreiche israelische und palästinensische Hochschulabsolventen bewerben sich auf weitaus besser bezahlte und zukunftssichere Stellen im Ausland. Israelis zieht es in die USA oder in europäische Länder, Palästinenser zusätzlich in die Golfstaaten.

Im Jahr 2009 leben etwa vier Millionen Palästinenser im Westjordanland, dem Gazastreifen und Ost-Jerusalem, in Israel etwa sechs Millionen jüdische und rund eineinhalb Millionen arabische Israelis. Zu Letzteren gehört die Lehrerin **Sabrin Masarwi**. Sie unterrichtet Arabisch und Mathematik. Ihre Schule hat einen arabischen und einen israelischen Schulleiter – eine Seltenheit in Israel. »Die Hälfte meiner Klasse ist jüdisch, die andere arabisch. Die Schüler lernen die andere Kultur und Religion kennen. Sie leben zusammen, und sie müssen sich mit der Geschichte der anderen auseinandersetzen, sich gegenseitig zuhören und respektieren. Am Anfang war es schwierig für jeden. Aber nach einem Jahr gab es bereits viele

Freundschaften untereinander. Heute besuchen sie sich gegenseitig zu Hause. Ich selbst bin Araberin, aber ich liebe meine jüdischen Schüler. Ich will nicht daran denken, dass sie nach der Schule zur Armee gehen müssen.«

Die Unterscheidung zwischen Juden und Arabern im Nahen Osten reicht nicht aus. Die Gesellschaft ist vielschichtiger – sowohl in Israel als auch in den Palästinensergebieten. Strenggläubige Juden vertreten andere Ansichten als nicht-religiöse Juden, die die Mehrheit im Land stellen. Viele fahren am Schabbat Auto oder essen nicht koscher. Auf palästinensischer Seite betet nicht jeder Muslim fünfmal am Tag. Manche muslimische Frauen verhüllen sich mit dem Hidschab, der Körperbedeckung, andere nicht.

Zudem ist nicht jeder Araber ein Muslim. Zwei von hundert Palästinensern sind christlichen Glaubens – was wiederum auch nicht bedeutet, dass sie streng religiös wären. Die wichtigsten Feiertage aller drei Religionen werden in Israel dennoch von der Mehrheit der jeweiligen Gläubigen eingehalten. An Jom Kippur sind die Synagogen, an Ramadan die Moscheen, am Heiligen Abend die Kirchen der Christen gut gefüllt.

Die Fläche, auf der Israelis und Palästinenser heute leben, ist insgesamt rund 28 000 Quadratkilometer groß. 21 000 Quadratkilometer davon entfallen auf Israel mit der weitläufigen Negev-Wüste und 6300 auf die Palästinensergebiete. Der Staat Israel ist somit nicht größer als das Bundesland Hessen, also halb so groß wie die Schweiz. Die Palästinensergebiete sind weniger als ein Drittel so groß wie Israel.

»Das ist unser Zuhause« – anstelle eines Nachworts

Keine der Nahost-Konferenzen brachte den Menschen bislang einen dauerhaften Frieden. Einen Ausweg aus der Gewaltspirale suchen israelische und palästinensische Organisationen oft mit internationaler Hilfe. Manche führen junge Israelis und Palästinenser zusammen, damit sie über ihr Schicksal reden – und zwar in einem Friedenscamp im Ausland, weit weg von alltäglichen Einflüssen.

Der 16-jährige Palästinenser **Aiyub Tutundschi** lernte auf diese Weise den gleichaltrigen Israeli Elad Schachar kennen. »Ich sah Elad zum ersten Mal bei einem Vortreffen in Jerusalem. Etwa zwanzig Leute saßen in einem Raum zusammen. Er kam zu spät und war der einzige Teilnehmer mit einer Kippa. Ich war etwas schockiert und wunderte mich, dass so jemand in ein Friedenscamp geht. Ich hatte zuvor noch nie mit Israelis gesprochen. Ich dachte gar nicht daran, ich dachte, es ist reine Zeitverschwendung.«

Der Israeli **Elad Schachar** hatte dagegen schon Erfahrungen mit der anderen Seite gemacht. »Ich hatte schon mal mit Palästinensern geredet. Es war nie ein normales Gespräch. Ich wusste nicht, dass Aiyub Palästinenser ist. Wenn ich ein Bild mit zwei Menschen vor mir sehe und gefragt werde, wer ist der Palästinenser und wer der Jude – das könnte ich nicht sagen, es gibt kein bestimmtes Merkmal. Erst als er seinen Namen gesagt hat, da war mir es sofort klar, dass er Palästinenser ist. So nennt sich kein Jude [Aiyub ist der arabische Name für Hiob, eine bei religiösen Juden umstrittene Figur im Alten Testament].«

Das erste Gespräch zwischen beiden ergab sich erst auf der anderen Seite des Atlantiks, in einem Friedenscamp in New York. **Aiyub** erinnert sich: »Wir mussten uns im Camp ein Zimmer und ein Hochbett teilen. Ich schlief oben, er unten. Ich redete mit Elad zum ersten Mal in diesem Zimmer. Wir fingen an, uns kennenzulernen.«

Elad weiß noch, worüber er mit Aiyub beim ersten Mal diskutierte. »Wir sprachen über alles, nur nicht über Politik. Wir redeten über Musik, Kinofilme und die Mädchen im Camp. Ich fand es anfangs ziemlich verrückt, mit einem Palästinenser in einem Zimmer zu schlafen. In dem Camp waren rund 60 Leute aus der ganzen Welt. Es ging um die Konflikte zum Beispiel in Nordirland, in Südafrika und um uns. Einmal suchten sie zwei Freiwillige, die vor der ganzen Gruppe diskutieren mussten. Alle zeigten auf Aiyub und mich, sie wollten etwas erleben. Wir hatten am Vortag einen Streit. Eigentlich sollten wir da nur eine Präsentation machen, doch wir unterbrachen uns gegenseitig, fingen sogar an zu schreien.«

Aiyub denkt ungern zurück an diesen Tumult. »Wir waren richtig schlecht. Sie brachten uns später in dem Camp bei, wie zugehört und diskutiert wird.« Ein wichtiges Thema für Aiyub war die Situation im Gazastreifen. »Die Israelis sagen, sie hätten die Siedlungen freiwillig geräumt und das Gebiet den Palästinensern übergeben. Nach meiner Meinung haben die Israelis den Gazastreifen verlassen, weil sie die Lage nicht mehr kontrollieren konnten. Wir sind uns in vielen Dingen nicht einig.«

Der Israeli **Elad** sieht das ähnlich. »Es ist fast unmöglich, über den Konflikt zu sprechen. Was für Aiyub Fakten sind, sind für mich keine und andersherum. Die Palästinenser sagen, wir seien in Gaza davongerannt. Wir sehen das aus einem ganz anderen Blickwinkel. Und das Camp hat es mir ermöglicht, Dinge auch von der anderen Seite zu sehen. Ich lebte auf einmal mit Menschen zusammen, die ich zuvor als meine Feinde betrachtet habe. Doch Aiyub hasste mich nicht. Er akzeptierte, dass ich existiere. Die Palästinenser, die ein paar hundert Meter von meiner Stadt entfernt leben, machen das nicht. Die sehen mich nicht einmal an. Jeden Freitag nach dem Gebet werfen sie Steine nach uns. Einmal platzierten sie eine Bombe bei unserem Nachbarn vor der Haustür. Er verlor eine Hand. Jetzt trennt uns ein Zaun von dem palästinensischen Dorf.«

➔ Juden beten vor der Klagemauer in Jerusalems Altstadt, Muslime pilgern zum Felsendom mit der goldenen Kuppel. Beide Orte sind nur wenige Meter voneinander entfernt.

Aiyub erzählte Elad von seinen Erlebnissen mit Israelis. »Einmal wollte ich zum Basketballspielen nach Jerusalem, in die Altstadt. Am Neuen Tor standen zwei Polizisten, es war während des Freitagsgebetes, sie ließen daher keine jungen Palästinenser rein. Dann stritt ich mich mit der Polizistin, ich schrie, und sie schrie zurück. Dann drückte sie mich mit ihrem Schlagstock weg, es kam zu einem Gerangel, und sie brachten mich aufs Revier. Ich hatte richtig Angst. Sie fragten mich nichts, sondern ließen mich nur warten. Nach fünf Stunden durfte ich nach Hause.«

Für **Elad** hat sich nach dem Friedenscamp viel verändert. »Ich dachte, es gibt keine Chance für Frieden. Ich war der Meinung, wir brauchen Barrieren und Mauern, um uns zu schützen. Aber es gibt viele Leute wie Aiyub, nur leider nicht in der palästinensischen Regierung. Dasselbe gilt für mich und meine Regierung. Viele sind zu stolz und dickköpfig. Leute wie Aiyub und ich müssten uns mehr durchsetzen. Das gilt auch in der eigenen Familie, ich muss meinen Geschwistern zeigen, dass es nicht nur eine Meinung gibt. Es ist dumm, Aiyub zu hassen, nur weil jemand mit seiner Religion jemanden umgebracht hat, den ich kenne.«

Aiyub zieht ein ähnliches Fazit. »Auf beiden Seiten gibt es schlechte Leute. Elad und ich glauben zwar an unterschiedliche Fakten, aber wir können miteinander reden. Wenn wir beide es schaffen, im selben Zimmer zu wohnen, dann muss es doch möglich sein, friedlich am gleichen Ort zu leben. Für mich heißt das Land Palästina, für Elad Israel. Über den Namen können wir uns später streiten, wenn sich beide Völker anerkennen und alle die gleichen Rechte haben. Wir kämpfen seit über 60 Jahren gegeneinander. Nichts wurde erreicht. Beide Seiten haben so viel Zeit verschwendet, um einen eigenen Staat zu haben. Wieso nicht Zeit für Frieden verschwenden?«

Radikale Argumente lehnt auch **Elad** ab. »Manche Israelis sagen, die Palästinenser sollen zurück in die arabischen Nachbarländer. Aber das ist so, als wenn wir Juden dahin zurück sollen, wo wir herkommen. Ich bin von hier, ich habe keinen Ort, wohin ich zurückkann. Das Gleiche gilt aber auch für Aiyub. Wir sind hier, das ist unser Zuhause, und wir müssen eine Lösung finden.«

Info-Teil

Zeittafel

Etwa 9000 vor Christus Die vermutlich erste städtische Siedlung der Welt entsteht in Jericho.

3000 vor Christus Erste Städte bilden kleinere Staaten in der Region, sie sind bewohnt von semitischen Stämmen (Angehörige einer sprachlich verwandten Gruppe von Völkern in Nordafrika und Vorderasien).

1300 vor Christus Die Israeliten und die Philister (ein Seefahrervolk) siedeln sich an.

1230 bis 721 vor Christus Die israelitischen Stämme gründen Königreiche, es entstehen ein Nordreich (Israel) und ein Südreich (Juda).

721 vor Christus Die Assyrer erobern das Nordreich.

586 vor Christus Die Babylonier erobern das Südreich und zerstören den ersten Tempel zu Jerusalem. Die Oberschicht wird deportiert.

539 vor Christus Die deportierten Juden dürfen zurückkehren, Juda wird Teil des persischen Großreiches. Der zweite Tempel wird errichtet.

332 vor Christus Alexander der Große erobert die Region.

200 vor Christus Nach Alexanders Tod kämpfen Seleukiden und Ptolemäer um die Vorherrschaft im Heiligen Land.

167 vor Christus Aufstand einer nationalreligiösen Bewegung, der Makkabäer.

63 vor Christus Römer ergreifen die Macht. Weitere Aufstände der Juden bleiben erfolglos, sie werden besiegt und viele von ihnen als Sklaven verkauft. Die Zerstreuung der Juden in dem gesamten Mittelmeerraum (Diaspora) verstärkt sich erheblich.

66 bis 70 nach Christus Großer jüdischer Aufstand, auch »jüdischer Krieg« genannt.

70 nach Christus Die Römer zerstören den zweiten Tempel und die Stadt Jerusalem, in der er sich befindet.

132 bis 135 Simon Bar Kochba führt einen zweiten Aufstand gegen die Römer an.

135 Die Römer benennen ihre Provinz Judäa in Palästina um, schon die Griechen verwendeten diesen Namen.

313 Das Römische Reich unter Kaiser Konstantin ermöglicht den Christen die ungehinderte Verbreitung ihrer Religion.

638 Kalif Omar ibn al-Chattab erobert Palästina.

691 Der Felsendom der Muslime wird in Jerusalem fertiggestellt.

1096–1099 Bei dem ersten Kreuzzug der Christen richten sie ein Massaker an orientalischen Juden, Muslimen und einheimischen Christen an. Das Königreich Jerusalem entsteht.

1187 Sultan Saladin schlägt die Kreuzfahrer und erobert Jerusalem.

Etwa 1265 Die Herrschaft der ägyptischen Mamelucken (ein Zusammenschluss von Sklavenkriegern) in Palästina beginnt.

1517 bis 1917 Die Osmanen erobern die Region und beherrschen sie weitestgehend, ein Verwaltungsbezirk heißt Palästina.

1882 bis 1904 Nach der Judenverfolgung in Russland entsteht die erste Einwanderungswelle nach Palästina.

August 1897 Theodor Herzl lädt zum 1. Zionistischen Weltkongress nach Basel.

1915 Die britische Regierung sagt den Arabern die Unterstützung bei der Errichtung eines eigenen Staates zu (McMahon-Korrespondenz).

1916 bis 1918 Arabischer Aufstand gegen die Osmanen.

November 1917 Die britische Regierung sagt Juden die Hilfe bei der Schaffung einer »jüdischen Heimstätte« zu (Balfour-Erklärung).

1920 Großbritannien erhält das Mandat für Palästina.

1920/1921 Ausschreitungen gegen die jüdische Bevölkerung Palästinas.

23. August 1929 Angriff auf jüdische Bewohner Hebrons.

1930 bis 1935 Die palästinensische Untergrundbewegung von Izz ad-Din al-Qassam greift jüdische Siedlungen und britische Soldaten an.

1933 Die Nationalsozialisten übernehmen die Macht in Deutschland. Staatliche Verfolgung und Diskriminierung der Juden nehmen ihren Anfang, die Massenauswanderung aus Europa beginnt.

Juli 1937 Die sogenannte Peel-Kommission entwirft einen Teilungsvorschlag.

1936 bis 1939 Arabischer Aufstand in Palästina.

März 1939 Die Saint-James-Konferenz endet erfolglos.

17. Mai 1939 Das britische Weißbuch schlägt einen gemeinsamen Staat der in Palästina lebenden Bevölkerungsgruppen vor.

1931 bis 1949 Die Mitglieder der jüdischen Untergrundbewegungen Irgun und Lechi greifen palästinensische und britische Ziele an.

1939 bis 1945 Zweiter Weltkrieg und Holocaust. Sechs Millionen Juden werden ermordet.

22. Juli 1946 Die Irgun verübt einen Bombenanschlag auf das Jerusalemer King-David-Hotel, wo sich das britische Hauptquartier Palästinas befindet.

29. November 1947 Die UN-Vollversammlung stimmt für die Teilung Palästinas. Die Palästinenser lehnen den UN-Teilungsbeschluss ab; in Palästina bricht ein Bürgerkrieg aus.

9. April 1948 Die Mitglieder der jüdischen Untergrundbewegungen richten ein Massaker in Deir Yasin an.

13. April 1948 Palästinensische Kämpfer überfallen einen Konvoi zum Jerusalemer Hadassah-Krankenhaus und töten fast alle Insassen des Konvois.

14. Mai 1948 Der Staat Israel wird gegründet und David Ben Gurion, Mapai-Partei, erster Ministerpräsident.

15. Mai 1948 bis Juli 1949 Der Bürgerkrieg entwickelt sich nach dem Angriff mehrerer arabischer Staaten zum ersten Arabisch-Israelischen Krieg.

11. Dezember 1948 Die UN fordert das Recht auf Rückkehr oder Wiedergutmachung für palästinensische Flüchtlinge.

Ab 1949 Übergriffe der Fedayin aus Ägypten.

29. Oktober bis 6. November 1956 Suezkrieg.

1958 Die Fatah-Bewegung wird gegründet.

1964 Gründung der Palästinensischen Befreiungsorganisation (PLO).

5. bis 10. Juni 1967 Sechs-Tage-Krieg.

1. September 1967 Die Khartum-Resolution wird von den arabischen

Staaten in Sudans Hauptstadt verabschiedet. Sie enthält die »drei Neins«: kein Friede mit Israel, keine Anerkennung Israels, keine Verhandlungen mit Israel.

1968 bis 1970 Abnutzungskrieg, auch Zermürbungskrieg genannt, in dem Ägypten versucht, die von Israel im Sechs-Tage-Krieg eroberte Sinai-Halbinsel zurückzuerobern.

1970 »Schwarzer September« in Jordanien.

Ab 1972 Die radikalen Palästinensergruppen greifen zunehmend zivile Ziele an und entführen auch Flugzeuge. Höhepunkt am 5. September 1972 mit der Geiselnahme und Ermordung der israelischen Sportler bei den Olympischen Sommerspielen in München.

6. bis 26. Oktober 1973 Jom-Kippur-Krieg für Israelis, Ramadan-Krieg für Araber.

Mai 1977 Menachem Begin, Likud-Partei (er beteiligte sich beim Parteienzusammenschluss zum Likud-Block 1973), wird zum israelischen Ministerpräsidenten gewählt.

November 1977 Ägyptischer Präsident Anwar as-Sadat ist zu Gast in Jerusalem.

März 1978 »Operation Litani«, israelische Truppen marschieren bis zum gleichnamigen Fluss im Libanon vor, um palästinensische Angreifer vom Südlibanon zurückzudrängen.

17. September 1978 Unterzeichnung des Camp-David-Abkommens.

26. März 1979 Ägypten unterzeichnet als erstes arabisches Land einen Friedensvertrag mit Israel.

6. Oktober 1981 Der ägyptische Präsident Anwar as-Sadat wird von einem Mitglied des Islamischen Dschihad ermordet.

25. April 1982 Israels vollständiger Rückzug von der Sinai-Halbinsel.

6. Juni 1982 Der erste Libanonkrieg beginnt, der Konflikt mit Südlibanon hält mit Unterbrechungen bis zum zweiten Libanonkrieg an.

8. Dezember 1987 Ausbruch der Ersten Intifada.

1987 Die Hamas wird gegründet.

15. November 1988 Die PLO ruft den Staat Palästina aus.

1989 Die russische Masseneinwanderung nach Israel nimmt ihren Anfang.

30. Oktober 1991 Die Friedenskonferenz von Madrid ist der Auftakt zu zahlreichen Treffen.

Juni 1992 Jitzchak Rabin, Arbeiterpartei, wird Israels Ministerpräsident (bereits von 1974 bis 1977 war er als solcher im Amt).

April 1993 Beginn der Selbstmordattentate der Hamas.

13. September 1993 Das Oslo-Abkommen, auch Oslo I genannt, wird in Washington unterzeichnet.

25. Februar 1994 Ein jüdischer Siedler richtet in der Abraham-Moschee in Hebron ein Massaker an.

4. Mai 1994 Das Gaza-Jericho-Abkommen spricht Palästinensern erstmals den Gazastreifen und Jericho zur eigenen Kontrolle zu, jüdische Siedler verbleiben jedoch weiterhin im Gazastreifen.

26. Oktober 1994 Friedensvertrag zwischen Israel und Jordanien.

Dezember 1994 Jitzchak Rabin, Yassir Arafat und Schimon Peres erhalten den Friedensnobelpreis.

28. September 1995 Das Abkommen über die Autonomie des Westjordanlandes, Oslo II genannt, wird in Washington unterzeichnet. Das Westjordanland wird in A-, B- und C-Zonen unterteilt, je nach dem Ausmaß der Unabhängigkeit von Israel.

4. November 1995 Ein ultra-rechter Israeli verübt ein Attentat auf Jitzchak Rabin.

20. Januar 1996 Yassir Arafat, Fatah-Partei, gewinnt die ersten Wahlen in den Palästinensergebieten.

Februar, März 1996 Eine Serie von Selbstmordattentaten erschüttert Israel.

29. Mai 1996 Benjamin Netanjahu, Likud-Partei, wird Ministerpräsident.

23. Oktober 1998 Das Wye-Abkommen sieht unter anderem eine weitere Ausbreitung der palästinensischen Selbstverwaltung vor (benannt nach dem Wye-Fluss im US-Bundesstaat Maryland, wo die Konferenz stattfand).

17. Mai 1999 Ehud Barak, Arbeiterpartei, wird Ministerpräsident.

24. Mai 2000 Die israelische Armee zieht sich aus dem Südlibanon zurück.

25. Juli 2000 Keine Einigung zwischen Israelis und Palästinensern beim sogenannten Camp David II.

28. September 2000 Ariel Scharon besucht den Tempelberg und löst damit den Ausbruch der Zweiten Intifada aus. Eine langanhaltende Serie von palästinensischen Selbstmordattentaten und die israelischen Militäraktionen fordern in den kommenden Jahren zahlreiche Opfer auf beiden Seiten.

6. Februar 2001 Ariel Scharon, Likud-Partei, wird Israels Ministerpräsident.

24. Februar 2002 Saudi-Arabien deutet gegenüber Israel ergebnislos einen möglichen Frieden mit den arabischen Staaten an. Die Bedingung: Israel müsste sich in die Grenzen vor dem Sechs-Tage-Krieg zurückziehen.

März, April 2002 Nach mehreren Selbstmordanschlägen startet die israelische Armee die »Operation Schutzschild« und sucht nach Palästinensern. In Bethlehem verschanzen sich Palästinenser in der Geburtskirche, das israelische Militär verhängt eine Ausgangssperre.

April 2003 Die Road Map des Nahost-Quartetts (Russland, USA, EU, UN) wird veröffentlicht.

29. April 2003 Das Palästinensische Parlament wählt Mahmud Abbas, Fatah-Partei, zum Ministerpräsidenten. Yassir Arafat bleibt weiterhin der Präsident der Palästinenser.

8. Juli 2003 Israel beginnt mit dem Bau einer Barriere.

5. Oktober 2003 Abbas tritt zurück, Arafat ernennt Ahmed Kurei, Fatah-Partei, zum Ministerpräsidenten.

1. Dezember 2003 Prominente Israelis und Palästinenser stellen einen eigenen Friedensplan vor, die Genfer Initiative.

11. November 2004 Der Palästinenserpräsident Yassir Arafat stirbt.

9. Januar 2005 Mahmud Abbas wird zum neuen Präsidenten der Palästinenser gewählt.

August/September 2005 Das israelische Militär räumt alle jüdischen Siedlungen im Gazastreifen, kontrolliert aber weiterhin die Außengrenzen des Gebietes.

25. Januar 2006 Die Hamas siegt bei den Parlamentswahlen in den Palästinensergebieten. Der Hamas-Politiker Ismail Hanija wird neuer Ministerpräsident. Mahmud Abbas bleibt weiterhin Präsident.

11. April 2006 Ehud Olmert, Kadima-Partei, wird neuer Ministerpräsident Israels. Er führt die Regierung bereits seit Scharons Schlaganfall am 4. Januar 2006 an.

25. Juni 2006 Die israelische Armee marschiert nach den erneuten Qassam-Raketenangriffen auf Israel und der Entführung eines Soldaten wieder in den Gazastreifen ein.

13. Juli bis 14. August 2006 Zweiter Libanonkrieg, ausgelöst durch Entführung zweier israelischer Soldaten am 12. Juli 2006.

Ende 2006 und Anfang 2007 Erstmalig kommt es zu heftigen Auseinandersetzungen zwischen der Hamas und der Fatah im Westjordanland und besonders im Gazastreifen, der Konflikt führt zu bürgerkriegsähnlichen Zuständen.

Juni, Juli 2007 Zuspitzung des innerpalästinensischen Konflikts: Palästinenserpräsident Mahmud Abbas setzt im Westjordanland eine Notstandsregierung ohne Beteiligung der Hamas ein, die weiterhin den Gazastreifen kontrolliert. Abbas' neuer Ministerpräsident heißt Salam Fayyad, der nur im Westjordanland anerkannt wird. Die israelische Regierung steht wegen des Zweiten Libanonkrieges in der Kritik. Ehud Barak wird Israels neuer Verteidigungsminister, Schimon Peres der neue Präsident – sein Vorgänger Mosche Katzav leistete sich mehrere Skandale.

November 2007 Eine internationale Nahostkonferenz im US-amerikanischen Annapolis soll – so die Teilnehmer – einen Auftakt zu neuen Friedensverhandlungen markieren.

Januar 2008 Palästinenser sprengen einen Teil der Grenzbarriere zu Ägypten. Tausende decken sich in Ägypten vor allem mit Lebensmitteln und Treibstoff ein. Israel hatte den Gazastreifen zuvor mit Verweis auf den anhaltenden Raketenbeschuss abgeriegelt.

Dezember 2008, Januar 2009 Die israelische Regierung führt den Raketenbeschuss von palästinensischer Seite und Schmuggeltunnel zur ägyptischen Grenze als Grund an, den Gazastreifen zu bombardieren und mit Bodentruppen einzumarschieren. Etwa 1300 Palästinenser sterben, laut Medienberichten mehrheitlich Zivilisten. Auf israelischer Seite kommen während des Konflikts 13 Menschen ums Leben. Das israelische Vorgehen sorgt weltweit für Proteste.

Februar 2009 Benjamin Netanjahu von der rechten Likud-Partei geht aus den Wahlen in Israel als neuer israelischer Ministerpräsident hervor. Er hatte das Amt bereits 1996 bis 1999 inne. Während dieser ersten Amtszeit stand Netanjahu politisch und persönlich in der Kritik. Avigdor Lieberman von der ultranationalistischen Partei Israel Beitenu wird neuer Außenminister.

Mai 2009 Die Vereinten Nationen protestieren: Die israelische Regierung will zahlreiche palästinensische Häuser in Ostjerusalem abreißen und nehme damit in Kauf, dass Tausende Palästinenser obdachlos würden. Die israelische Regierung erklärt hingegen, für die Häuser gebe es keine israelische Baugenehmigung.

Karten

Der UN-Teilungsplan von 1947

Nach dem Krieg von 1948/1949

Nach dem Sechs-Tage-Krieg

Das Westjordanland mit israelischen Siedlungen und dem Verlauf der Barriere (Stand Ende 2006)

Die gesamte Region mit den Nahost-Nachbarländern

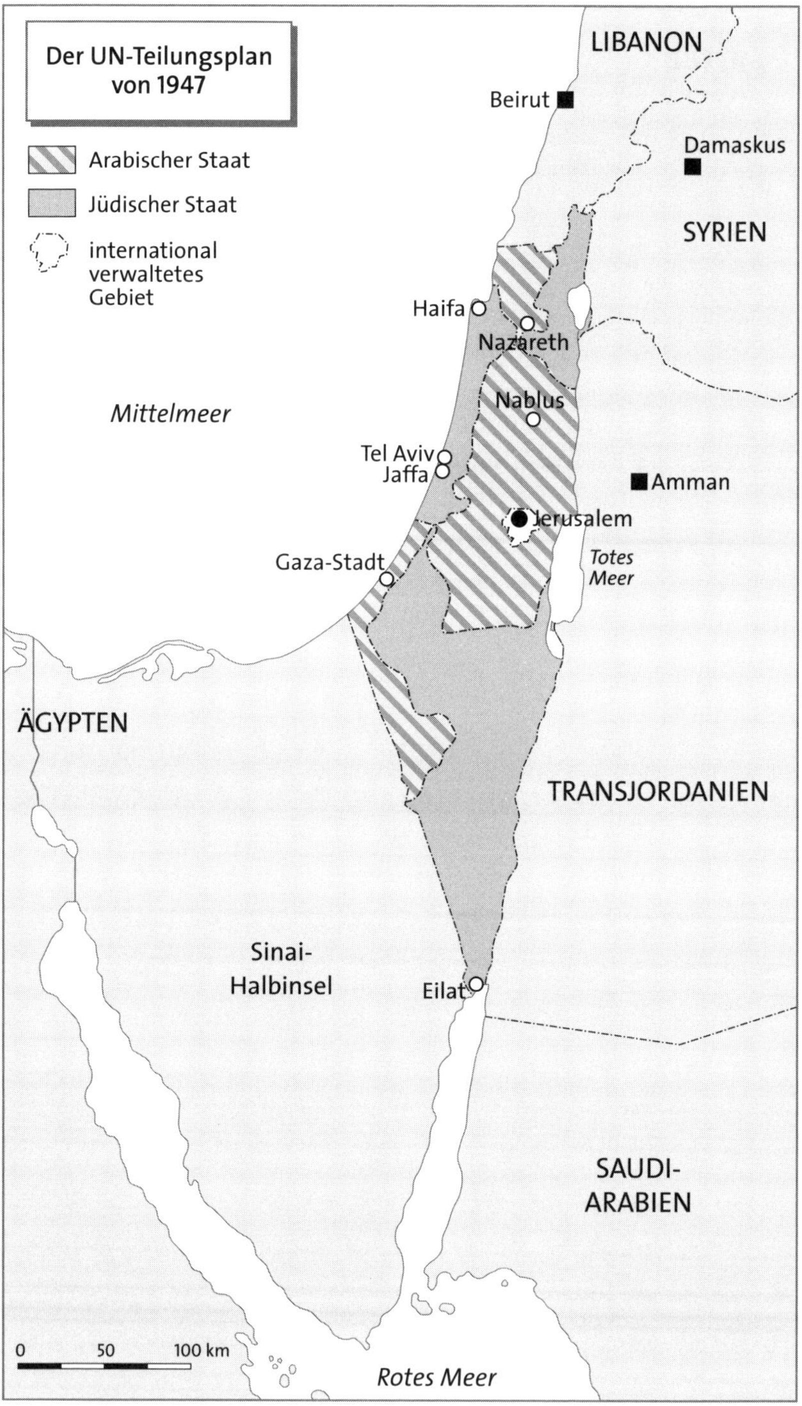
Der UN-Teilungsplan von 1947
Arabischer Staat
Jüdischer Staat
international verwaltetes Gebiet
LIBANON
Beirut
Damaskus
SYRIEN
Haifa
Nazareth
Nablus
Mittelmeer
Tel Aviv
Jaffa
Amman
Jerusalem
Totes Meer
Gaza-Stadt
ÄGYPTEN
TRANSJORDANIEN
Sinai-Halbinsel
Eilat
SAUDI-ARABIEN
0
50
100 km
Rotes Meer

Israel und die Palästinensergebiete nach dem ersten Arabisch-Israelischen Krieg 1948/1949
LIBANON
Beirut
Damaskus
SYRIEN
Haifa
Nazareth
Nablus
Mittelmeer
Westjordanland
von Jordanien annektiert
Tel Aviv
Jaffa
Amman
Jerusalem
Gaza-Stadt
Totes Meer
Gazastreifen
von Ägypten verwaltet
ISRAEL
ÄGYPTEN
JORDANIEN
Sinai-Halbinsel
Eilat
SAUDI-ARABIEN
0
50
100 km
Rotes Meer

Von Israel im Sechs-Tage-Krieg
1967 besetzte Gebiete
von Israel besetzte Gebiete
LIBANON
Beirut
Damaskus
SYRIEN
Golanhöhen
Haifa
See
Genezareth
Mittelmeer
Westjordanland
Tel Aviv
Jaffa
Amman
Jerusalem
Totes
Meer
Gaza-Stadt
Gazastreifen
Suezkanal
ISRAEL
ÄGYPTEN
JORDANIEN
Sinai-
Halbinsel
Eilat
SAUDI-
ARABIEN
Scharm
el-Scheich
Straße von Tiran
0
50
100 km
Rotes Meer

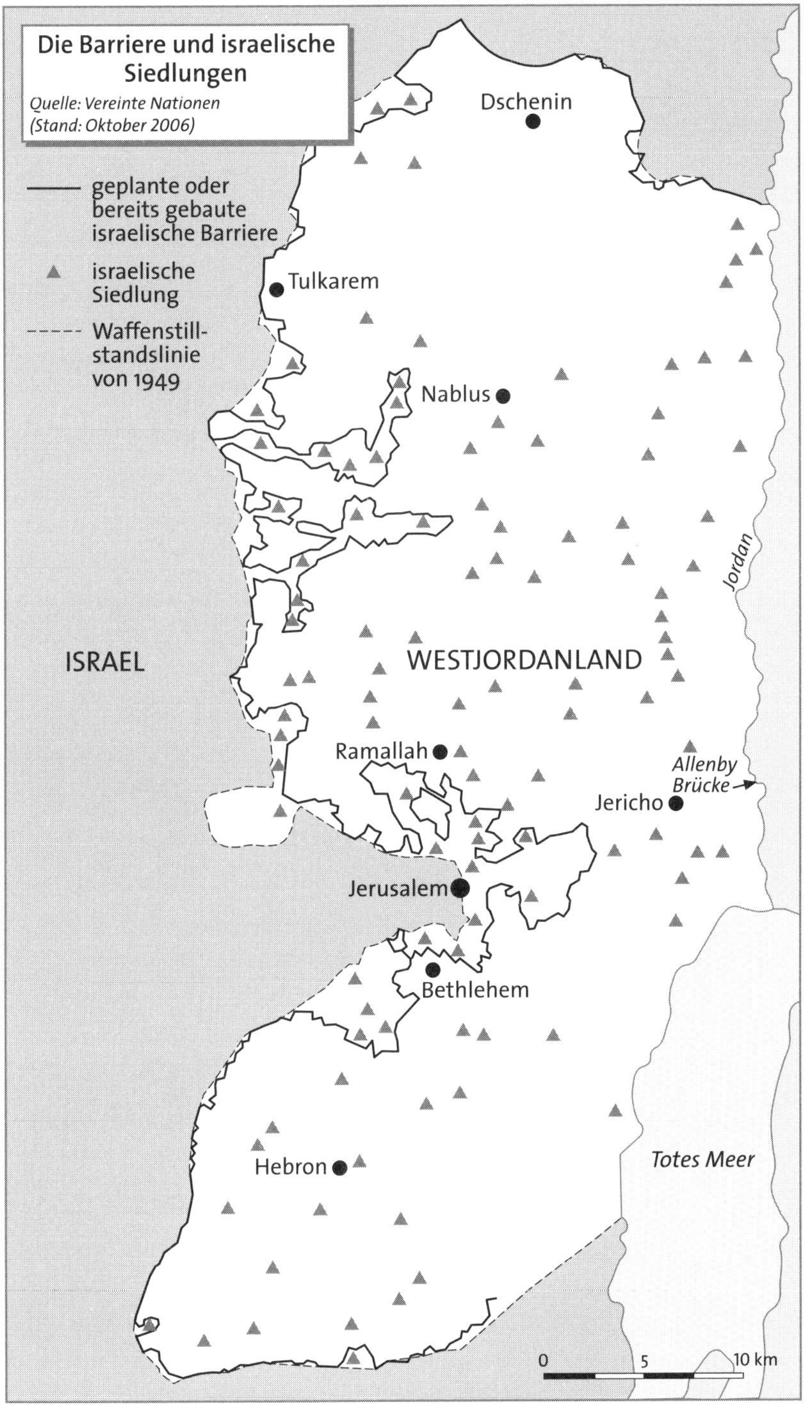
Die Barriere und israelische Siedlungen
Quelle: Vereinte Nationen
(Stand: Oktober 2006)
geplante oder bereits gebaute israelische Barriere
israelische Siedlung
Waffenstillstandslinie von 1949
Dschenin
Tulkarem
Nablus
ISRAEL
WESTJORDANLAND
Jordan
Ramallah
Allenby Brücke
Jericho
Jerusalem
Bethlehem
Hebron
Totes Meer
0
5
10 km

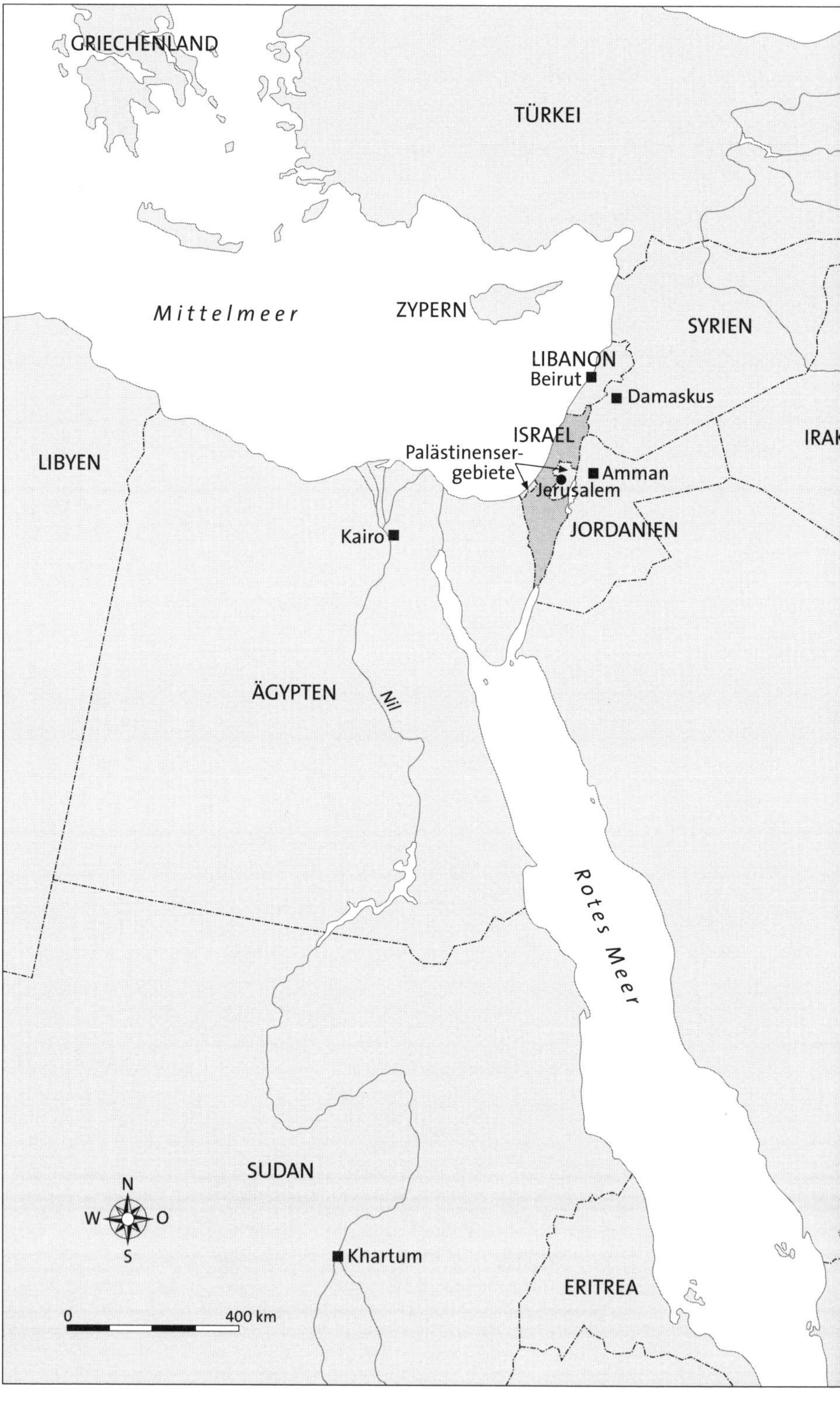
GRIECHENLAND
TÜRKEI
Mittelmeer
ZYPERN
SYRIEN
LIBANON
Beirut
Damaskus
ISRAEL
IRAK
Palästinenser-
gebiete
Amman
Jerusalem
LIBYEN
Kairo
JORDANIEN
ÄGYPTEN
Nil
Rotes Meer
SUDAN
N
W
O
S
Khartum
ERITREA
0
400 km

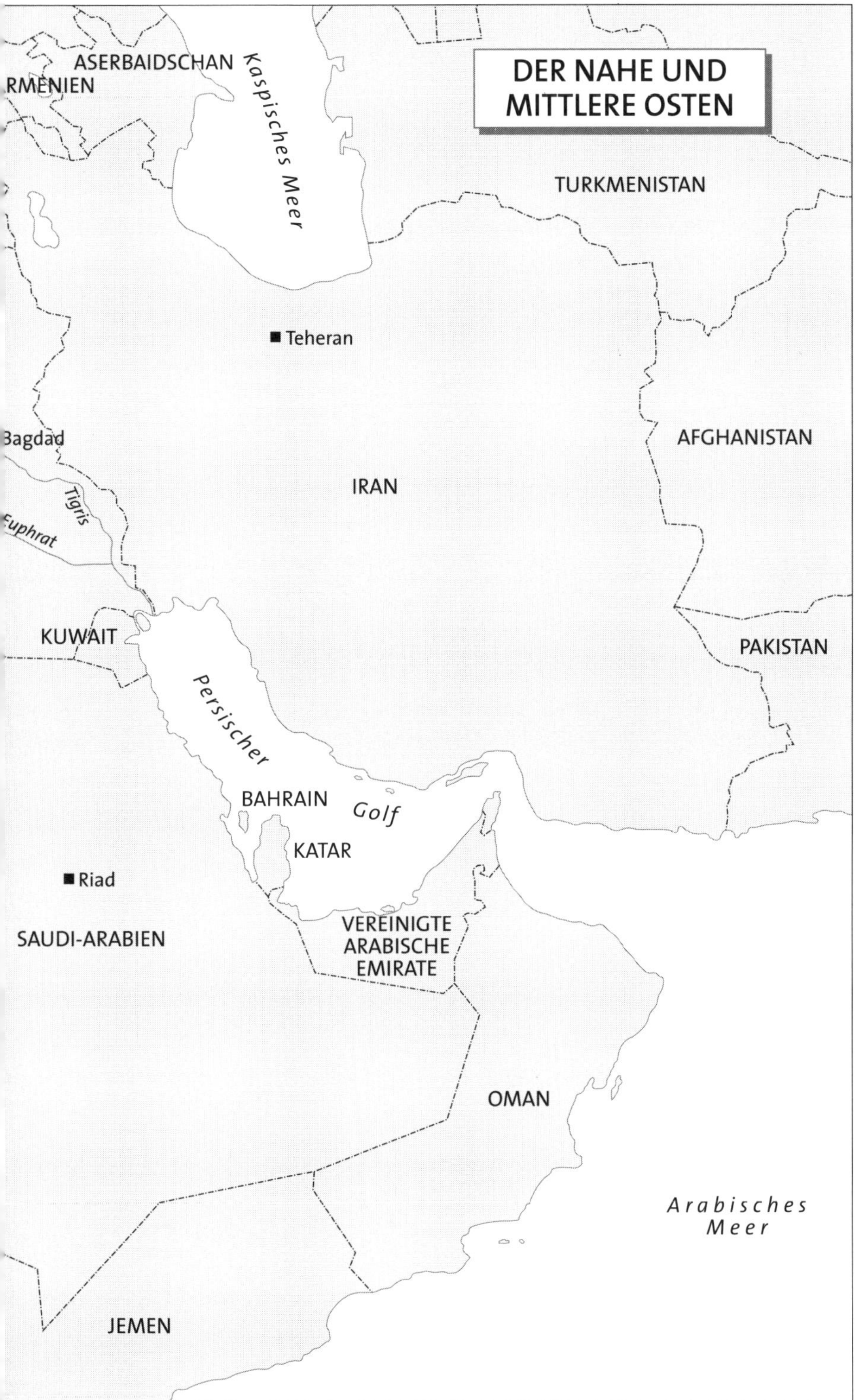
DER NAHE UND
MITTLERE OSTEN
ASERBAIDSCHAN
RMENIEN
Kaspisches Meer
TURKMENISTAN
Teheran
Bagdad
Tigris
Euphrat
IRAN
AFGHANISTAN
KUWAIT
PAKISTAN
Persischer
Golf
BAHRAIN
KATAR
Riad
SAUDI-ARABIEN
VEREINIGTE
ARABISCHE
EMIRATE
OMAN
Arabisches
Meer
JEMEN

Medientipps – eine Auswahl

Nur dort, wo keine deutschen Übersetzungen vorhanden sind, wird auf englischsprachige Medien verwiesen. (Stand: Mai 2009)

Von uralten Zeiten bis zum Aufstand der Palästinenser 1936 bis 1939 – ein kurzer Überblick

Sachbücher

Gradenwitz, Peter: Das Heilige Land in Augenzeugenberichten (München, 1984)
Reisende aus dem 10. bis 19. Jahrhundert erzählen – bunte und kommentierte Sammlung.

Krämer, Gudrun: Geschichte Palästinas. Von der osmanischen Eroberung bis zur Gründung des Staates Israel (München, 2002)
Eine 440 Seiten umfassende Darstellung der Ereignisse vor 1948.

Mejcher, Helmut: Die Palästina-Frage 1917–1948 (Paderborn, 1993)
Kompaktes Werk mit vielen hilfreichen Anmerkungen.

Polkehn, Klaus: Damals im Heiligen Land. Reisen in das alte Palästina (Berlin, 2005)
Auswahl an Reiseberichten, ausgeglichen sortiert, aufwendig bebildert.

Roberts, David: Das Heilige Land gestern und heute. Lithographien und Reisetagebuch (Erlangen, 1997)
Die legendären Bilder des britischen Malers zeigen Städte wie Jaffa, Nablus und Jerusalem in den 1830er Jahren.

Segev, Tom: Es war einmal ein Palästina. Juden und Araber vor der Staatsgründung Israels (München, 2009)
Der bekannte Historiker blickt auf die britische Mandatszeit zurück.

Romane

Agnon, Samuel Joseph: Gestern. Vorgestern (Frankfurt am Main, 1969)
Tragische Geschichte eines jüdischen Einwanderers, vom Nobelpreisträger für Literatur erzählt.

Dschabra, Ibrahim: Der erste Brunnen. Eine Kindheit in Palästina (Basel, 2001)
Autobiografisches über das Leben im Bethlehem der 1920er Jahre.

Michener, James A.: Die Quelle (München, 1995)

Mit Archäologen auf Entdeckungstour ins Heilige Land – ein Historischer Roman.

Oz, Amos: Sumchi. Eine wahre Geschichte über Liebe und Abenteuer (München, 1993)

Das Kinderbuch auch für Erwachsene spielt in der Zeit des britischen Mandats.

Internet

http://www.zionistarchives.org.il (Englisch)

Das Archiv der Zionistischen Weltorganisation mit Sitz in Jerusalem hat einige Dokumente online.

Der Holocaust und die Flucht nach Palästina

Sachbücher

Ben-Natan, Asher: Die Bricha. Aus dem Terror nach Eretz Israel. Ein Fluchthelfer erinnert sich (Düsseldorf, 2005)

Ein persönlicher Bericht des späteren israelischen Botschafters in Deutschland.

Mallmann, Klaus-Michael; Cüppers, Martin: Halbmond und Hakenkreuz. Das »Dritte Reich«. Die Araber und Palästina (Darmstadt, 2006)

Nicht nur die Rolle des Muftis von Jerusalem wird unter die Lupe genommen.

Ofer, Dalia: Escaping the Holocaust. Illegal Immigration to the Land of Israel. 1939–1944 (Oxford, 1990)

Eines der besten Bücher zum Thema auf Englisch.

Schlör, Joachim: Endlich im Gelobten Land? Deutsche Juden unterwegs in eine neue Heimat (Berlin, 2003)

Bilder und ihre Geschichten – ein Buch über deutsche Einwanderer in Palästina.

Vogel, Jutta: Die Odyssee der Kinder. Auf der Flucht aus dem Dritten Reich ins Gelobte Land (Frankfurt am Main, 2008)

Engagiert nachgezeichnete Lebensschicksale von Menschen, die sich für die Autorin erinnern.

Zinke, Peter: Flucht nach Palästina. Lebenswege Nürnberger Juden (Nürnberg, 2003)

Zeitzeugen erzählen dem Autor von ihrer deutschen Heimat und der neuen Umgebung.

Romane

Appelfeld, Aharon: Geschichte eines Lebens (Reinbek bei Hamburg, 2006)
Kindheitserinnerungen – an Holocaust, an das Leben im Versteck und Palästina.

Kaniuk, Yoram: Das Glück im Exil (München, 1996)
Über die Schwierigkeiten des Einlebens in der neuen Heimat.

Uris, Leon: Exodus (München, 1995)
Spannender, aber einseitiger Klassiker nicht nur über das Flüchtlingsschiff.

Filme

Preminger, Otto (Regie): Exodus (1960)
Die Hollywood-Version des Romans von Leon Uris mit gleichen Stärken und Schwächen.

Internet

http://www.exodus1947.org (Englisch)
Radioshow mit Beteiligten und kurze Filme.

http//www.spielbergfilmarchive.org (Englisch)
Das wohl größte jüdische Film-Archiv, nicht nur zum Thema jüdische Einwanderung nach Palästina.

http://www.yadvashem.org (Englisch)
Das Museum der Holocaust-Gedenkstätte in Jerusalem, ein kleiner Teil zeigt die Einwanderung nach Palästina.

Die Teilung Palästinas, die Staatsgründung Israels und der erste Arabisch-Israelische Krieg

Sachbücher

Herzl, Theodor: Der Judenstaat. Versuch einer modernen Lösung der Judenfrage (Berlin, 2004)
Der Text aus dem Jahre 1896 von Herzl. Ergänzt mit zahlreichen Anmerkungen und weiteren Materialien.

Herzl, Theodor: Vision und Politik. Die Tagebücher Theodor Herzls (Frankfurt am Main, 1976)
Die persönlichen Aufzeichnungen Herzls in Auszügen.

Katz, Samuel: Tage des Feuers. Das Geheimnis der Irgun (Königstein im Taunus, 1981)
Der Titel täuscht, es geht um weit mehr als die jüdische Untergrundbewegung.

Milstein, Uri: History of Israel's War of Independence (Lanham, 1996–1999)

Mehrbändiges und wohl umfassendstes Werk zum ersten Arabisch-Israelischen Krieg.

Rogan, Eugene L.; Shlaim, Avi: The War for Palestine. Rewriting the History of 1948 (Cambridge, 2001)

Eines von vielen englischsprachigen Büchern – gehört aber zu den bekannteren und neueren Werken.

Segev, Tom: Die ersten Israelis. Die Anfänge des jüdischen Staates (München, 2008)

Faktenreich, hintergründig, sehr umfassend. Wie üblich bei Segev mit vielen Anmerkungen für eine tiefere Auseinandersetzung mit dem Thema.

Romane

Avnery, Uri: In den Feldern der Philister (enthält: Die Kehrseite der Medaille; München, 2005)

Zwei Werke, zwei Welten – einmal ein begeisterter Veteran, ein anderes Mal ein nachdenklicher Kriegsrückkehrer.

Collins, Larry; Lapierre, Dominique: O Jerusalem (München, 1981)

Die Geschehnisse vom UN-Teilungsbeschluss bis zum Waffenstillstand als Roman.

Herzl, Theodor: Altneuland (Norderstedt, 2004)

1902 – 46 Jahre vor der Staatsgründung Israels – malt Herzl ein optimistisches Bild vom eigenen Staat.

Olmert, Aliza: Ein Stück vom Meer (Berlin, 2009)

Über das Suchen und Finden einer neuen Heimat – ein bewegender Roman mit autobiographischen Zügen der israelischen Künstlerin.

Filme

Chouraqui, Elie (Regie): O Jerusalem (2006)

Die Verfilmung des Romans (bei Redaktionsschluss noch keine Details zur deutschen Fassung).

Shavelson, Melville (Regie): Der Schatten des Giganten (1966)

Hollywood-Version des ersten Arabisch-Israelischen Krieges mit Kirk Douglas als helfender US-Offizier David Marcus.

Internet

http://www.isracast.com/territories.asp (Englisch)

Ton-Aufname der UN-Entscheidung von 1947 mit Reaktionen aus Israel.

Das bis heute ungelöste Problem der palästinensischen Flüchtlinge

Sachbücher

Dabdoub, Mahmoud: Wie fern ist Palästina? Fotos aus palästinensischen Flüchtlingslagern (Leipzig, 2003)
Manche Bilder sagen mehr als 1000 Worte.

Morris, Benny: The Birth of the Palestinian Refugee Problem Revisited (Cambridge, 2003)
Ein Kilo schwer – umstritten, aber lesenswert und als Nachschlagewerk geeignet.

Pappe, Ilan: Die ethnische Säuberung Palästinas (Frankfurt am Main, 2007)
Ein Buch, das für Aufsehen sorgte. Die vielen Quellenangaben, das Bildmaterial und die Karten sprechen für sich (nur direkt beim Zweitausendeins Verlag bestellbar).

Sa'di, Ahmad H.; Abu-Lughod, Lila: Nakba. Palestine. 1948 and the Claims of Memory (New York, 2007)
Für die geeignet, die eine wissenschaftliche Studie suchen.

Romane

Alkatout, Josef: Samla (Zürich, 2008)
Eine kurze, aber intensive Geschichte über Flucht und Vertreibung und das Ankommen in der Fremde.

Kanafani, Ghassan: Rückkehr nach Haifa. Roman aus Palästina (Basel, 1992)
Standardwerk, schnell gelesen, 99 Seiten kurz.

Internet

http://www.palaestina.org/links/links/fluechtlinge.php
Das Thema aus der Sicht der PLO und deren Berliner Büro.

http://www.un.org/unrwa (Englisch)
Fotos, Karten, Statistiken und aktuelle Berichte der Vereinten Nationen über palästinensische Flüchtlinge.

Die 1950er Jahre und der Suezkrieg

Sachbücher

Dayan, Moshe: Diary of the Sinai Campaign (New York, 1991)
Der General und spätere Verteidigungsminister Israels erinnert sich.

Fullick, Roy; Powell, Geoffrey: Suez. The Double War (Barnsley, 2006)
Die Autoren analysieren – wie bei den meisten Werken zum Thema – die Politik der Briten. Enthält Karten und Bilder.

Hacohen, Dvora: Immigrants in Turmoil. Mass Immigration to Israel and its Repercussions in the 1950s and After (Syracuse, 2003)
Über die Probleme des jungen Staates mit der Einwanderung.
Kyle, Keith: Suez. Britain's End of Empire in the Middle East (London, 2003)
Das 728-Seiten dicke Standardwerk.

Romane

Oz, Amos: Mein Michael (Frankfurt am Main, 1992)
Lieben und Leben im Israel der 1950er und 60er Jahre.

Die 1960er Jahre und der Sechs-Tage-Krieg

Sachbücher

Churchill, Randolph S. und Winston S.: Und siegten am siebenten Tag (Reinbek bei Hamburg, 1968)
Unmittelbar nach dem Krieg erschienen, heute nur gebraucht zu finden.
Laqueur, Walter: Nahost vor dem Sturm (Frankfurt am Main, 1968)
Hintergründiges rund um die Frage: Was geschah vor Kriegsausbruch?
Mejcher, Helmut: Sinai. 5. Juni 1967. Krisenherd Naher und Mittlerer Osten (München, 1998)
Interessante Darstellung, die weit über den Sechs-Tage-Krieg hinausgeht.
Oren, Michael B.: Six Days of War. June 1967 and the Making of the Modern Middle East (London, 2003)
Der Sachbuch-Klassiker.
Segev, Tom: 1967. Israels zweite Geburt (München, 2009)
Ablauf und die weitreichenden Folgen des Krieges nachvollziehbar und gründlich dargestellt.
Zertal, Idith; Eldar, Akiva: Die Herren des Landes. Israel und die Siedlerbewegung seit 1967 (München, 2007)
Kein Buch bietet derart umfassend und objektiv Auskunft über dieses wichtige Thema.

Romane

Khalifa, Sahar: Die Verheißung (Zürich, 2004)
Eine Liebesgeschichte am Rande des Sechs-Tage-Krieges.
Wiesel, Elie: Der Bettler von Jerusalem (Frankfurt am Main, 1986)
Kurz nach dem Krieg erschienener Roman des bekannten Schriftstellers.

Palästinenser unter israelischer Besatzung und die Entstehung einer eigenen nationalen Bewegung unter Yassir Arafat

Sachbücher

Hoekmann, Gerrit: Zwischen Ölzweig und Kalaschnikow. Geschichte und Politik der palästinensischen Linken (Münster, 1999)
Vom arabischen Nationalismus zur palästinensischen Nationalbewegung – eine Übersicht.

Kapeliuk, Amnon: Yassir Arafat. Die Biografie (Heidelberg, 2005)
150-mal hat der Journalist Arafat getroffen und liefert weit mehr als Biografisches.

Rubin, Barry: Revolution until Victory? The Politics and History of the PLO (Boston, 1994)
Von der Gründung der Organisation bis zum Ende der Ersten Intifada.

Saada, Tass: Ich kämpfte für Arafat. Ein Fatah-Heckenschütze beginnt ein ganz neues Leben (Giessen, 2007)
Kein leichter Stoff, aber umso wichtiger ist dieses authentische Buch.

Sadek, Hassan: Arafat (München, 2006)
96 Seiten kompaktes und daher gut geeignetes Werk für den Einstieg.

Tophoven, Rolf: Fedayin. Guerilla ohne Grenzen (Bonn, 1973)
Anfang der 70er Jahre erschienene, noch immer lesenswerte Entstehungsgeschichte der Palästinensergruppen.

Filme

Spielberg, Steven (Regie): München (2005)
Israels Reaktionen auf das Olympia-Attentat 1972 mit Blick auf beide Seiten.

1973 – Jom-Kippur-Krieg für die einen, Ramadan-Krieg für die anderen

Sachbücher

Blum, Howard: The Eve of Destruction. The Untold Story of the Yom Kippur War (New York, 2003)
Hintergründe zum Krieg unter Verwendung zahlreicher Zeitzeugengespräche.

Rabinovich, Abraham: The Yom Kippur War. The Epic Encounter that transformed the Middle East (New York, 2005)
Der »Jerusalem-Post«-Journalist erklärt den Kriegsverlauf und stellt die Akteure vor.

Romane

Jehoschua, Abraham B.: Der Liebhaber (Frankfurt am Main, 1982)
Der Jom-Kippur-Krieg und die 70er Jahre als Hintergrund einer eigensinnigen Liebesgeschichte.

Internet

http://www.hagalil.com/israel/geschichte/1973-krieg.htm
Das jüdische Online-Magazin stellt Texte und Bilder zum Thema vor.
http://www.isracast.com/yk/stage.swf (Englisch)
Aufnahmen vom israelischen Armeefunk während der ersten Angriffe.

Israel unter Menachem Begin: von der israelischen Besiedlung der Palästinensergebiete bis zum ersten Libanonkrieg 1982

Sachbuch

Bazzi, Yussef: Yassir Arafat sah mich an und lächelte. Erinnerungen eines Kämpfers (Zürich, 2009)
Ein ehemaliger Soldat berichtet aus dem umkämpften Libanon. Detailreich aufgezeichnet, ein wichtiges Zeitzeugen-Dokument.
Schiff, Ze'ev; Ya'ari, Ehud: Israel's Lebanon War (New York, 1984)
Eines der wenigen noch erhältlichen Werke zum 1982er Krieg.
Schindler, Colin: The Land Beyond Promise. Israel. Likud and the Zionist Dream. Power. Politics and Ideology from Begin to Netanyahu (London, 1995)
Der Titel spricht für sich – kompakt und übersichtlich.

Roman

Darwisch, Mahmud: Ein Gedächtnis für das Vergessen. Beirut. August 1982 (Basel, 2001)
Der palästinensische Dichter von Weltruf erinnert sich in seinem Roman.
Leshem, Ron: Wenn es ein Paradies gibt (Reinbek, 2008)
Ein junger Soldat auf einem israelischen Stützpunkt im Jahr 1999 im Südlibanon – ein aufrüttelndes Werk über den Irrsinn von Kriegen.

Filme

Riklis, Eran (Regie): Cup Final. In der Schusslinie (1991)
Nur noch schwer zu findender Antikriegsfilm, der beide Seiten zeigt.

Internet

http://www.btselem.org/English/Settlements (Englisch)
Die israelische Menschenrechtsorganisation über das Thema jüdische Siedlungen im Westjordanland.
http://www.ochaopt.org (Englisch)
Die UN aktualisiert und veröffentlicht regelmäßig Karten zu israelischen Siedlungen.

Die Erste Intifada und das Friedensabkommen von Oslo

Sachbücher

Elias, Adel S.: Dieser Frieden heißt Krieg. Israel und Palästina. Die feindlichen Brüder (München, 1997)
Eine düstere, aber vielleicht realistische Analyse des langjährigen »Spiegel«-Journalisten.
Grossmann, David: Diesen Krieg kann keiner gewinnen. Chronik eines angekündigten Friedens (München, 2003)
Ereignisse und Versäumnisse seit Oslo aus der Sicht des israelischen Schriftstellers.
Habibi, Emil; Kaniuk, Yoram: Das zweifach verheißene Land (München, 1997)
Gedankenaustausch zweier Autoren auf verschiedenen Seiten des Konflikts.
Kapeliuk, Amnon: Rabin. Ein politischer Mord. Nationalismus und rechte Gewalt in Israel (München, 1999)
Fakten und Hintergründe über das Attentat und das Umfeld des Täters.
Said, Edward W.: Das Ende des Friedensprozesses. Oslo und danach (Berlin, 2002)
Ereignisse und Versäumnisse seit Oslo aus der Sicht des palästinensischen Intellektuellen.
Schreiber, Friedrich: Aufstand der Palästinenser. Intifada (Opladen, 1990)
Klar strukturiert, einfach zu lesen, sehr empfehlenswert.
Schrobsdorff, Angelika: Jerusalem war immer eine schwere Adresse (München, 1998)
Eindringliche und persönliche Erinnerung der deutschen Schriftstellerin an die Erste Intifada.
Wiedenhöfer, Kai: Perfect Peace: The Palestinians from Intifada to Intifada (Göttingen, 2002)
Bildband eines Fotografen, der über zehn Jahre in den Palästinensergebieten lebte.
Wolffsohn, Michael: Frieden jetzt? Nahost im Umbruch (Frankfurt am Main, 1996)
Einer der Kenner des Konflikts analysiert den Friedensprozess.

Romane/Lyrik

Abdel-Qadir, Ghazi: Die sprechenden Steine (Weinheim, 2005)
Das Leben unter Besatzung und die Erste Intifada – ein Jugendbuch nicht nur für junge Leser.

Darwisch, Mahmoud: Wir haben ein Land aus Worten (Zürich, 2002)
Sammlung seiner Gedichte aus den Jahren 1986 bis 2002.

Filme

Masharawi, Rashid (Regie): Curfew. Die Ausgangssperre (1998)
Beklemmender Film über das Leben unter Besatzung.

Suleiman, Elia (Regie): Göttliche Intervention. Eine Chronik von Liebe und Schmerz (auch: Divine Intervention; 2003)
In Cannes ausgezeichnete Geschichte eines Paares, das ein israelischer Kontrollpunkt voneinander trennt.

Internet

http://www.intifada.com (Englisch)
Die palästinensische Version der Intifada in Wort und Bild.

Die Zweite Intifada und der Bau der Barriere

Sachbücher

Baumgarten, Helga: Hamas. Aus dem palästinensischen Widerstand in die Regierung (München, 2006)
Analyse einer Kennerin mit der kompletten und ins Deutsche übersetzten Hamas-Charta.

Blum, Gadi; Hefez, Nir: Ariel Scharon. Die Biografie (Hamburg, 2006)
Wieso der einstige Ministerpräsident in Israel oft so geschätzt und im Ausland so kritisiert wurde.

Croitoru, Joseph: Hamas. Der islamische Kampf um Palästina (München, 2007)
Welche Ziele verfolgt die Hamas, wie arbeitet sie und warum hat sie Erfolg? Ein rundum lehrreiches Buch.

Flottau, Heiko: Die eiserne Mauer. Palästinenser und Israelis in einem zerrissenen Land (Berlin, 2009)
Eine vielseitige Analyse des Barrierebaus mit zahlreichen Gastbeiträgen.

Hass, Amira: Morgen wird alles schlimmer. Berichte aus Palästina und Israel (München, 2006)
Eine Art Tagebuch der Zweiten Intifada von der angeblich einzigen im Westjordanland lebenden israelischen Journalistin.

Keshet, Kirstein Yehudit: Checkpoint Watch. Zeugnisse israelischer Frauen aus dem besetzten Palästina (Hamburg, 2008)
Die Organisation beobachtet kritisch Kontrollposten – dieses Buch erklärt eindringlich, wieso das so wichtig ist.

Langer, Felicia: Quo vadis Israel? Die neue Intifada der Palästinenser (Göttingen, 2001)
Eine kritische Analyse der israelischen Anwältin und Trägerin des Alternativen Nobelpreises.

Masuhr, Dieter: Menschen in Palästina. Zeichnungen von Menschen, die die Intifada gezeichnet hat (Neu-Isenburg, 2005)
Interessantes Werk, das sich dem Thema einmal anders nähert.

Sabbah, Raid: Der Tod ist ein Geschenk. Die Geschichte eines Selbstmordattentäters (München, 2002)
Der Autor spricht mit einem Palästinenser, der ein Attentat verüben soll.

Shachak, Bat-Chen: Ich träume vom Frieden (Berlin, 2008)
Das Tagebuch einer jungen Israelin, die bei einem Selbstmordanschlag ums Leben kommt.

Sehadeh, Raja: Streifzüge durch Palästina. Notizen zu einer verschwindenden Landschaft (Wien, 2008)
Wie verändern die politischen Ereignisse ein Land? Der persönliche Bericht eines Anwalts und Schriftstellers.

Wenger, Karin: Checkpoint Huwara: Israelische Elitesoldaten und palästinensische Widerstandskämpfer brechen das Schweigen (München, 2008)
Die Journalistin stellt Stimmen beider Seiten vor – ein wichtiges Buch, weil es dem Konflikt ein Gesicht gibt.

Wiedenhöfer, Kai: Wall (Göttingen, 2006)
Mehr als Zäune und Stacheldraht, ein Bildband zur Barriere.

Romane

Amiry, Suad: Scharon und meine Schwiegermutter. Tagebuch vom Krieg aus Ramallah. Palästina (Frankfurt am Main, 2004)
Ein Tagebuch in Zeiten der israelischen Besatzung.

Durlacher, Jessica: Emoticon (Zürich, 2008)
Eine außergewöhnliche Geschichte, die einmal abseits der üblichen Romankonzepte in den Nahostkonflikt eingebettet ist.

Gavron, Assaf: Ein schönes Attentat (München, 2008)
Schnell, sarkastisch, sehr lesenswert – aus dem Leben eines Israelis, der Attentate überlebt und lernen muss, damit umzugehen.

Greiner, Margret: Jefra heißt Palästina. Ein Mädchen in Jerusalem (München, 2006)
Geschichte über eine Palästinenserin, für die es kein Gut-Böse-Schema gibt.

Grossman, David: Das Lächeln des Lammes (München, 1988)
Ein israelischer Soldat freundet sich in den besetzten Palästinensergebieten mit einem Geschichtenerzähler an.

Khadra, Yasmina: Die Attentäterin (München, 2008)
Wie geht der Hinterbliebene einer Selbstmordattentäterin mit der Tat um – eine schwierige Frage.

Khalifa, Sahar: Heißer Frühling (Zürich, 2008)
Wie verändert Gewalt und Besatzung den Alltag? Ein Buch über die Zweite Intifada, auf der palästinensischen Seite recherchiert.

Mayer, Doris: Revolution der Steine. Eine israelisch-palästinensische Liebesgeschichte (Wien, 2002)
Eine Israelin liebt einen Palästinenser im Schatten der Zweiten Intifada.

Nevo, Eshkol: Vier Häuser und eine Sehnsucht (München, 2007)
Irrungen und Wirrungen in der israelischen Gesellschaft nach dem Attentat auf Rabin in einem anspruchsvollen Porträt.

Verete-Zehavi, Tamar: Aftershock. Die Geschichte von Jerus und Nadira (München, 2009)
Das Leben nach dem Überleben eines Selbstmordanschlages – eine bewegende Geschichte aus der Sicht einer Jugendlichen.

Filme

Assad, Hany Abu (Regie): Paradise Now (2005)
2006 für den Oscar nominiert, kontrovers diskutiert – zwei Palästinenser und ihr tödlicher Auftrag.

Assad, Hany Abu (Regie): Rana's wedding (Englischer Untertitel, 2002)
Kitschig, aber ein Einblick in Leben und Tradition wird auf unterhaltende Art vermittelt.

Avital, Solo (Regie): More than 1000 words (2007)
Porträt eines israelischen Fotografen über seinen Alltag vor allem während der Zweiten Intifada.

Shamir, Yoav (Regie): Checkpoint (2004)
Dokumentarfilm über israelische Kontrollpunkte, der auf Kommentare und Anmerkungen verzichtet – ein mutiges und gelungenes Konzept.

Zahavi, Dror (Regie): Alles für meinen Vater (2008)
Über Selbstmordattentate – etwas klischeehaft, aber sehenswert.

Internet

http://alhaq.org (Englisch)
Die palästinensische Menschenrechtsorganisation al-Haq stellt sich mit großer Dokumentensammlung im Internet vor.

http://www.btselem.org (Englisch)

Seite der israelischen Menschenrechtsorganisation mit Fotos, Videos und mehr.

http://www.openbethlehem.org (Englisch)

Bethlehem ohne die israelische Mauer – eine Vision im Internet.

Vom Gazastreifen-Konflikt im Süden zum zweiten Libanonkrieg 2006 im Norden

Sachbücher

Achcar, Gilbert; Warschawski, Michel: Der 33-Tage-Krieg. Israels Krieg gegen die Hisbollah im Libanon und seine Folgen (Hamburg, 2007)

Ein libanesischer Politikwissenschaftler und ein israelischer Friedensaktivist blicken gemeinsam zurück und wagen einen Ausblick.

Hass, Amira: Gaza. Tage und Nächte in einem besetzten Land (München, 2004)

Die Journalistin berichtet aus dem palästinensischen Krisengebiet.

Marx, Bettina: Gaza. Bericht aus einem Land ohne Hoffnung (Frankfurt am Main, 2009)

Ein umfassendes Werk voller Reportagen aus nächster Nähe erzählt (bestellbar nur direkt beim Zweitausendeins Verlag)

Wunder, Simon: Israel. Libanon. Palästina. Der Zweite Libanonkrieg und der Israel-Palästina-Konflikt 2006 (Berlin, 2007)

Eine anspruchsvolle und gründliche Analyse für alle, die sich tiefer mit dem Thema beschäftigen wollen.

Romane

Shilo, Sara: Zwerge kommen hier keine (München, 2009)

Ein seltener Einblick in das Leben der Juden, die aus arabischen Ländern nach Israel eingewandert sind.

Filme

Folman, Ari (Regie): Waltz with Bashir (2008)

Ein animierter Dokumentarfilm, der unter die Haut geht. Sehr zu empfehlen.

Miller, James (Regie): Death in Gaza (Englisch; 2004)

Dokumentarfilm über die Situation in Gaza, dessen Macher die Dreharbeiten nicht überlebte.

Internet

http://www.lebanonundersiege.gov.lb (Englisch)

Der Krieg und die Folgen aus der Sicht der libanesischen Regierung. Die Seite ist leider nur noch im Archiv von manchen Suchmaschinen zu finden.

http://www.pmo.gov.il (Englisch)

Gleiches aus der Perspektive der israelischen Regierung – wer auf »English« klickt und nach »Lebanon« sucht, findet zahlreiche Dokumente.

Israelis und Palästinenser heute

Internet

http://english.aljazeera.net (Englisch)

Unter der Rubrik »Middle East« ist die Nahost-Berichterstattung des arabischen Nachrichtensenders zu finden.

http://www.haaretz.com (Englisch)

Übersichtlicher Online-Auftritt der israelischen Tageszeitung »Ha'aretz«.

http://www.imemc.org (Englisch)

Informationen zum Hören und Lesen des pro-palästinensischen International Middle East Media Centers.

http://www.jpost.com (Englisch)

Tägliche Berichterstattung der israelischen Tageszeitung »Jerusalem Post«.

http://www.maanews.net (Englisch)

Die palästinensische Nachrichtenagentur ist mit zahlreichen Fotos und Texten online.

http://www.mfa.gov.il (Englisch)

Die offizielle Seite des israelischen Außenministeriums mit Nachrichten.

http://www.mideastweb.org (Englisch)

Ausgeglichen präsentierte Nachrichten- und Hintergrund-Beiträge.

http://www.palestinemonitor.org (Englisch)

Umfassende Informationen aus palästinensischer Sicht.

http://www.spiegel.de/nahost

Artikel und Videos über den Konflikt, mehrmals wöchentlich aktualisiert.

http://www.thisweekinpalestine.com (Englisch)

Das palästinensische Magazin mit eher unpolitischen Themen und einer Statistik-Seite.

http://web.amnesty.org/report2006/isr-summary-eng

Die Berichte der Menschenrechtsorganisation listen jedes Jahr die Opfer auf beiden Seiten auf.

Sachbücher

Ainbinder, Odelia; Rifa'i, Amal; Tempel, Sylke: Wir wollen beide hier leben. Eine schwierige Freundschaft in Jerusalem (Reinbek bei Hamburg, 2004)
Die dokumentierte Brieffreundschaft einer jungen Israelin und einer jungen Palästinenserin.

Dammann, Peter: Ein Jugendorchester in Palästina (Berlin, 2008)
Die Barenboim-Said-Stiftung fördert junge Musiker – wie das aussieht, zeigen viele eindrucksvolle Abbildungen in diesem Bildband.

Ellis, Deborah: Wenn ich einen Wunsch frei hätte... Kinder aus Israel und Palästina erzählen (Frankfurt am Main, 2008)
Die Stimmen derer, die am meisten unter dem Konflikt leiden. Beeindruckend illustriert von Daniela Kulot, mit vielen Erklärungen.

Wali, Najem: Reise in das Herz des Feindes. Ein Iraker in Israel (München, 2009)
Ein gebürtiger Iraker in Israel – eine kritische und vor allem selbstkritische Reise, die zum Dialog der Kulturen anregen möchte.

Romane

Katz, Eran: Der überaus großartige ultimative Nahost-Friedensplan (Frankfurt am Main, 2005)
Ein palästinensischer und ein israelischer Reiseveranstalter haben eine unglaubliche Geschäftsidee – eine gelungene Satire.

Zenatti, Valérie: Leihst du mir deinen Blick? Eine Freundschaft zwischen Jerusalem und Gaza (München, 2008)
Eine israelische Flaschenpost landet in den Händen eines jungen Gaza-Bewohners – spannende und lebhaft aufgeschriebene Lovestory.

Filme

Geller, Leon; Vetter, Marcus (Regie): Das Herz von Jenin (2008)
Ein Palästinenser spendet die Organe seines Sohnes, der von einem israelischen Soldaten erschossen wurde, Israelis. Aufsehenerregende und viel gelobte Dokumentation.

Internet

http://www.genfer-initiative.de
Prominente Israelis und Palästinenser stellen einen eigenen und mutigen Friedensplan vor.

http://www.icci.org.il (Englisch)
Die Organisation bringt junge Israelis und Palästinenser in einem Friedens-

camp zusammen – die zwei Jugendlichen aus dem Kapitel nahmen an dem Programm teil.

http://www.hellopeace.net (Englisch)

Wie aus Feinden Freunde werden – Israelis und Palästinenser rufen sich gegenseitig an.

http://www.peacenow.org.il (Englisch)

Die älteste und aktivste Friedensorganisation Israels ist mit Karten, Bildern und Texten online.

http://www.theparentscircle.com (Englisch)

Eltern von beiden Seiten gründeten diese Organisation – alle haben eine Tochter oder einen Sohn durch den Konflikt verloren.

http://www.uri-avnery.de

Alles über den wohl bekanntesten israelischen Friedensaktivisten und seine Arbeit.

Allgemeine Werke zum Nahost-Konflikt

Sachbücher

Chomsky, Noam: Offene Wunde Nahost. Israel. Die Palästinenser und die US-Politik (Hamburg, 2003)

Der Nahost-Fachmann geht mit beiden Seiten hart ins Gericht.

Elon, Amos: Jerusalem. Innenansichten einer Spiegelstadt (Reinbek bei Hamburg, 1992)

Umfangreiches Werk über die Geschichte des umkämpften Ortes.

Flores, Alexander: Der Palästinakonflikt: Wissen was stimmt (Freiburg, 2009)

128-Seiten-kompakte Zusammenfassung des Problemfeldes, die eine Bewertung der Geschehnisse nicht scheut.

Gresh, Alain: Israel-Palästina. Hintergründe eines Konfliktes (Zürich, 2009)

Fakten und eine kritische Auseinandersetzung mit ihnen.

Grosbard, Ofer: Israel auf der Couch. Zur Psychologie des Nahostkonflikts (Düsseldorf, 2001)

Der Kampf um das Heilige Land aus der Sicht eines Psychologen.

Herz, Dietmar: Palästina. Gaza und Westbank. Geschichte. Politik. Kultur (München, 2003)

Übersichtliches Werk über die Palästinensergebiete.

Hourani, Albert: Die Geschichte der arabischen Völker (Frankfurt am Main, 2000)

Informatives und gut lesbares Geschichtsbuch eines Kenners.

Johannsen, Margret: Der Nahost-Konflikt (Wiesbaden, 2009)

Kompaktes Lehrbuch, das einen Einstieg in die Thematik ermöglicht.

Konzelmann, Gerhard: Verlorener Frieden? Chancen und Risiken im Nahen Osten (München, 2007)
Welche Länder und Gruppierungen spielen im Nahost-Konflikt eine Rolle? Eine kenntnisreiche Analyse dazu.

Krautkrämer, Elmar: Krieg ohne Ende? Israel und die Palästinenser. Geschichte eines Konflikts (Darmstadt, 2003)
Übersichtliche Darstellung mit den wichtigsten Karten und Zitaten.

Laqueur, Walter; Rubin, Barry: The Israel-Arab Reader. A Documentary History of the Middle East Conflict (New York, 2001)
Hervorragende Dokumenten- und Redensammlung zum Nahost-Konflikt.

Farhat-Naser, Sumaya: Thymian und Steine. Eine palästinensische Lebensgeschichte (Basel, 1999)
Autobiografie einer im deutschsprachigen Raum bekannten Palästinenserin.

Nusseibeh, Sari: Es war einmal ein Land. Ein Leben in Palästina (München, 2008)
Eine tief reichende Autobiographie, die den Konflikt aus persönlicher Sicht anschaulich beschreibt.

Oz, Amos: Im Lande Israel (Frankfurt am Main, 1994)
Der Schriftsteller spricht mit Beteiligten auf beiden Seiten und kommentiert.

Rotter, Gernot; Fathi, Schirin: Nahostlexikon. Der israelisch-palästinensische Konflikt von A-Z (Heidelberg, 2001)
Fakten und Hintergründe, eingeteilt in über 100 Stichworte.

Scholl-Latour, Peter: Lügen im Heiligen Land. Machtproben zwischen Euphrat und Nil (München, 2000)
Oft detailreich, manchmal persönlich und immer hintergründig.

Steininger, Rolf: Der Nahostkonflikt (Frankfurt am Main, 2003)
127 Seiten kompakte Einführung mit einem kleinen Irak-Exkurs.

Tibi, Bassam: Pulverfaß Nahost. Eine arabische Perspektive (Stuttgart, 1997)
Der Titel ist Programm – eher für Fortgeschrittene geeignet.

Wasserstein, Bernard: Israel und Palästina. Warum kämpfen sie und wie können sie aufhören? (München, 2003)
Ausgeglichenes Werk, ebenso eher für Fortgeschrittene.

Wolffsohn, Michael: Wem gehört das Heilige Land? Die Wurzeln des Streits zwischen Juden und Arabern (München, 2002)
Eines der lesenswertesten Nahost-Bücher für Einsteiger.

Yaron, Gil: Jerusalem. Ein historisch-politischer Stadtführer (München, 2007)
Ein informatives Porträt der Stadt aus jüdischer, christlicher und muslimischer Sicht.

Zimmermann, Moshe: Goliaths Falle. Israelis und Palästinenser im Würgegriff (Berlin, 2004)
Der israelische Historiker blickt zurück.

Romane

Beynon, Matt: Der Verräter von Bethlehem (München, 2008)

Omar Jussuf ermittelt – der atmosphärische Auftakt einer palästinensischen Krimi-Reihe, die einen einmaligen Einblick in Politik und Alltag ermöglicht.

Habibi, Emil: Der Peptimist (Basel, 1995)

Der bekannteste Roman des palästinensischen Autors.

Sacco, Joe: Palästina. Eine Comic-Reportage (Frankfurt am Main, 2004)

Ein amerikanischer Journalist zeichnete die Eindrücke seiner Nahost-Reise.

Theisen, Manfred: Checkpoint Jerusalem. Eine Liebe in Zeiten des Terrors (München, 2004)

Der Nahost-Konflikt in einer Liebesgeschichte verpackt.

Kashua, Sayed: Tanzende Araber (Berlin, 2004)

Ein palästinensischer Israeli auf der Suche nach sich selbst.

Keret, Etgar; El-Youssef, Samir: Alles Gaza. Geteilte Geschichten (München, 2006)

Kurzgeschichten aus Nahost – ein Israeli und ein Palästinenser veröffentlichen gemeinsam.

Khoury, Elias: Das Tor zur Sonne (München, 2007)

50 Jahre palästinensische Geschichte – das 742 Seiten umfassende Epos.

Internet

http://www.bpb.de/publikationen

Die Bundeszentrale für politische Bildung hat umfangreiche Materialien online. Vieles kann auch bestellt werden.

Angaben zu den Zeitzeugen (alphabetisch nach Vornamen geordnet)

Gespräch mit Abdul-Karim Lafi (*geboren* 1958 in Kuwait), *geführt am* 26. August 2006 *in* Jerusalem.
Abraham Bar-Am (1933 in Tel Aviv), 6. und 24. August 2006, Tel Aviv.
Abraham Bolotin (1925 in Tel Aviv), 5. Juli 2006, Ramat Gan.
Afram Schahin (1961 in Bethlehem), 2. September 2006, Bethlehem.
Ahmed Amos (1970 in Bethlehem), 25. August 2006, Jerusalem.
Alex Orli (1935 in Polen), 16. und 23. April 2006, Nes Ziona.
Al-Hadsch Ahmed Olayyan (1930 in Jericho), 9. Juni 2006, Jericho.
Amdschad Tubasi (1973 in Dschenin), 28. September 2006, Dschenin.
Amelie Dschaqaman (1922 in Bethlehem), 26. April 2006, Ramallah.
Anan Tabouq (1983 in Nablus), 24. September 2006, Nablus.
Anwar Arafat (1932 in Gaza-Stadt), 17. Dezember 2006, Gaza-Stadt.
Asma Moghari (1981 im Nusirat-Flüchtlingslager), 17. Dezember 2006, Gaza-Stadt.
Avi Goren (1954 in Rekhovot), 11. August 2006, Hod Hascharon.
Ayman Afana (1974 in Gaza-Stadt), 17. Dezember 2006, Gaza-Stadt.
Ayman Qannita (1979 in Gaza-Stadt), 17. Dezember 2006, Gaza-Stadt.
Aiyub Tutundschi (1990 in Jerusalem), 10. August 2006, Jerusalem.
Baruch Schub (1924 in Polen), 18. April 2006, Tel Aviv.
Bat Scheva Schaul (1959 in Haifa), 12. September 2006, Haifa.
Chairia Scheich Yosef (1924 in Taibe), 28. Juli 2006, Taibe.
Chalil Nedschem (1936 in Madschdal), 17. Dezember 2006, Schati-Flüchtlingslager.
Dror Schachar (1960 in Pardes-Chana), 24. August 2006, Modiin.
Dschamal Taleb (1955 in Dschenin), 28. September 2006, Dschenin.
Elad Schachar (1990 im Kibbutz Hanatsiv), 10. August 2006, Jerusalem.
Fatmah al-Hadi (1927 in Taibe), 28. Juli 2006, Taibe.
Gabby Rosenfeld (1948 im Kibbutz Tirazwim Ene Betschan), 28. September 2006, Har Gilo.
Georgette Saadeh (1929 in Bir Zeit), 26. April 2006, Bir Zeit.
Gladis Karquli-Levi (1936 im Irak), 10. August 2006, Tel Aviv.
Halima Sanakre (1933 in Rasalein), 9. Februar 2006, Flüchtlingslager Balata.
Hava Keller (1929 in Polen), 26. Februar 2006, Tel Aviv.

Hazar al-Hadi (1983 in Taibe), 14. September 2006, Haifa.
Hiba al-Ayan (1989 in Jerusalem), 27. August 2006, Jerusalem.
Hussein Abu Ahlayel (1964 in Gaza-Stadt), 17. Dezember 2006, Gaza-Stadt.
Idan Schaul (1989 in Haifa), 12. September 2006, Haifa.
Ilham Saad al-Athamna (1985 in Beit Hanoun), 17. Dezember 2006, Beit Hanoun.
Inbar Schaul (1987 in Haifa), 12. September 2006, Haifa.
Jack Neno (1968 in Bethlehem), 22. September 2006, Bethlehem.
Jakob Katzir (1935 in der Ukraine), 27. Juli 2006, Latrun, 1. August 2006, Haifa.
Jitzchak Feller (1941 in Jerusalem), 10. August 2006, Jerusalem.
Josef Arnan (1924 in Deutschland), 27. Juni 2006, Tel Aviv.
Joseph Kister (1944 in Tel Aviv), 4. Juni 2006, Tel Aviv.
Joseph Nachmias (1926 in Jerusalem), 4. Juni 2006, Tel Aviv.
Karla Hajdu (1937 in Budapest), 13. September 2006, Kiriat Schmona.
Karla Pilpel (1931 in Berlin), 5. und 10. Mai 2006, Jerusalem.
Lior Feller (1984 in Jerusalem), 27. September 2006, Sderot.
Maha Schouman (1958 in Tulkarem), 24. September 2006, Nablus.
Mahera Ayyad (1975 in Jerusalem), 1. Oktober 2006, Abu Dis.
Manal Ayyad (1977 in Jerusalem), 1. Oktober 2006, Abu Dis.
Maurice Tabarani (1924 in Haifa), 19. Mai 2006, Haifa.
Metuka Alper (1938 in Ungarn), 6. August 2006, Petach Tikva.
Miriam Rosenberg (1946 in Lodz), 13. September 2006, Kiriat Schmona.
Mischelem Schächter (1913 in Polen), 21. März 2006, Haifa.
Mohammed Afana (1975 in Gaza-Stadt), 17. Dezember 2006, Gaza-Stadt.
Mohammed Hasan Scheich Yosef (1924 in Taibe), 28. Juli 2006, Taibe.
Munir Saad al-Athamna (1977 in Beit Hanoun), 17. Dezember 2006, Beit Hanoun.
Muyassar Salamah (1928 in Nazareth), 7. September 2006, Nazareth.
Nael Qubbadsch (1959 in Nablus), 24. September 2006, Nablus.
Nazmi al-Dschubeh (1955 in Jerusalem), 18. September 2006, Ramallah.
Nour al-Kasrawi (1924 in Hebron), 29. Juni 2006, Hebron.
Nuha Wahbe (1932 in Loud), 25. Februar 2006, Nablus.
Olga Rissin (1982 in Sankt Petersburg), 13. Dezember 2006, Jerusalem.
Pauline Livschitz (1923 in Edinburgh), 17. Mai 2006, Kibbutz Kfar ha-Nasi.
Rachel Saperstein (1941 in den USA), 27. September 2006, Nitzan.
Rafiq Choudari (1924 in Gaza-Stadt), 17. Dezember 2006, Gaza-Stadt.
Ramzi Hassouna (1981 in Gaza-Stadt), 17. Dezember 2006, Gaza-Stadt.
Sabah Ayyad (1958 in Jerusalem), 1. Oktober 2006, Abu Dis.
Sabrin Masarwi (1978 in Taibe bei Tulkarem), 28. Juli 2006, Taibe.

Sahar Samha (1917 in Mazra al Scharqiya), 14. Mai 2006, Mazra al Scharqiya.
Saman Choury (1948 in Bethlehem), 26. August 2006, Jerusalem.
Samira Iraqi (1973 in Deutschland), 16. Dezember 2005, Ramallah.
Scharif Hamida (1912 in Mazra al-Scharqiya), 14. Mai 2006, Mazra al-Scharqiya.
Schila Ben Jehuda (1927 in Großbritannien), 17. Mai 2006, Kibbutz Kfar ha-Nasi.
Schiri Bar-Zvi (1980 in Kiryat-ono), 10. September 2006, Haifa.
Sufian Abu Latifa (1980 in Jerusalem), 18. September 2006, Ramallah.
Terry Boullata (1966 in Jerusalem), 26. August 2006, Jerusalem.
Uri Chanoch (1928 in Litauen), 18. April 2006, Kfar Schmaryahu.
Wolf Factor (1926 in Polen), 25. April sowie 7. und 11. Mai 2006, Tel Aviv.
Yakov Keller (1929 in Deutschland), 26. Februar 2006, Tel Aviv.
Yehuda Domitz (1926 in der Tschechoslowakei), 2. Juli 2006, Jerusalem.
Yochanan Ron (1940 in Rumänien), 7. Mai 2006, Tel Aviv.
Yosef Levi (1933 im Irak), 10. August 2006, Tel Aviv.
Zvi Alper (1937 in der Ukraine), 6. August 2006, Petach Tikva.
Zvi Barzel (1927 in Tel Aviv), 5. Juli 2006, Tel Aviv.

Index

Ausführlichere Erklärungen zu einzelnen Begriffen finden sich jeweils auf den *kursiv* angezeigten Seiten.

Abbas, Mahmud *147*, 172 f.
Abnutzungskrieg 170
Abraham *11*, *19*
Abraham-Moschee 72, *121*, 171
Adenauer, Konrad 70
Administrativhaft 95
al-Ali, Nadschi 65
al-Aqsa-Märtyrer-Brigaden 131 f.
al-Aqsa-Moschee *19*, 125
al-Banna, Hasan 130
al-Chattab, Kalif Omar ibn 168
al-Dschazira 137
Alexander der Große 13, 167
Algerienkrieg *75*, 81
al-Haram asch-Scharif *19*, 125, 136, 172
al-Hussein, Abdallah bin, König 55 f.
al-Husseini, Mohammed Amin *22*, 28 ff.
Alija 32
Allon, Jigal (Allon-Plan) 106
Al-Nakba 49 ff., *56*, 66
al-Qassam, Izz ad-Din *21*, 142, 168
al-Qawuqdschi, Fawzi 46
Altstadt Jerusalems *19*, 44, 55, 78 f., 85 f., 134, 164
Amir, Jigal 123
Annapolis 173
Antisemitismus (in Deutschland) 24 ff., 32, 41
Arabische Befreiungsarmee 46
Arabische Legion 53
Arabische Liga *46*, 49
Arabische Revolte 79 f.
Arabischer Aufstand (1916–1928) *12*, 55, 168
Arabischer Aufstand (1936–1939) 17 f., 20 ff., 169
Arabisches Komitee, Hohes 17, 22
Arabisch-Israelischer Krieg, erster 49 ff., 61, 66, 87
Arafat, Yassir *90 ff.*, 118 ff., 124, 126, 134, 137, 146 f., 171 f.
Arbeiterpartei 48, 122, 150, 171
as-Sadat, Anwar 100, 103 f., 170
Assyrer 13, 167
Atlit, Flüchtlingslager (jüdisches) 34
Ausgangssperre 85, 122, 137, 157, 172
Autonomiebehörde, Palästinensische *120*, 124, 127, 147 f.

Babylonier 13, 19, 167
Balfour-Erklärung *13*, 23, 72, 168
Barak, Ehud 134, 171, 173
Bar-Kochba-Aufstand 167
Barriere, israelische *138 ff.*, 172
Baseler Programm 16
Befreiungsarmee, Arabische 46
Befreiungsorganisation, Palästinensische *92 f.*, 100, 110 f., 117 ff., 169 f.

Begin, Menachem 34, 81, 103, 108, 110, 112, 170
Bernadotte, Graf Folke 54
bin Talal, Hussein, König 78, 82 f.
Breschnew, Leonid 82
Bricha 39 f.
Britisches Mandat 18, 47, 168
Burmastraße 52 f.
Bush, George W. 136
Bush, George Senior 119

Camp David *103*, 170
Camp David II *134*, 171
Carter, Jimmy 103
Checkpoint, israelischer *135*, 141, 156
Cherut 108
Clan 57
Clinton, Bill 120, 134

David, König 14, 107
Dayan, Mosche 81, 86, 101 f.
Deir Yasin *59 f.*, 62, 169
DFLP *94*, 115
Diaspora 167
Domino-Theorie 82
Dreyfus, Alfred 15
Dschazira 137
Dschihad *103 f.*, 129, 132, 170

Einheit 103 72 f.
Eretz Israel 13
Erste Intifada 109, *114 ff.*, 121, 126 f., 140 f., 170
Evian Konferenz 25 f.
Exodus *36 ff.*, 44
Ezel *34 f.*, 59 f., 169

Fatah *90 ff.*, 107, 115, 124, 127, 130 f., 146 ff., 156, 169, 171 ff.
Fayyad, Salam 173
Fedayin *72 f.*, 77, 169
Feisal der Erste, König 56
Felsendom 19, 125, 162 f., 168
Flüchtlingsproblem, palästinensisches *59 ff.*, 92, 110, 121, 134, 144, 157, 169

Gaza-Jericho-Abkommen 171
Gazastreifen-Rückzug 144 ff.
Genfer Initiative 172
Genfer Konvention, Vierte 108
Glubb, John Bagot (Glubb Pascha) 53
Goldstein, Baruch 121
Golfkrieg (Irak greift Kuwait an) 119
Gurion, David Ben 28, *46 ff.*, 58, 71, 169
Gusch Emunim 107

Habasch, George 93
Hadassah-Konvoi-Massaker 60
Hadsch 30
Haganah *22 f.*, 33, 36, 40, 46, 49, 51 ff., 62
Halal 144
Hamas *128 ff.*, 136, 142 f., 146 ff., 156, 170 ff.
Hamas-Gründungscharta 130
Hamule 57
Hanija, Ismail 147, 172
Haschimiten 57
Hebron (Ausschreitungen) 16, 168
Heiliger Krieg 104
Herzl, Theodor *15 f.*, 48, 168
Hidschab 160
Hisbollah *113*, 130, 150 ff., 154
Hitler, Adolf 24, 26, 28 f., 30
Hohes Arabisches Komitee 17, 22
Holocaust 10, *24 ff.*, 43, 45, 67, 169

Hudna 130
Hussein, Saddam 119

ibn Ali, Hussein *11 f.*, 55
Intifada, Erste 109, *114 ff.*, 121, 126 f., 141, 170
Intifada, Zweite 124, *125 ff.*, 133 f., 136, 141, 158, 172
Irakkrieg (Irak greift Kuwait an) 119
Iran (Unterstützung palästinensischer Gruppen) 80, *104*, 113, 152
Irgun *34 f.*, 59 f., 169
Islamische Revolution 104
Islamischer Dschihad 103 f., 170
Israel Beitenu 150

Jecke 41
Jewish Agency *28*, 34, 37, 43, 45, 48, 57 f., 67, 158
Jom-Kippur-Krieg *96 ff.*, 105, 170
Jordanwasserprojekt *79 f.*, 82
Juda 167
Judäa 14, 168
Judenstaat, Der 15 f.
Junikrieg (Sechs-Tage-Krieg) 63, *78 ff.*, 87, 90 f., 93, 96, 98, 100 f., 104, 106, 114, 169, 170, 172

Kaaba 11
Kadima 145, 150, 172
Kahan-Kommission 112
Kalter Krieg 45, 82
Kanafani, Ghassan 64 f.
Katjuscha-Rakete 110, 151 ff.
Kennedy, John F. 81
Khartum-Resolution 169 f.
Khomeini, Ayatollah 104
Kibbuz *32*, 34, 40 f., 46 f., 50, 66, 152 f., 158
King-David-Hotel (Anschlag) *34*, 169
Klagemauer *19*, 85 ff., 89, 125, 162 f.
Knesset *62*, 66, 103
Konferenz von San Remo 18
Konstantin, Kaiser 168
Koran 19, 130
koscher 144, 160
Kreuzzug, erster 14, 49, 168
Kurei, Ahmed 172

Latrun 52
Lawrence, Thomas Edward (Lawrence von Arabien) 12
Lechi *35*, 54, 59 f., 169
Libanonkrieg, erster *110 ff.*, 123, 150, 170
Libanonkrieg, zweiter *150 ff.*, 173
Lieberman, Avigdor 150
Likud-Block *108*, 118, 122 f., 125, 145, 149, 170 ff.

Madrid (Friedensgespräche) *119*, 171
Makkabäer 167
Mamelucken 168
Mapai 48
Marcus, David Daniel 53
Märtyrer 128 f.
Mauer, israelische *138*, 140 ff., 172
McMahon, Sir Henry 12, 168
Meir, Golda 58, 101 f.
Mekka *11*, 30, 56
Mesopotamien 18
Mohammed, Prophet *11*, 19, 30, 57, 113
Monotheismus 19
Mossad 94, 101
Muezzin 135
Mufti 22

Muqataa 137
Muslimbrüder 130 f.

Nahost-Quartett 147, 172
Nasrallah, Hassan 154
Nasser, Gamal Abdel 74 ff., 78 ff., 85, 93
Nationalismus, arabischer *77 ff.*, 85
Netanjahu, Benjamin 122 ff., 150, 171

Öl 23, 44, 74, 80, 98
Olmert, Ehud *150 f.*, 172
Olympische Sommerpiele 1972 (Geiselnahme) 94, 170
»Operation Litani« 170
»Operation Musketier« 76
»Operation Saladin« 97
»Operation Schutzschild« 137, 172
Oslo II 171
Oslo-Verträge (Oslo I) *120 f.*, 123 f., 126, 171
Osmanisches Reich *11 f.*, 14, 18, 47 f., 168
Outpost 150

Palästinensische Autonomiebehörde *120*, 124, 127, 147 f.
Palästinensische Befreiungsorganisation *91 ff.*, 100, 110 f., 117 ff., 169 f.
Palmach *51*, 62
Peel-Kommission 18 ff., 169
Peres, Schimon 119 f., 173
Peretz, Amir 150 f.
Pessach 127 f.
PFLP *93 ff.*, 107, 115
Philister 14, 167
Picot, Charles Georges 12
PLO *91 ff.*, 100, 110 f., 117 ff., 169 f.
Ptolemäer 13, 167

Qassam-Brigaden 21
Qassam-Rakete 21, *142 f.*, 147, 156, 173

Rabin, Jitzchak *119 f.*, 122 f., 171
Ramadan *12 f.*, 97, 160
Ramadan-Krieg *96 ff.*, 170
Road Map *147*, 172
Römer 13 f., 19, 167 f.
Rothschild, Baron Lionel Walter 16

Sabra 111 f.
Sabre 41
Saladin, Sultan 97, 168
Salomo, König 14
Sandstroem, Emil 37
Saint-James-Konferenz *26*, 169
San-Remo-Konferenz 18
Saul, König 14
Schabbat *47*, 96, 160
Schahid 129
Schamir, Jitzchak 118
Scharett, Mosche 62
Scharia 104
Scharon, Ariel 72, 112, 123, 125 f., 136, 138, 144 f., 150, 172 f.
Schatila 111 f.
Schiiten 113
Schwarzer September *94 f.*, 100, 170
Sderot (Qassam-Angriffe) 142
Sechs-Tage-Krieg 63, *78 ff.*, 87 f., 90 f., 93, 96, 98, 100 f., 104, 106, 114, 169, 170, 172
Selbstmordanschlag 122 f., 127 ff., 131 f., 136, 142, 147, 156, 172
Seleukiden 13, 167
Shoa 10, *24 ff.*, 43, 45, 67, 169
Siedlungen, jüdische (nach 1967) *106 ff.*, 120 f., 123 f., 126, 134,

138, 140, 144 ff., 150, 155, 157, 162, 171, 172
Stalin, Josef 45
Stern, Abraham 35
Straße von Tiran 75, 80
Suezkrieg *74 ff.*, 81, 83, 90, 130, 169
Sunniten 113
Sykes, Sir Marc 12
Sykes-Picot-Abkommen 12

Talib, Ali ibn Abi 113
Tempel, erster und zweiter 16, 19, 167
Tempelberg *19*, 125 f., 136, 172
Thora 19, 107, 124
Truman, Harry S. 44 f.

U Thant, Sithu 80
Umma 104
Unabhängigkeitserklärung Israels 48, 52
Unabhängigkeitserklärung Palästinas 118
Unabhängigkeitskrieg 49 ff., *56*, 66
UN-Resolution 196 62 f.
UN-Resolution 244 *84 f.*, 101
UN-Resolution 340 101
UN-Resolution 448 107 f.
UNRWA 60 f.
UNSCOP 35 f.
UN-Teilungsbeschluss 43 ff., 54 f., 87, 169

Waqf 130
Weißbuch (von 1939) *26 ff.*, 33, 169
Weltkrieg, Erster 10 f., 24, 56
Weltkrieg, Zweiter 27 f., 32, 36, 39, 43, 46, 53, 70, 83, 169
Weltorganisation, Zionistische 16, 28, 30, 48
Wiedergutmachung, deutsche 70
Wingate, Offizier Orde Charles 23
Wye-Abkommen 171

Yasin, Ahmed 129

Zermürbungskrieg 170
Zionisten *15 f.*, 41
Zionistenkongress 20, 168
Zweite Intifada 124, *125 ff.*, 133 f., 136, 141, 158, 172

Bildnachweis

Seite 15: akg-images; Seite 22: akg-images; Seite 25: akg-images; Seite 29: akg-images; Seite 39: akg-images; Seite 48: akg-images; Seite 52: akg-images; Seite 61: Getty Images; Seite 69: akg-images; Seite 75: akg-images; Seite 87: Getty Images; Seite 91: akg-images; Seite 98: © David Rubinger / CORBIS; Seite 102: Time & Life Pictures / Getty Images; Seite 111: Getty Images; Seite 116: akg-images / AP; Seite 120: AFP / Getty Images; Seite 126: AFP / Getty Images / AP; Seite 129: Getty Images; Seite 138: Getty Images; Seite 152: AFP / Getty Images; Seite 153: Getty Images; Seite 163: Gary Cralle / Getty Images

Karten Seite 176–181: Achim Norweg

Danksagung

Britt Ziolkowski und Johannes Zang haben mit vielen Anmerkungen und guten Ideen geholfen. Bei Korrektur und Aktualisierung des Buches wirkten mit: Jan Albrecht, Thomas Klotz, Annika Lübke, Angelika Olbrich sowie Tatjana Travlos.

Dr. Renate Schmidt und Dr. Susanne Talabardon haben das Buch auf inhaltliche Unklarheiten gesichtet und mit wertvollen Kommentaren zur Verbesserung beigetragen.

Matthias Simnacher ist zu danken für die guten Gespräche in Jerusalem und ganz besonders für das engagierte Überarbeiten des Manuskriptes. Er war von Anfang an dabei.

Die Agentin Aenne Glienke entwickelte das Buchkonzept maßgeblich mit und stand stets mit Rat und Tat zur Seite.

Der größte Dank gebührt den Menschen auf israelischer und palästinensischer Seite, die mit ihren Berichten das Buch mit Leben gefüllt haben – eine Auflistung der Namen ist im Buch zu finden. Viele Israelis und Palästinenser haben unter oft schwierigen Umständen bei der Suche nach Zeitzeugen und bei den Gesprächen tatkräftig geholfen – ohne sie, deren Aufzählung ein eigenes Kapitel beanspruchen würde, wäre dieses Buch nicht möglich gewesen.

Katja Desaga vom Carl Hanser Verlag sorgte engagiert dafür, dass das Buch seinen Weg zum Leser gefunden hat.

Bei der vorliegenden aktualisierten Ausgabe ist Dr. Susanne Krones für die tolle Zusammenarbeit zu danken. Samira Dschamal konnte glücklicherweise für ein Vorwort gewonnen werden.

Die Medienhinweise sind ausgebaut und auf den neuen Stand gebracht worden. Die Zeittafel ist um neue Ereignisse erweitert – leider kaum Positives. Von einem neuen Kapitel wird vorerst abgesehen, da getreu dem Buchkonzept hierzu umfassende Zeitzeugengespräche auf beiden Seiten zwingend notwendig wären.